21世紀のICT学習環境

生徒・コンピュータ・学習を結び付ける
OECD生徒の学習到達度調査(PISA)

経済協力開発機構(OECD) 編著
国立教育政策研究所 監訳

Students, Computers and Learning
MAKING THE CONNECTION

明石書店

経済協力開発機構（OECD）

　経済協力開発機構（Organisation for Economic Co-operation and Development, OECD）は，民主主義を原則とする34か国の先進諸国が集まる唯一の国際機関であり，グローバル化の時代にあって経済，社会，環境の諸問題に取り組んでいる。OECDはまた，コーポレート・ガバナンスや情報経済，高齢化等の新しい課題に先頭になって取り組み，各国政府の新たな状況への対応を支援している。OECDは各国政府がこれまでの政策を相互に比較し，共通の課題に対する解決策を模索し，優れた実績を明らかにし国内及び国際政策の調和を実現する場を提供している。

　OECD加盟国は，オーストラリア，オーストリア，ベルギー，カナダ，チリ，チェコ，デンマーク，エストニア，フィンランド，フランス，ドイツ，ギリシャ，ハンガリー，アイスランド，アイルランド，イスラエル，イタリア，日本，韓国，ルクセンブルク，メキシコ，オランダ，ニュージーランド，ノルウェー，ポーランド，ポルトガル，スロバキア，スロベニア，スペイン，スウェーデン，スイス，トルコ，英国，米国である。欧州連合もOECDの活動に参加している。

　OECDが収集した統計や，経済，社会，環境の諸問題に関する研究成果は，加盟各国の合意に基づく協定，指針，標準と同様にOECD出版物として広く公開されている。

　本書はOECDの事務総長の責任の下で発行されている。本書で表明されている意見や主張は必ずしもOECD又はその加盟諸国の公式見解を反映するものではない。

Originally Published in English under the title:

"Students, Computers and Learning: MAKING THE CONNECTION"

© OECD, 2015
© 21世紀のICT学習環境：生徒・コンピュータ・学習を結び付ける：OECD生徒の学習到達度調査（PISA），Japanese language edition, Organisation for Economic Co-operation and Development, Paris, and Akashi Shoten Co., Ltd., Tokyo 2016.
Photo credits: © khoa vu/Flickr/Getty Images; © Shutterstock/Kzenon; © Simon Jarratt/Corbis.

The quality of the Japanese translation and its coherence with the original text is the responsibility of Akashi Shoten Co., Ltd.

日本語版　序

　本書は，生徒の学習到達度調査（PISA）の国際結果を受けて作成された OECD の報告書『Students, Computers and Learning：MAKING THE CONNECTION』の日本語版です。PISA 調査（Programme for International Student Assessement：ピザ）は日本を含む 34 か国が加盟する経済協力開発機構（OECD）が進める国際学力調査で，2013 年 12 月に第 5 回目となる 2012 年調査の国際結果が公表されました。

　PISA 調査は，義務教育修了段階の 15 歳の生徒が，それまで身に付けてきた知識や技能を，実生活の様々な場面で直面する課題にどの程度活用できるかを測ることを目的として，読解力，数学的リテラシー，科学的リテラシーの 3 分野を対象に，2000 年以降，3 年ごとに実施されています。

　2012 年調査では，実生活における ICT の活用がますます重要なものとなっていることから，国際オプションとして数学的リテラシー，読解力，問題解決能力の三つの分野について，コンピュータ使用型調査が実施され，日本もこれに参加しました。本書は，このコンピュータ使用型調査や ICT 質問紙の結果等に着目し，ICT の活用状況や学力との関係等に特化して分析したものです。

　これからの子供たちには，情報や情報手段を主体的に選択し活用していくために必要な情報活用能力を育むことの重要性が高まっており，また，急速に深化する ICT などの技術を使いこなす科学的素養を全ての子供たちに育んでいくことが重要であると指摘されています。

　このような背景からか，『Students, Computers and Learning：MAKING THE CONNECTION』には，2015 年 9 月の発表直後から新聞記事等に取り上げられるなどの反響があり，日本語版の刊行を期待する声が寄せられていました。刊行にあたり御協力いただいた関係の皆様に改めて感謝申し上げるとともに，本書を教育に携わる全ての関係者に御活用いただき，次世代の教育に向けた参考資料として活用いただければ幸いに存じます。

平成 28 年 7 月

国立教育政策研究所　国際研究・協力部長
OECD-PISA 調査プロジェクトチーム総括責任者
大野　彰子

日本語版の刊行にあたって

1　本書を読む際の留意点

　国名表記については，文章中における説明や図表での表記における煩雑さを避けるために，「アメリカ合衆国」を「アメリカ」とするなど，原則として全ての国について略称を用いている。また，香港，マカオ，上海等，国としての参加ではない場合もあるが，同様に煩雑さを避けるために，原則として「国・地域」という表記はやめ，「国」としている。

2　翻訳について

　本書の翻訳にあたっては原文に忠実であると同時に，前後の文章からだけでは分かりにくい箇所については言葉を補足しながら，できるだけ分かりやすいものとなるよう心がけた。また，PISA調査で用いられてきた用語等については，これまで出版された日本語版国際結果報告書やPISA調査の概念及び調査デザイン，問題例などを解説した「評価の枠組み」などで用いてきた用語とできる限り同じ表記を採用し，内容的にも連続するようにした。一方で，原文中に明らかな誤りと思われる箇所は訂正し，翻訳した。

　本書の「日本語版　序」は，本書刊行の代表である大野　彰子（国立教育政策研究所　国際研究・協力部長）が執筆した。また，各章の担当は以下のとおりである。

```
序文・謝辞・要旨・本書の利用にあたって
        小田　沙織（国立教育政策研究所　教育課程研究センター基礎研究部　研究員）
        山中　秀幸（国立教育政策研究所　国際研究・協力部　国際調査専門職）
第1章    江草　由佳（国立教育政策研究所　研究企画開発部教育研究情報推進室　総括研究官）
第2章    吉岡　亮衛（国立教育政策研究所　研究企画開発部教育研究情報推進室　総括研究官）
第3章    梅澤　希恵（国立教育政策研究所　国際研究・協力部　国際調査専門職）
第4章    山中　秀幸（国立教育政策研究所　国際研究・協力部　国際調査専門職）
第5章    梅澤　希恵（国立教育政策研究所　国際研究・協力部　国際調査専門職）
第6章    櫻井　直輝（会津大学短期大学部幼児教育学科　専任講師，国立教育政策研究所
        フェロー）
第7章    小野　まどか（国立教育政策研究所　国際研究・協力部　国際調査専門職）
第8章    小田　沙織（国立教育政策研究所　教育課程研究センター基礎研究部　研究員）
```

序　文

　情報通信技術（ICT）は事実上我々の生活と仕事のあらゆる側面を抜本的に変えてきた。複雑なデジタル世界を目的を持って進むことができない生徒は，もはや周囲の経済的，社会的及び文化的な生活に十分参加できないことになる。今日の「結び付いた」学習者の教育に携わる者は情報過多から盗用まで，また，詐欺，プライバシーの侵害，ネットいじめといったオンライン上のリスクから子供を守ることをはじめ，十分かつ適切なメディアダイエットの設定に至るまで，困難な問題に直面している。学校に期待されていることは，インターネットサービスや電子メディアを注意して利用するよう子供を教育することであり，それによって子供が情報に基づいて選択し，有害な行為を避けられるよう支援することである。そして，子供がネット上で直面するリスクやその回避方法に関する意識を高めることも学校には求められている。

　本書では，生徒が習得してきたデジタル技能と，そうした技能を伸ばすために考案された学習環境に関するこれまでに例のない国際比較分析を行っている。本分析から，学校での現実がテクノロジーの可能性に対して大きく後れを取っていることが分かる。2012 年調査では，OECD 加盟国における 15 歳の生徒の 96％は家庭にコンピュータがあると回答しているが，学校でデスクトップ・コンピュータ，ノートパソコン，タブレットを利用していると回答したのはわずか 72％であり，学校でコンピュータを利用していると回答したのが生徒 2 人のうち 1 人に満たない国もあった。また，教室でコンピュータが利用されている場合でさえ，それが生徒の成績に及ぼす影響は，よく見たとしても正負入り乱れている。学校でコンピュータを適度に利用している生徒は，コンピュータをほとんど利用しない生徒よりも学習成果が若干良い傾向にある。しかし，学校でコンピュータを頻繁に利用する生徒は，社会的背景や生徒層の影響を取り除いた後でも，多くの学習成果において非常に振るわない。

　また，教育のために ICT へ重点的に投資した国では，読解力，数学的リテラシー，科学的リテラシーの学習到達度に目に見えるほどの改善がなかったことも調査結果により示されている。そして，本書の中で最も残念な調査結果は，社会経済的に恵まれた生徒と恵まれない生徒間の技能格差を埋める上でテクノロジーはほとんど役立たないというものである。簡潔に述べれば，デジタル世界での機会均等を生み出すためには，すべての子供が読解力と数学における基本レベルの習熟度に到達するよう図ることの方が，ハイテク機器やサービスの利用を拡大し，支援することで達成されるものより，実りがあると考えられる。最後に付け加えるが，保護者と教師の大半は，学校以外の場所で 1 週間につきインターネットに 6 時間以上費やす生徒は，学校で孤独を感じ，PISA 調査前の 2 週間の間に学校に遅刻したか，学校を無断欠席したという回答をする危険性が特に高いとする調査結果に驚くことはないであろう。

序 文

　こうしたすべての点に対する一つの解釈は，深い概念的な理解や高い水準の思考を確立するには，教師と生徒の徹底した交流が必要であり，テクノロジーはこうした有益な人的関与の邪魔になる場合もあるというものである。別の解釈によれば，我々はテクノロジーを最大限に活用する類の教育にまだ十分に長けておらず，21世紀のテクノロジーを20世紀の指導や実践に結び付けることは，教育の有効性を単に弱めることになる。

　生徒がスマートフォンを使って，問いに対して予め作成済みの答えをコピー＆ペーストする場合，そうした行いにより，その生徒がより賢明になる可能性は低い。生徒にスマートフォンよりも賢明になってほしいならば，生徒のために用いている教育についてもっと真剣に考える必要がある。テクノロジーは優れた教育を拡充することはできるが，優れたテクノロジーが粗末な教育に置き換わることはできない。

　本書では多くの問題が残されたままになっている。テクノロジーが教育の提供に及ぼす影響は依然として最適な状態に及ばないままであり，その理由として，教師と生徒双方のデジタル技能に対する過大評価の可能性，単純な政策設計と実施戦略，教育に対する乏しい理解，又は教育用ソフトウェアの全般的な低品質が挙げられる。実際，世界中の多くの教室に導入されているソフトウェアと同品質のコンピュータゲームをしようと選択する子供はどれほどいるのであろうか。調査結果が示唆するところによれば，生徒，コンピュータ，学習の間の関係は単純なものでも固定的なものでもなく，指導や学習に対してICTが実質的に寄与できることは，まだ完全に理解されておらず，活用もされていない。

　それでもなお，調査結果が失望につながってはならない。21世紀の教育を支える学習環境を教育者に提供し，明日の世界で成功するのに必要な21世紀の技能を子供に与えるために，調査結果を正しく理解する必要がある。テクノロジーは知識を利用する機会を飛躍的に広げる唯一の方法である。世界で最良かつ最新の教科書を利用できる機会があるのに，なぜ生徒は2年前に印刷され，おそらく10年前に策定された教科書しか使うことができないのか。同様に重要なのは，テクノロジーによって教師と生徒は，時間と空間の制約をほとんど受けずに，教科書よりはるかに優れた専門的な教材を多様な形式で利用することができることである。テクノロジーは知識創造における連携のための優れたプラットフォームを提供し，そこで教師は教材を共有し改善することができる。恐らく最も重要なのは，探求に基づく教育のためのツールと共同の作業空間を持つ積極的な参加者として学習者を位置付ける新しい教育をテクノロジーが支えることができる点である。例えば，テクノロジーは経験に基づく学習を増進し，プロジェクト型の探求に基づく教育を発展させ，実践的な活動と協同学習を促進し，迅速な形成的評価を提供して，学習と教育のコミュニティ形成を支援する。ここで用いられる新たなツールには，遠隔仮想研究室，最先端の教育設計に基づく双方向性の高い学習者自身が何をいつ学ぶか選択することのできる教育用ソフトウェア，実験とシミュレーション用の高機能ソフトウェア，ソーシャルメディア，教育用ゲームがある。

　テクノロジーが秘める可能性を実現するために，各国には教師の能力を育成する，説得力のある

戦略が必要となる。また政策立案者は，こうした課題への支援の確立に上手く対応できるようになる必要がある。あらゆる変化を伴う不確実性を考えれば，教育者は常に現状維持を選択することになる。テクノロジーが一層あふれる学校への支援を集めることを望むならば，必要性を伝え，変化に対する支援を確立することにもっと長ける必要がある。能力開発と変化に対応するための技能に投資し，しっかりとした証拠を固めて，そうした証拠を制度に反映させ，持続可能な財源を用いてそれらすべてを支援する必要がある。最後になるが，技術革新の実践においてのみならず，それを設計する上でも，教師が変化に向けた積極的な仲介者になることが重要である。

経済協力開発機構（OECD）教育・スキル局長

アンドレアス・シュライヒャー

（Andreas Schleicher）

謝　辞

　本書は PISA 調査参加国と OECD 事務局の共同研究の成果である。本書は Francesco Avvisati が作成し，Judit Pál の協力を得て，Marilyn Achiron が編集した。OECD 事務局の Andreas Schleicher, Yuri Belfali, Francesca Borgonovi, Jenny Bradshaw, Tracey Burns, Alfonso Echazarra, Stuart Elliott, Carlos, González-Sancho, Tue Halgreen, Miyako Ikeda, Noémie Le Donné, Mario Piacentini, Daniel Salinas, Shun Shirai, Pablo Zoido のほか，Samuel Greiff, Johannes Naumann, Dara Ramalingam, Jean-François Rouet から様々な段階で貴重な意見を頂いた。Célia Braga-Schich, Claire Chetcuti, Vanessa Denis, Juliet Evans, Lorena Ortega Ferrand, Giannina Rech からは，統計上，編集上，管理上の支援を頂いた。本書の作成は PISA 運営理事会によって進められ，同理事会は Lorna Bertrand（イギリス）が議長を務めている。

21世紀のICT学習環境

生徒・コンピュータ・学習を結び付ける

OECD 生徒の学習到達度調査（PISA）

目　次

目　次

| 要　旨 | 19 |
| 本書の利用にあたって | 31 |

第1章
近年，生徒によるコンピュータの利用はどのように変化しているか

はじめに	36
第1節　家庭での生徒による ICT へのアクセス	38
1.1　家庭用コンピュータへのアクセス	38
1.2　家庭でのインターネットアクセス	38
1.3　生徒のコンピュータ利用経験	40
1.3.1　コンピュータを最初に利用した年齢	40
1.3.2　インターネットを最初に利用した年齢	44
第2節　学校以外の場所における生徒のコンピュータとインターネットの利用	44
2.1　生徒がインターネットに費やす時間	44
2.2　学校以外の場所における生徒の ICT 関連活動	46
2.2.1　余暇でのコンピュータの利用	46
第3節　学校以外の場所における生徒のインターネット利用が，生徒の学校への適応度や学校との関わりとどのように関係しているか	49

第2章
情報通信技術（ICT）を指導と学習に取り入れる

はじめに	56
第1節　学校での生徒によるコンピュータの利用	57
1.1　学校でのインターネットの利用	62
1.2　数学の授業でのコンピュータの利用	62
1.3　学校の勉強のための家庭でのコンピュータの利用	64
第2節　指導と学習に ICT を取り入れる上での推進力と障害	69
2.1　学校の ICT インフラ	70
2.1.1　学校でのモバイルコンピュータの増加	75
2.2　学校のインフラの傾向は ICT の利用とどのように関係しているのか	75
2.3　カリキュラムと授業のための学校での ICT の利用	78
第3節　ICT の利用は数学の指導実践にどのように関係しているのか	83

第3章
2012年コンピュータ使用型調査の主な結果

はじめに	94
第1節　筆記型調査とコンピュータ使用型調査の類似と相違	95
1.1　読解力におけるコンピュータ使用型調査と筆記型調査の相違	95
1.2　数学的リテラシーにおけるコンピュータ使用型調査と筆記型調査の相違	96
1.3　コンピュータ使用型調査と筆記型調査：調査設計と実施方法における相違	96
第2節　デジタル読解力における生徒の得点	97
2.1　デジタル読解力の平均得点	97
2.2　デジタル読解力の平均得点における経年変化	100
2.3　デジタル読解力における生徒の習熟度レベルの違い	101
2.3.1　デジタル読解力における成績上位層	103
2.3.2　デジタル読解力における成績下位層	103
2.3.3　デジタル読解力の習熟度レベルの向上	104
2.4　デジタル読解力における得点分布の上位層と下位層の経年変化	105
第3節　筆記型調査読解力とデジタル読解力との得点の差	106
3.1　デジタル読解力と筆記型調査読解力の成績上位層	108
3.2　デジタル読解力と筆記型調査読解力の成績下位層	109
第4節　コンピュータ使用型数学的リテラシーにおける生徒の得点	110
4.1　コンピュータ使用型数学的リテラシーにおける平均得点	110
第5節　数学的リテラシーの問題を解くためのICTツールの利用に関連する得点の差	113

第4章
デジタル読解力におけるナビゲーションの重要性：考えてからクリックする

はじめに	120
第1節　ナビゲーションの成功と失敗	122
1.1　ナビゲーションはデジタル読解力の課題における成功とどのように関連しているのか	123
第2節　PISA調査のデジタル読解力における生徒のナビゲーション行動	126
2.1　ナビゲーション行動を説明するために用いられた生徒レベルの指標	126
2.2　各国における生徒の典型的なナビゲーション行動	127
2.2.1　全体的なブラウジング活動	127
2.2.2　課題指向型ブラウジング	130
第3節　デジタル読解力の成績と生徒のナビゲーション行動の関係	135

第5章
デジタル技能の不平等：格差を埋める

はじめに 142

第1節　一つの格差か，多くの格差か：デジタルアクセス，デジタル利用，デジタル生産 142

第2節　社会経済的背景に関連したアクセスと経験の格差 143

　　2.1　コンピュータとインターネットへのアクセスにおける社会経済的な違い 143

　　2.2　早期のコンピュータ利用経験における社会経済的な違いと男女差 147

　　2.3　インターネットへのアクセスにおける郡部と都市部の差 151

　　2.4　コンピュータとインターネットの利用機会と学校の役割 151

第3節　社会経済的背景と関連したコンピュータ利用の差 154

　　3.1　家庭におけるコンピュータの利用 154

　　3.2　学校におけるコンピュータの利用 156

第4節　コンピュータ使用型調査の得点は，どの程度社会経済的背景と
　　　　生徒のコンピュータへの馴染みに関連するか 157

　　4.1　社会経済的背景に関連する得点の格差 157

　　4.2　デジタル読解力の得点と社会経済的背景との関連性の経年変化 159

第6章
コンピュータは生徒の能力とどのように関係しているのか

はじめに 166

第1節　テクノロジー投資とトレードオフ 168

第2節　学習の成果は各国の学校のICTリソースへの投資とどのように関係しているのか 169

第3節　生徒による学校のためのICT利用は得点とどのように関係しているのか 173

　　3.1　学校でのコンピュータ利用 173

　　3.2　数学の授業におけるコンピュータ利用 176

　　3.3　学校以外の場所における学校の勉強のためのコンピュータ利用 178

第4節　家庭における余暇でのコンピュータ利用とデジタル読解力 180

第5節　コンピュータ利用が生徒の得点へ及ぼす影響についての研究上の証拠 183

第7章

ログファイルデータを用いて，
何が PISA 調査の成績を左右するのかを理解する（事例研究）

はじめに 190

第1節　大問「スラン」に関する説明 191

第2節　生徒はどれだけ速く，正確に読むことができるか 195

第3節　生徒は課題に対して努力と時間をどのように配分するのか 197

第4節　簡単なウェブサイトを生徒はどのようにページをたどるのか 200

　　4.1　大問「スラン」の課題2におけるナビゲーションの成功と失敗 202

第5節　コンピュータ使用型調査に対して事例研究が意味するもの 206

第8章

教育政策と実践に対してデジタルテクノロジーが意味するもの

はじめに 210

第1節　多くの場合，デジタルツールは基本的な技能にも高度な技能にも補完的である 210

第2節　デジタル環境で必要とされる基礎技能の指導 211

第3節　デジタル世界での機会均等を促進するための技能への投資 212

第4節　インターネットの利用により起こり得る有害な側面に対する意識の向上 213

第5節　教師の研修など，教室での ICT 利用に資する一貫した計画の立案 214

第6節　テクノロジーに対する今後の投資の有効性を高めるために過去の経験から学ぶ 215

コラム・図・表の一覧

——要　旨

表 0.1　家庭における ICT 機器とインターネット利用の概要 22

表 0.2　学校における ICT 機器と利用の概要 24

表 0.3　コンピュータ使用型調査の成績の概要 26

表 0.4　デジタル読解力：生徒のナビゲーションの概要 27

表 0.5　ICT へのアクセスと利用における社会経済的背景の影響の概要 28

表 0.6　学校におけるコンピュータ利用とコンピュータ使用型調査の得点の関係の概要 30

——第 1 章　近年，生徒によるコンピュータの利用はどのように変化しているか

コラム 1.1　生徒の ICT 習熟度に関する情報の収集方法 37

コラム 1.2　ネットいじめ 49

図 1.1　家庭でのコンピュータへのアクセスにおける 2009 年と 2012 年の間の差 39

図 1.2　家庭でのインターネットのアクセスにおける 2009 年と 2012 年の間の差 41

図 1.3　コンピュータを最初に利用した年齢 42

図 1.4　インターネットを最初に利用した年齢 43

図 1.5　学校の内外でインターネットに費やす時間 45

図 1.6　余暇での ICT 利用 47

図 1.7　娯楽のための ICT 利用における 2009 年と 2012 年の間の差 48

図 1.8　生徒の学校への帰属意識：
学校のある日に学校以外の場所でインターネットに費やす時間ごと 51

図 1.9　学校に遅刻した生徒：
学校のある日に学校以外の場所でインターネットに費やす時間ごと 52

——第 2 章　情報通信技術（ICT）を指導と学習に取り入れる

コラム 2.1　様々な数学の問題への接触に関する PISA 調査の測定 79

コラム 2.2　PISA2012 年調査における数学指導実践の指標 84

図 2.1　学校での ICT 利用 58

図 2.2　学校での ICT 利用における 2009 年と 2012 年の間の差 59

図 2.3　学校における ICT 利用指標 60

図 2.4　学校でコンピュータを利用する生徒の割合における 2009 年と 2012 年の間の差 61

図 2.5　学校でのインターネット利用時間 63

図 2.6　数学の授業でのコンピュータの利用 64

図 2.7　数学の授業での生徒と教師のコンピュータ利用 65

図 2.8　学校の勉強のための学校外での ICT 利用 66

図 2.9　学校の勉強のための学校外での ICT 利用における 2009 年と 2012 年の間の差 66

図 2.10　学校以外の場所における学校の勉強のための ICT 利用指標 67

図 2.11　学校の勉強のための学校外での ICT 利用と学校での ICT 利用との間の関係 68

図 2.12　学校でコンピュータを利用できる生徒の割合についての
2009 年と 2012 年の間の差 71

図 2.13　学校でインターネットにアクセスできる生徒の割合についての
2009 年と 2012 年の間の差 72

図 2.14　学校のコンピュータ 1 台当たりの生徒数についての 2009 年と 2012 年の間の差 73

図 2.15　インターネットに接続された学校のコンピュータの割合についての
2009 年と 2012 年の間の差 74

図 2.16　デスクトップとノートパソコン又はタブレット型の区別による
学校でのコンピュータ利用 76

図 2.17　学校での ICT 利用の変化と学校でのノートパソコンの利用の増加との関係 77

図 2.18　数学の授業でのコンピュータ利用と様々な数学の問題への生徒の接触との関係 82

図 2.19　数学の授業でのコンピュータ利用による指導実践と授業の雰囲気 85

図 2.20　数学の授業でのコンピュータ利用による生徒に考えさせる活動と授業の雰囲気 87

図 2.21　数学の授業でのコンピュータ利用と教師の行動との関係 88

──第 3 章　2012 年コンピュータ使用型調査の主な結果

コラム 3.1　国際コンピュータ・情報リテラシー調査（2013 年）と PISA 調査における
デジタル読解力との関係 104

図 3.1　デジタル読解力：平均得点の国際比較 98

図 3.2　デジタル読解力：平均得点と順位の範囲 99

図 3.3　デジタル読解力：2009 年と 2012 年における平均得点 100

図 3.4　デジタル読解力と筆記型調査読解力：2009 年と 2012 年における平均得点の変化 101

図 3.5　デジタル読解力の習熟度レベル 102

図 3.6　デジタル読解力：2009 年と 2012 年における成績上位層と成績下位層の割合 105

図 3.7　デジタル読解力の相対的な得点 107

図 3.8　デジタル読解力と筆記型調査読解力における成績上位層の重なり 108

図 3.9　デジタル読解力と筆記型調査読解力における成績下位層の重なり 109

図 3.10　コンピュータ使用型数学的リテラシー：平均得点の国際比較 111

図 3.11　コンピュータ使用型数学的リテラシー：平均得点と順位の範囲 112

図 3.12　コンピュータ使用型数学的リテラシー：
解答にコンピュータ技能が必要・不必要な問題の結果 114

図 3.13　コンピュータ使用型数学的リテラシー：
解答にコンピュータ技能を必要とする問題の相対正答率 115

目　次

——第4章　デジタル読解力におけるナビゲーションの重要性：考えてからクリックする

コラム 4.1　ナビゲーションの難易度の主な要因は何か 121

コラム 4.2　期待されるナビゲーション経路からそれたときに生徒はどのように対応するか 132

図 4.a　デジタル読解力：ミスステップへの対応別の生徒の割合 133

図 4.1　デジタル読解力：テキスト処理とナビゲーションの関係 122

図 4.2　デジタル読解力：課題の成功とナビゲーションステップの量・質との関係 124

図 4.3　デジタル読解力：難易度別，課題の成功とナビゲーションステップの量の関係 124

図 4.4　デジタル読解力：難易度別，課題の成功とナビゲーションステップの質の関係 125

図 4.5　デジタル読解力：全体的なブラウジング活動 128

図 4.6　デジタル読解力：ブラウジング活動の量別の生徒の割合 129

図 4.7　デジタル読解力：課題指向型ブラウジング 131

図 4.8　デジタル読解力：ブラウジング活動の質別の生徒の割合 134

図 4.9　デジタル読解力：各国の得点分散の説明率 135

図 4.10　デジタル読解力：得点とナビゲーション行動の関係 137

——第5章　デジタル技能の不平等：格差を埋める

図 5.1　家庭におけるコンピュータへのアクセスと生徒の社会経済的背景 145

図 5.2　家庭におけるインターネットへのアクセスと生徒の社会経済的背景 146

図 5.3　2009 年と 2012 年の社会経済的背景別，家庭における
コンピュータ及びインターネットへのアクセスの差 147

図 5.4　生徒の社会経済的背景別，コンピュータの利用経験 149

図 5.5　男女別のコンピュータの利用経験 150

図 5.6　学校の社会経済的プロフィール別，学校における生徒用コンピュータ比率 152

図 5.7　学校ではインターネットへアクセスするが，家庭ではアクセスしない生徒の割合 153

図 5.8　生徒の社会経済的背景別，学校以外の場所における一般的なコンピュータの余暇活動 155

図 5.9　デジタル読解力・コンピュータ使用型数学的リテラシーの得点と
社会経済的背景の関連性の強さ 158

図 5.10　コンピュータ使用型調査の得点・アナログスキル・社会経済的背景間の関連 159

図 5.11　デジタル読解力の得点と社会経済的背景の関連性の経年変化 160

図 5.12　2009 年と 2012 年における「デジタル・アクセス・ディバイド」及び
「デジタル読解力格差」の変化 161

——第6章　コンピュータは生徒の能力とどのように関係しているのか

コラム 6.1　制度（国），学校，生徒レベルにおける得点，コンピュータアクセス及び
コンピュータ利用との間にある関係を解釈すること 167

図 6.1	生徒が利用できるコンピュータの台数と教育支出	168
図 6.2	生徒の得点と学校でのコンピュータのアクセス又は利用との関係	170
図 6.3	数学的リテラシーの得点と学校におけるコンピュータ台数の傾向	171
図 6.4	読解力の得点と学校で頻繁に学校の勉強のためにインターネットを見る生徒の割合における傾向	172
図 6.5	学校における ICT 利用指標別，生徒の読解力における技能	174
図 6.6	学校でのコンピュータ利用の頻度とデジタル読解力技能	175
図 6.7	数学の授業におけるコンピュータ利用指標別，コンピュータ使用型調査と筆記型調査の数学的リテラシーの得点	176
図 6.8	数学の授業におけるコンピュータの利用とコンピュータ使用型数学的リテラシーの得点	177
図 6.9	学校以外の場所における学校の勉強のためのICT 利用指標別，読解力における生徒の技能	178
図 6.10	学校の勉強のために学校以外の場所でコンピュータを利用する頻度とデジタル読解力技能	179
図 6.11	学校以外の場所における余暇でのICT 利用指標別，読解力における生徒の技能	181
図 6.12	学校以外の場所における余暇での ICT を利用する頻度とデジタル読解力技能	182

——第 7 章　ログファイルデータを用いて，何が PISA 調査の成績を左右するのかを理解する（事例研究）

コラム 7.1	大問「スラン」における課題の概要	194
図 7.1	大問「スラン」各課題の必要とされるテキスト処理と必要とされるナビゲーションの難易度	192
図 7.2	大問「スラン」に関する問題の画面	193
図 7.3	大問「スラン」正答数別，課題 2 における初期反応時間	195
図 7.4	筆記型調査読解力における成績下位層と大問「スラン」課題 2 の反応時間の長さとの関係	196
図 7.5	大問「スラン」正答数別，課題の所要時間	198
図 7.6	生徒の粘り強さと成功	199
図 7.7	「スラン」に関する問題のウェブサイト構造	201
図 7.8	大問「スラン」のページコードと関連ページの一覧	201
図 7.9	大問「スラン」課題 2 における行動のナビゲーション	203
図 7.10	大問「スラン」課題 2 の成績による，ナビゲーションステップの質と量	204
図 7.11	大問「スラン」課題 2 で失敗した生徒のナビゲーション行動	205

要　旨

　2012 年調査において，OECD 加盟国の 15 歳の生徒の 96％が家庭にコンピュータがあると回答したが，学校でデスクトップ・コンピュータ，ノートパソコン，タブレットを利用すると回答したのは 72％のみであった。学校でコンピュータを利用すると回答したのは韓国では 42％，上海では 38％の生徒のみであったが，韓国と上海は 2012 年の OECD 生徒の学習到達度調査（PISA）におけるデジタル読解力とコンピュータ使用型数学的リテラシーの成績上位層であった。これとは対照的に，学校の勉強のために学校で生徒がインターネットを利用することがより一般的な国では，平均すると，2000 年から 2012 年の間に生徒の読解力の得点は低下した。

　PISA 調査のデータの分析に基づくこうした知見によれば，日常生活への情報通信技術（ICT）の普及にもかかわらず，このような技術はまだ正規教育でそれほど広く導入されてはいない。しかし，そのような技術が教室で現在利用されているところでも，それが生徒の成績に与える影響は，よく見ても正負入り乱れている。実際，PISA 調査の結果からは，教育利用の ICT へ重点的に投資してきた国において，読解力，数学的リテラシー，科学的リテラシーにおける生徒の到達度に改善があまり見られないことが分かる。

　こうした調査結果が示すとおり，生徒，コンピュータ，学習の間の結び付きは単純なものでもなければ，固定的なものでもない。指導と学習に対して ICT が実質的に寄与するものは，まだ完全には理解されておらず，活用もされていない。しかし，コンピュータとインターネットが我々の私生活や仕事の中で中心的な役割を果たし続ける限り，デジタル世界の中で読み，書き，そして目的を持って進んでいくための基本的な技能を身に付けていない生徒は，周囲の経済的，社会的，文化的生活に十分参加できないことに気付くことになる。PISA 調査のデータによる明らかに正負入り乱れるメッセージの中から，極めて重要な見解がいくつか現れる。

デジタル環境で必要となる基礎的な技能は教えることが可能で，教えるべきである

　オンラインでの読解では，印刷物の読解と同じ技能が必要となる。そして，テキストのページ間・画面間を読み進められることや，大量の情報の中から関連があって信頼できる情報源を絞り込むことが加えて重要である。韓国とシンガポールはデジタル読解力で成績上位層の 2 か国であり，生徒がウェブナビゲーションに最も習熟している国に含まれ，優れたブロードバンドのインフラを有しており，15 歳の生徒は日常生活でコンピュータを簡単に使用する。しかし，こうした国の生徒は，他の OECD 加盟国の生徒よりも学校でインターネットに接触することが多いわけではない。これは，オンラインナビゲーションで不可欠な評価と課題に対応するための技能の多くが，従来からのアナログな教授法とツールで指導，学習できる可能性もあることを示唆している。

要　旨

教育の公平性をまず改善する

　大部分の国では，コンピュータの利用機会における社会経済的に恵まれた生徒と恵まれない生徒との差は，2009 年から 2012 年にかけて縮小しており，差が広がった国はなかった。しかし，PISA 調査のコンピュータ使用型調査の結果によれば，いわゆる「一次的なデジタル・ディバイド」（コンピュータへのアクセス）が埋められると，学習のために ICT ツールを利用する能力において社会経済的グループ間で残る差は，すべてではないにしても，大部分がもっと伝統的な学力に見られる差によって説明されることが分かる。そのため，デジタルツールから便益を得る能力における不平等を解消するためには，各国は教育の公平性をまず改善する必要がある。すべての子供が読解力と数学における基本レベルの習熟度に到達するよう図ることの方が，ハイテク機器やサービスへのアクセスを拡大したり支援したりすることによって達成されるものよりも，デジタル世界における機会均等により資することになる。

教師，保護者，生徒はインターネットの利用により起こり得る有害な側面に注意すべきである

　今日の「結び付いた」学習者の教育に携わる者は，情報過多から盗用，オンライン上のリスク（詐欺，プライバシーの侵害，ネットいじめ）から子供を守ることをはじめ，十分かつ適切なメディアダイエットの設定に至るまで，数多くの新しい（又は新たに関連が生じた）問題に直面している。さらに，多くの保護者と教師は，学校以外の場所でインターネットに平日 1 日当たり 6 時間以上を費やす生徒は，学校で孤独を感じ，PISA 調査前の 2 週間の間に遅刻したか学校を無断欠席したという回答をする危険性が特に高いという調査結果に驚くことはないであろう。

　学校は生徒をインターネットサービスと電子メディアの重要な消費者として教育し，生徒が十分な情報に基づいた選択を行い，有害な行動を避けることができるよう支援することができる。また，学校はオンライン上で生徒が直面するリスクやそれを避ける方法について，家庭での意識を高めることもできる。子供が ICT の娯楽や余暇での利用と，スポーツといった画面を用いない他の娯楽活動の時間や，それと同じく重要である睡眠時間とのバランスを取ることを保護者は支援することができる。

テクノロジーへの投資の有効性を高めるために，過去から学ぶ

　PISA 調査のデータによれば，数学の授業が実社会の問題——日常の生活や仕事で生じる工学，生物学，金融などの，どのような問題であろうと——を系統立てて説明して解答を与えることに焦点を合わせる国では，生徒は教師が指導でコンピュータを使うことが多いと回答した。また，生徒の回答によると，すべての教師の中でも，グループワーク，個別学習，プロジェクトワークといった生徒に考えさせる指導実践を行う傾向があり，しっかりとその準備をしている教師は，デジタルリソースを活用する傾向が強い。

　しかしながら，学校におけるコンピュータの限定的な利用は，まったくコンピュータを利用しないことよりも良い場合があることを PISA 調査の結果は示唆している一方，現在の OECD 平均よりも徹底してコンピュータを利用することが，生徒の顕著な成績不振と関連している傾向がある。コンピュータのソフトウェアやインターネット接続が学習の時間や活動を増やすのに役立つ場合など特定の文脈においてのみ，ICT は生徒の成績向上に結び付く。

こうした知見に対する一つの解釈は，教育者が生徒の学習にしっかりと焦点を合わせながら，教育におけるテクノロジーの使い方を学ぶのには時間と労力がかかるということである。その一方で，オンラインツールは教師と学校の指導者が意見を交換してお互いに刺激を与え，これまで個人の問題であったものを共同のプロセスに変えるのに役立つ場合がある。結局，テクノロジーは優れた教育を拡充することはできるが，優れたテクノロジーが粗末な教育に置き換わることはできないのである。

要　旨

▪ 表 0.1 ［Part 1/2］▪
家庭における ICT 機器とインターネット利用の概要

| | 家庭における ICT 機器とインターネットに費やす時間が OECD 平均を上回る国 |
| 家庭における ICT 機器とインターネットに費やす時間が OECD 平均と統計的な有意差がない国 |
| 家庭における ICT 機器とインターネットに費やす時間が OECD 平均を下回る国 |

	家庭における ICT 機器				インターネットに費やす時間			
	家庭に少なくとも１台のコンピュータがある生徒		家庭に３台以上のコンピュータがある生徒		インターネットに費やす１日当たりの平均時間（下限）			学校のある日に，学校以外の場所でのインターネット利用が「6 時間より長い」と回答した生徒
	2012 年調査	2009 年調査からの変化	2012 年調査	2009 年調査からの変化	学校のある日に，学校以外の場所で	休みの日に，学校以外の場所で	学校のある日に，学校で	
	%	% dif.	%	% dif.	分	分	分	%
OECD 平均	95.8	2.0	42.8	12.1	104	138	25	7.2
デンマーク	99.9	0.2	84.7	9.9	136	177	46	9.4
オランダ	99.8	0.0	69.0	10.0	115	152	26	9.9
フィンランド	99.8	0.3	56.1	17.2	99	130	18	4.1
スロベニア	99.7	0.5	43.4	15.9	108	138	28	8.4
スウェーデン	99.6	0.5	74.8	18.1	144	176	39	13.2
リヒテンシュタイン	99.6	-0.1	62.0	20.7	95	132	18	4.9
香港	99.6	0.5	31.8	12.1	111	164	11	7.0
オーストリア	99.5	0.7	45.3	12.0	96	119	29	6.6
スイス	99.5	0.5	58.9	15.6	88	121	16	4.6
ドイツ	99.4	0.5	54.0	10.2	114	144	14	8.6
マカオ	99.4	0.4	25.4	13.7	112	178	14	7.0
アイスランド	99.3	-0.2	70.7	10.7	124	160	20	7.7
ノルウェー	99.1	-0.3	83.9	12.1	136	170	24	9.3
ルクセンブルグ	99.1	0.2	56.6	11.3	m	m	m	m
オーストラリア	99.0	0.2	64.6	18.7	130	158	58	9.9
フランス	99.0	2.2	45.0	17.4	m	m	m	m
カナダ	98.9	0.3	53.0	15.5	m	m	m	m
ベルギー	98.9	0.5	55.0	14.7	94	142	22	5.5
イギリス	98.8	-0.2	50.9	10.2	m	m	m	m
イタリア	98.7	2.0	27.7	12.7	93	97	19	5.7
アイルランド	98.7	1.6	36.0	15.2	74	100	16	3.4
韓国	98.6	-0.3	10.1	3.4	41	94	9	0.6
エストニア	98.5	0.9	37.3	15.3	138	170	23	9.0
チェコ	98.1	1.0	36.9	17.0	122	155	18	9.0
スペイン	97.9	6.7	37.9	17.1	107	149	34	8.1
台湾	97.7	1.3	30.0	10.3	74	153	23	5.8
アラブ首長国連邦	97.7	14.3	54.1	16.4	m	m	m	m
ポーランド	97.7	3.1	22.9	12.2	117	157	13	7.5
クロアチア	97.5	1.9	16.2	5.9	103	143	23	7.4
ポルトガル	97.1	-0.9	36.6	5.2	99	149	24	6.1
シンガポール	96.9	-0.1	47.9	12.0	102	152	20	7.6
ニュージーランド	96.8	0.5	41.6	12.7	98	125	25	6.2
リトアニア	96.6	2.9	16.3	9.8	m	m	m	m
イスラエル	96.5	1.7	44.6	20.0	106	133	25	8.9
カタール	96.3	-0.9	59.7	6.2	m	m	m	m
ハンガリー	96.2	2.3	24.2	8.7	112	156	30	8.0
セルビア	95.7	6.2	10.7	6.4	110	136	20	9.9
ギリシャ	94.6	4.7	18.4	8.5	108	139	42	9.4

注：太字は，2009 年と 2012 年の間に，統計的な有意差がある国を示す。
2012 年調査において，少なくとも１台のコンピュータがあると回答した生徒の割合が多い順に上から国を並べている。
出典：OECD, PISA 2012 Database, Tables 1.1 and 1.5a, b and c.
StatLink：http://dx.doi.org/10.1787/888933253435

▪ 表 0.1 ［Part 2/2］▪
家庭における ICT 機器とインターネット利用の概要

家庭における ICT 機器とインターネットに費やす時間が OECD 平均を上回る国
家庭における ICT 機器とインターネットに費やす時間が OECD 平均と統計的な有意差がない国
家庭における ICT 機器とインターネットに費やす時間が OECD 平均を下回る国

	家庭における ICT 機器				インターネットに費やす時間			
	家庭に少なくとも 1 台のコンピュータがある生徒		家庭に 3 台以上のコンピュータがある生徒		インターネットに費やす 1 日当たりの平均時間（下限）			学校のある日に, 学校以外の場所でのインターネット利用が「6 時間より長い」と回答した生徒
	2012 年調査	2009 年調査からの変化	2012 年調査	2009 年調査からの変化	学校のある日に, 学校以外の場所で	休みの日に, 学校以外の場所で	学校のある日に, 学校で	
	%	% dif.	%	% dif.	分	分	分	%
OECD 平均	95.8	**2.0**	42.8	**12.1**	104	138	25	7.2
アメリカ	94.5	1.1	37.6	7.2	m	m	m	m
ラトビア	94.5	**3.5**	19.9	**11.1**	117	147	17	7.6
スロバキア	94.4	**4.1**	26.4	**15.7**	116	152	32	8.1
ブルガリア	93.5	**6.3**	17.0	**10.0**	m	m	m	m
モンテネグロ	93.3	**8.0**	10.1	**5.8**	m	m	m	m
ロシア	92.8	**13.0**	10.5	**7.7**	130	161	34	13.7
日本	92.4	**3.7**	17.1	**2.9**	70	111	13	4.5
上海	91.9	**10.2**	17.6	**10.5**	39	106	10	2.2
ウルグアイ	89.6	**12.3**	20.4	**12.6**	118	144	30	11.0
チリ	88.3	**12.2**	20.9	**12.0**	106	148	30	9.3
ルーマニア	87.1	**2.7**	8.7	**4.7**	m	m	m	m
ヨルダン	86.5	**11.9**	13.0	**7.2**	69	110	23	6.4
アルゼンチン	83.3	**16.4**	18.7	**11.9**	m	m	m	m
コスタリカ	75.0	**11.3**	13.2	**5.7**	91	113	29	6.6
マレーシア	74.0	**10.6**	13.9	**4.9**	m	m	m	m
ブラジル	73.5	**20.2**	9.4	**6.2**	m	m	m	m
トルコ	70.7	**9.4**	4.1	**2.4**	52	78	15	2.5
カザフスタン	68.1	**14.8**	2.4	**1.6**	m	m	m	m
タイ	65.6	**10.1**	6.1	**1.7**	m	m	m	m
アルバニア	65.4	**16.2**	3.5	**1.6**	m	m	m	m
コロンビア	62.9	**15.2**	5.2	**2.9**	m	m	m	m
チュニジア	59.6	**14.3**	5.2	**3.4**	m	m	m	m
メキシコ	58.5	**8.9**	9.1	**4.3**	80	91	26	5.3
ペルー	52.8	**14.6**	6.2	**2.5**	m	m	m	m
ベトナム	38.9	m	2.0	m	m	m	m	m
インドネシア	25.8	4.7	1.9	1.1	m	m	m	m

注：太字は，2009 年と 2012 年の間に，統計的な有意差がある国を示す。
2012 年調査において，少なくとも 1 台のコンピュータがあると回答した生徒の割合が多い順に上から国を並べている。
出典：OECD, PISA 2012 Database, Tables 1.1 and 1.5a, b and c.
StatLink：http://dx.doi.org/10.1787/888933253435

▪ 表 0.2 ［Part 1/2］ ▪
学校における ICT 機器と利用の概要

- 学校のコンピュータ1台当たりの生徒数がOECD平均を下回る／ICT利用がOECD平均を上回る国
- 学校のコンピュータ1台当たりの生徒数／ICT利用がOECD平均と統計的な有意差がない国
- 学校のコンピュータ1台当たりの生徒数がOECD平均を上回る／ICT利用がOECD平均を下回る国

	学校のコンピュータ1台当たりの生徒数	学校の勉強のための学校でのICT利用						PISA調査前1か月間の数学の授業においてコンピュータを利用したと回答した生徒
		学校でコンピュータを利用する生徒の割合		「学校の勉強のために，インターネットを見る」という質問に「週に1〜2回」以上と回答した生徒				
				学校で		学校以外の場所で		
	2012年調査	2012年調査	2009年調査からの変化	2012年調査	2009年調査からの変化	2012年調査	2009年調査からの変化	2012年調査
	平均	%	% dif.	%	% dif.	%	% dif.	%
OECD 平均	4.7	72.0	1.3	41.9	3.4	54.9	9.5	31.6
オーストラリア	0.9	93.7	2.1	80.8	15.8	75.6	7.8	40.0
ニュージーランド	1.2	86.4	3.0	59.3	9.1	66.1	14.5	28.6
マカオ	1.3	87.6	7.5	26.7	1.5	44.2	12.9	34.0
イギリス	1.4	m	m	m	m	m	m	m
チェコ	1.6	83.2	4.1	47.6	9.8	61.6	15.8	25.6
ノルウェー	1.7	91.9	-1.1	69.0	-0.2	68.8	5.4	73.1
アメリカ	1.8	m	m	m	m	m	m	m
リトアニア	1.9	m	m	m	m	m	m	m
スロバキア	2.0	80.2	0.9	43.1	0.0	50.3	11.1	33.3
シンガポール	2.0	69.9	7.2	30.4	4.5	56.0	12.8	34.4
リヒテンシュタイン	2.1	91.8	0.9	41.3	-14.5	43.9	10.1	37.9
エストニア	2.1	61.0	5.2	28.9	7.3	64.0	13.7	39.2
香港	2.2	83.8	1.1	22.7	-5.5	50.3	6.2	16.8
スペイン	2.2	73.2	7.7	51.1	8.5	61.9	13.7	29.4
ルクセンブルグ	2.2	m	m	m	m	m	m	m
ハンガリー	2.2	74.7	5.3	35.7	-4.7	52.7	2.4	25.9
ラトビア	2.2	52.4	5.1	23.1	5.9	54.4	13.6	30.8
デンマーク	2.4	86.7	-6.3	80.8	6.6	74.3	13.2	58.3
カザフスタン	2.5	m	m	m	m	m	m	m
アイルランド	2.6	63.5	0.6	32.4	6.4	45.4	16.7	17.6
ブルガリア	2.6	m	m	m	m	m	m	m
オランダ	2.6	94.0	-2.6	67.5	0.2	65.8	12.7	20.2
スイス	2.7	78.3	2.6	32.5	-2.9	46.0	8.6	29.6
ベルギー	2.8	65.3	2.5	29.4	12.6	57.1	14.0	25.6
カナダ	2.8	m	m	m	m	m	m	m
フランス	2.9	m	m	m	m	m	m	m
上海	2.9	38.3	m	9.7	m	38.5	m	8.6
オーストリア	2.9	81.4	-2.7	48.0	2.8	53.0	10.5	38.3
ロシア	3.0	80.2	7.9	20.3	3.5	62.9	29.4	52.6
タイ	3.1	m	m	m	m	m	m	m
フィンランド	3.1	89.0	1.6	34.9	4.2	28.3	10.5	19.1
スロベニア	3.3	57.2	-1.0	41.6	7.3	58.8	14.6	29.6
日本	3.6	59.2	0.0	11.3	-1.6	16.5	7.7	23.8
コロンビア	3.7	m	m	m	m	m	m	m
スウェーデン	3.7	87.0	-2.1	66.6	6.3	58.5	11.2	20.0
ポルトガル	3.7	69.0	13.8	38.1	-2.2	67.4	6.9	28.8
ポーランド	4.0	60.3	-0.3	30.3	3.6	66.4	10.0	23.3
アイスランド	4.1	81.9	2.4	28.9	-9.0	35.8	4.5	33.5

注：太字は，2009 年と 2012 年の間に，統計的な有意差がある国を示す。
2012 年調査において，学校のコンピュータ 1 台当たりの生徒数が少ない順に上から国を並べている。
出典：OECD, PISA 2012 Database, Tables 2.1, 2.3, 2.5, 2.7 and 2.11.
StatLink：http://dx.doi.org/10.1787/888933253441

▪ 表 0.2 ［Part 2/2］▪
学校における ICT 機器と利用の概要

学校のコンピュータ1台当たりの生徒数が OECD 平均を下回る／ICT 利用が OECD 平均を上回る国
学校のコンピュータ1台当たりの生徒数／ICT 利用が OECD 平均と統計的な有意差がない国
学校のコンピュータ1台当たりの生徒数が OECD 平均を上回る／ICT 利用が OECD 平均を下回る国

	学校のコンピュータ1台当たりの生徒数	学校の勉強のための学校での ICT 利用						PISA 調査前1か月間の数学の授業においてコンピュータを利用したと回答した生徒
		学校でコンピュータを利用する生徒の割合		「学校の勉強のために，インターネットを見る」という質問に「週に1～2回」以上と回答した生徒				
				学校で		学校以外の場所で		
	2012年調査	2012年調査	2009年調査からの変化	2012年調査	2009年調査からの変化	2012年調査	2009年調査からの変化	2012年調査
	平均	%	% dif.	%	% dif.	%	% dif.	%
OECD 平均	4.7	72.0	**1.3**	41.9	**3.4**	54.9	**9.5**	31.6
イタリア	4.1	66.8	**3.0**	28.8	1.3	49.1	**3.6**	40.4
カタール	4.2	m	m	m	m	m	m	m
アラブ首長国連邦	4.2	m	m	m	m	m	m	m
ドイツ	4.2	68.7	**4.1**	28.9	2.3	51.3	**11.5**	26.9
ルーマニア	4.6	m	m	m	m	m	m	m
イスラエル	4.7	55.2	4.0	30.6	**3.3**	49.0	**6.4**	30.7
チリ	4.7	61.7	**4.9**	44.5	0.3	64.7	**17.7**	28.3
ヨルダン	5.0	79.7	**5.7**	32.6	2.0	42.7	**14.7**	69.6
クロアチア	5.0	78.3	**10.3**	31.4	**3.4**	59.2	**18.9**	23.7
韓国	5.3	41.9	**-20.9**	11.0	**-2.6**	31.3	**-10.6**	9.8
台湾	5.8	78.8	m	28.6	m	25.9	m	9.3
モンテネグロ	7.7	m	m	m	m	m	m	m
ペルー	7.9	m	m	m	m	m	m	m
ギリシャ	8.2	65.9	**8.0**	44.9	**9.7**	54.4	**13.7**	33.3
ベトナム	8.6	m	m	m	m	m	m	m
ウルグアイ	8.7	49.9	2.2	40.0	**11.2**	73.2	**19.6**	39.4
セルビア	8.8	82.0	**10.7**	24.9	**7.0**	48.7	**21.3**	33.4
アルバニア	8.9	m	m	m	m	m	m	m
アルゼンチン	14.1	m	m	m	m	m	m	m
メキシコ	15.5	60.6	m	39.5	m	67.0	m	41.4
インドネシア	16.4	m	m	m	m	m	m	m
マレーシア	16.7	m	m	m	m	m	m	m
コスタリカ	17.7	57.4	m	38.3	m	64.8	m	25.6
ブラジル	22.1	m	m	m	m	m	m	m
トルコ	44.9	48.7	-2.1	28.0	0.0	50.2	-1.9	41.7
チュニジア	53.1	m	m	m	m	m	m	m

注：太字は，2009 年と 2012 年の間に，統計的な有意差がある国を示す。
2012 年調査において，学校のコンピュータ1台当たりの生徒数が少ない順に上から国を並べている。
出典：OECD, PISA 2012 Database, Tables 2.1, 2.3, 2.5, 2.7 and 2.11.
StatLink：http://dx.doi.org/10.1787/888933253441

要　旨

| ▪ 表 0.3 ▪ |
| コンピュータ使用型調査の成績の概要 |

得点が OECD 平均を上回る国
得点が OECD 平均と統計的な有意差がない国
得点が OECD 平均を下回る国

	デジタル読解力の成績			コンピュータ使用型数学的リテラシーの成績		
	2012 年調査の平均得点	2009 年調査からの変化	筆記型調査読解力で同程度の得点の世界中の生徒と比較した，デジタル読解力の相対的得点	2012 年調査の平均得点	解答にコンピュータ技能を用いない課題の正答率	解答にコンピュータ技能を用いる課題の正答率
	平均得点	得点差	得点差	平均得点	%	%
OECD 平均	497	1	-5	497	38.1	26.6
シンガポール	567	m	32	566	55.2	41.8
韓国	555	-12	24	553	50.2	37.8
香港	550	35	12	550	49.7	36.6
日本	545	26	13	539	47.8	36.5
カナダ	532	m	11	523	42.4	32.4
上海	531	m	-26	562	52.5	39.6
エストニア	523	m	7	516	42.2	29.0
オーストラリア	521	-16	9	508	41.0	29.8
アイルランド	520	11	-1	493	37.9	24.6
台湾	519	m	-2	537	46.8	35.2
マカオ	515	23	5	543	45.9	34.7
アメリカ	511	m	10	498	36.9	27.2
フランス	511	17	4	508	42.3	26.9
イタリア	504	m	11	499	38.0	25.2
ベルギー	502	-5	-7	512	41.9	28.6
ノルウェー	500	0	-6	498	38.6	27.0
スウェーデン	498	-12	9	490	36.8	24.7
デンマーク	495	6	-5	496	38.6	26.0
ポルトガル	486	m	-7	489	35.5	25.2
オーストリア	480	m	-15	507	38.5	27.9
ポーランド	477	13	-40	489	37.3	24.2
スロバキア	474	m	1	497	36.0	25.8
スロベニア	471	m	-17	487	34.0	24.3
スペイン	466	-9	-25	475	33.3	21.5
ロシア	466	m	-17	489	34.8	24.9
イスラエル	461	m	-31	447	29.5	20.2
チリ	452	18	-4	432	26.0	15.5
ハンガリー	450	-18	-43	470	31.3	21.1
ブラジル	436	m	3	421	23.6	16.2
アラブ首長国連邦	407	m	-50	434	25.2	18.1
コロンビア	396	27	-30	397	19.1	11.5

注：太字は，2009 年と 2012 年の間に，統計的な有意差がある国を示す。
2012 年調査において，デジタル読解力の平均得点が高い順に上から国を並べている。
出典：OECD, PISA 2012 Database, Tables 3.2, 3.6, 3.8 and 3.11.
StatLink：http://dx.doi.org/10.1787/888933253454

要　旨

▪ 表 0.4 ▪
デジタル読解力：生徒のナビゲーションの概要

　　 得点・ナビゲーションが OECD 平均を上回る国
　　 得点・ナビゲーションが OECD 平均と統計的な有意差がない国
　　 得点・ナビゲーションが OECD 平均を下回る国

	デジタル読解力の得点	デジタル読解力におけるナビゲーション[1]	
		全体的なブラウジング活動	課題指向型ブラウジング
	平均得点	平均パーセンタイル順位	平均パーセンタイル順位
OECD 平均	497	48	50
シンガポール	567	68	64
韓国	555	77	58
香港	550	72	55
日本	545	65	53
カナダ	532	51	57
上海	531	76	49
エストニア	523	54	49
オーストラリア	521	48	58
アイルランド	520	50	56
台湾	519	76	48
マカオ	515	76	49
アメリカ	511	51	57
フランス	511	51	54
イタリア	504	56	49
ベルギー	502	46	50
ノルウェー	500	43	49
スウェーデン	498	43	50
デンマーク	495	47	50
ポルトガル	486	45	50
オーストリア	480	46	48
ポーランド	477	41	47
スロバキア	474	44	41
スロベニア	471	39	46
スペイン	466	42	43
ロシア	466	44	40
イスラエル	461	39	46
チリ	452	40	42
ハンガリー	450	35	41
ブラジル	436	28	37
アラブ首長国連邦	407	32	37
コロンビア	396	29	33

1. デジタル読解力における生徒のナビゲーション行動を記述するために生徒のすべてのブラウジングシーケンスを，移動前のページ
　と移動後のページに基づいて，基本的シーケンス（ステップ）に分類した。二つの指標がステップ数から導き出されている。
　　第一の指標はナビゲーションステップの量を測定する。異なるテストフォームの生徒間で比較可能とするために，全体的なブラウ
　ジング活動指標が，同じ問題を実施された全ての生徒の分布におけるパーセンタイル順位として算出された。例えば，この指標値
　が 73 の生徒は，同じテストフォームの生徒全体の 73％の生徒よりも，多くのページを閲覧したということができる。
　　第二の指標はナビゲーションステップの質に関係する。デジタル読解力調査において閲覧可能な全てのページが，出題されるそれ
　ぞれの問いに有用若しくは必要な情報を生徒に示すわけではない。課題指向型ブラウジング指標は生徒のナビゲーションシーケン
　スがそれぞれの問いの要求を前提として期待されるものにどの程度沿っているかを測定する。この指標が高い値であることは，課
　題関連ステップ（関連ページから別の関連ページへのステップ）を多く含み，ミスステップや無関連ステップ（関連しないページ
　へのステップ）がないかほとんどない，長いナビゲーションシーケンスであったことを示す。
注：デジタル読解力の平均得点が高い順に上から国を並べている。
出典：OECD, PISA 2012 Database, Tables 3.2 and 4.1.
StatLink：http://dx.doi.org/10.1787/888933253464

要　旨

	▪ 表 0.5［Part 1/2］▪
	ICT へのアクセスと利用における社会経済的背景の影響の概要

社会経済的に恵まれない生徒の，インターネットアクセス，インターネット利用時間，コンピュータ利用が OECD 平均を上回る国

社会経済的に恵まれない生徒の，インターネットアクセス，インターネット利用時間，コンピュータ利用が OECD 平均と統計的な有意差がない国

社会経済的に恵まれない生徒の，インターネットアクセス，インターネット利用時間，コンピュータ利用が OECD 平均を下回る国

	インターネットアクセス		インターネット利用時間		コンピュータ利用			
	家庭においてインターネットへの接続ができる生徒		休みの日1日当たりの学校以外の場所でのインターネット平均利用時間		学校以外の場所で「週に1～2回」以上コンピュータを利用する生徒			
					「インターネットで実用的な情報を調べる」		「一人用ゲームで遊ぶ」	
	社会経済的に恵まれない生徒	社会経済的に恵まれている生徒と恵まれない生徒の差	社会経済的に恵まれない生徒	社会経済的に恵まれている生徒と恵まれない生徒の差	社会経済的に恵まれない生徒	社会経済的に恵まれている生徒と恵まれない生徒の差	社会経済的に恵まれない生徒	社会経済的に恵まれている生徒と恵まれない生徒の差
	%	% dif.	分	分	%	% dif.	%	% dif.
OECD 平均	85.2	**13.4**	124	**7**	55.6	**18.6**	39.4	0.5
デンマーク	99.3	**0.7**	154	0	67.3	**19.1**	36.0	-1.6
アイスランド	99.1	**0.9**	160	**-18**	70.8	**11.1**	39.1	-3.1
フィンランド	98.8	**1.1**	109	-6	65.2	**9.1**	49.5	-3.8
香港	98.7	**0.9**	171	**-34**	53.5	**21.1**	36.1	2.1
オランダ	98.6	**1.3**	148	-3	49.0	**18.4**	41.3	3.3
ノルウェー	98.6	**1.3**	169	**-14**	71.3	**11.5**	44.0	-0.5
スイス	98.1	**1.5**	128	**-18**	61.3	**15.0**	27.9	-2.2
スウェーデン	98.1	**1.9**	170	-10	63.0	**12.6**	37.5	0.4
スロベニア	97.6	**2.1**	136	-7	61.0	**16.5**	50.8	**-8.8**
エストニア	97.4	**2.4**	167	-1	73.6	**12.3**	40.2	-0.5
オーストリア	97.1	**2.6**	120	-8	56.3	**18.0**	33.7	-1.6
イギリス	96.7	**3.2**	m	m	m	m	m	m
ドイツ	96.7	**3.2**	143	**-17**	57.6	**14.6**	33.4	-3.1
マカオ	96.6	**2.5**	175	-5	54.0	**16.9**	40.2	2.2
リヒテンシュタイン	95.8	4.2	132	-13	59.1	**26.4**	37.6	-2.2
フランス	95.6	**4.1**	m	m	m	m	m	m
ルクセンブルグ	95.4	4.2	m	m	m	m	m	m
ベルギー	95.3	**4.6**	130	**-11**	53.9	**14.9**	40.1	**-4.2**
アイルランド	94.8	**4.6**	100	-5	41.9	**18.5**	37.3	**-5.3**
カナダ	94.8	**5.0**	m	m	m	m	m	m
韓国	94.0	**5.7**	101	**-18**	43.1	**11.9**	30.9	-2.0
オーストラリア	93.1	**6.6**	152	1	54.0	**22.2**	46.0	**-5.3**
イタリア	92.9	**6.3**	94	-7	66.2	**13.1**	42.0	-2.1
チェコ	92.7	**7.0**	143	6	70.3	**16.4**	46.0	2.0
シンガポール	91.8	**7.9**	150	0	56.7	**21.3**	35.7	0.3
台湾	90.6	**8.6**	168	**-42**	49.0	**14.1**	40.4	-3.0
クロアチア	89.2	**9.8**	135	4	57.9	**17.4**	45.7	3.8
ポルトガル	87.9	**11.5**	127	16	53.2	**23.8**	52.0	-4.2
スペイン	85.7	**13.8**	140	3	51.6	**16.2**	29.6	-2.8
ポーランド	85.6	**14.0**	134	25	67.2	**19.0**	46.1	0.3
アラブ首長国連邦	84.0	**15.7**	m	m	m	m	m	m
カタール	83.2	**15.6**	m	m	m	m	m	m

注：太字は，社会的に恵まれている生徒と恵まれない生徒の間に，統計的な有意差がある国を示す。
社会的に恵まれている生徒とは，「生徒の社会経済文化的背景」指標の上位25％層の生徒を指し，恵まれない生徒とは，この指標が下位25％層の生徒を指す。
家庭においてインターネットへの接続ができる社会的に恵まれない生徒の割合が多い順に上から国を並べている。
出典：OECD, PISA 2012 Database, Tables 5.1a, 5.11 and 5.12.
StatLink：http://dx.doi.org/10.1787/888933253475

要　旨

> **・表 0.5［Part 2/2］・**
> **ICT へのアクセスと利用における社会経済的背景の影響の概要**

社会経済的に恵まれない生徒の，インターネットアクセス，インターネット利用時間，コンピュータ利用が OECD 平均を上回る国

社会経済的に恵まれない生徒の，インターネットアクセス，インターネット利用時間，コンピュータ利用が OECD 平均と統計的な有意差がない国

社会経済的に恵まれない生徒の，インターネットアクセス，インターネット利用時間，コンピュータ利用が OECD 平均を下回る国

	インターネットアクセス		インターネット利用時間		コンピュータ利用			
	家庭において インターネットへの 接続ができる生徒		休みの日 1 日当たりの 学校以外の場所での インターネット 平均利用時間		学校以外の場所で「週に 1 ～ 2 回」以上 コンピュータを利用する生徒			
					「インターネットで 実用的な情報を調べる」		「一人用ゲームで遊ぶ」	
	社会経済的 に恵まれな い生徒	社会経済的 に恵まれて いる生徒と 恵まれない 生徒の差	社会経済的 に恵まれな い生徒	社会経済的 に恵まれて いる生徒と 恵まれない 生徒の差	社会経済的 に恵まれな い生徒	社会経済的 に恵まれて いる生徒と 恵まれない 生徒の差	社会経済的 に恵まれな い生徒	社会経済的 に恵まれて いる生徒と 恵まれない 生徒の差
	%	% dif.	分	分	%	% dif.	%	% dif.
OECD 平均	85.2	**13.4**	124	**7**	55.6	**18.6**	39.4	0.5
リトアニア	82.5	**16.7**	m	m	m	m	m	m
イスラエル	80.9	**18.3**	95	**29**	64.4	**13.7**	35.8	**5.2**
ハンガリー	80.8	**18.5**	137	7	58.6	**19.5**	52.5	-4.4
ニュージーランド	80.0	**19.6**	114	7	47.6	**26.4**	40.2	-0.4
アメリカ	79.8	**19.9**	m	m	m	m	m	m
ロシア	79.5	**19.4**	144	**20**	50.9	**27.3**	42.5	-0.9
ブルガリア	79.0	**20.5**	m	m	m	m	m	m
ラトビア	78.4	**20.9**	129	13	61.8	**19.7**	37.5	-0.5
スロバキア	76.9	**22.4**	125	**26**	53.6	**24.0**	40.0	3.2
日本	75.3	**21.9**	109	-8	41.0	**15.9**	48.6	-1.5
セルビア	73.5	**25.5**	116	**23**	45.1	**23.5**	57.1	1.5
ギリシャ	69.2	**28.8**	124	7	53.3	**15.9**	53.5	2.6
モンテネグロ	68.2	**31.2**	m	m	m	m	m	m
上海	62.8	**34.7**	107	-17	37.9	**25.9**	29.1	2.2
ウルグアイ	57.7	**40.8**	85	**69**	45.7	**32.5**	33.5	**12.9**
ルーマニア	52.1	**45.4**	m	m	m	m	m	m
ブラジル	44.7	**51.1**	m	m	m	m	m	m
アルゼンチン	44.4	**51.1**	m	m	m	m	m	m
チリ	44.0	**52.2**	95	**77**	35.8	**39.3**	27.0	**14.4**
コスタリカ	30.2	**66.6**	52	**97**	26.6	**40.3**	19.3	**27.6**
ヨルダン	29.8	**62.2**	54	**84**	34.9	**27.6**	31.4	**16.6**
マレーシア	27.6	**66.5**	m	m	m	m	m	m
トルコ	21.5	**64.2**	43	**58**	33.1	**26.5**	29.2	**18.4**
カザフスタン	19.4	**65.4**	m	m	m	m	m	m
コロンビア	17.4	**68.4**	m	m	m	m	m	m
チュニジア	15.8	**71.2**	m	m	m	m	m	m
タイ	13.2	**71.4**	m	m	m	m	m	m
ペルー	7.4	**71.0**	m	m	m	m	m	m
メキシコ	6.0	**80.2**	35	**103**	28.0	**42.7**	11.0	**21.3**
インドネシア	6.0	**50.2**	m	m	m	m	m	m
ベトナム	2.9	**70.4**	m	m	m	m	m	m

注：太字は，社会的に恵まれている生徒と恵まれない生徒の間に，統計的な有意差がある国を示す。
社会的に恵まれている生徒とは，「生徒の社会経済文化的背景」指標の上位 25％層の生徒を指し，恵まれない生徒とは，この指標が下位 25％層の生徒を指す。
家庭においてインターネットへの接続ができる社会的に恵まれない生徒の割合が多い順に上から国を並べている。
出典：OECD, PISA 2012 Database, Tables 5.1a, 5.11 and 5.12.
StatLink：http://dx.doi.org/10.1787/888933253475

表0.6
学校におけるコンピュータ利用とコンピュータ使用型調査の得点の関係の概要

得点が OECD 平均を上回る国
得点が OECD 平均と統計的な有意差がない国
得点が OECD 平均を下回る国

	デジタル読解力			コンピュータ使用型数学的リテラシー		
		生徒と学校の社会経済的背景の影響を取り除いた後の,「学校の勉強のために,インターネット上のサイトを見る」の回答状況による得点の差			生徒と学校の社会経済的背景の影響を取り除いた後の,「数学の授業で,コンピュータを使って次のようなことを行いましたか」の回答状況による得点の差	
		「月に1〜2回」と回答した生徒の平均得点から「まったくか,ほとんどない」と回答した生徒の平均得点を差し引いた差	「週に1〜2回」以上と回答した生徒の平均得点から「月に1〜2回」と回答した生徒の平均得点を差し引いた差		少なくとも一つの課題で「生徒が行った」と回答した生徒の平均得点から「行わなかった」と回答した生徒の平均得点を差し引いた差	「先生が見本を示しただけ」と回答した生徒の平均得点から「行わなかった」と回答した生徒の平均得点を差し引いた差
	2012年調査の平均得点			2012年調査の平均得点		
	平均得点	得点差	得点差	平均得点	得点差	得点差
OECD 平均	497	13	-8	497	-12	-6
シンガポール	567	-6	-29	566	-27	10
韓国	555	-4	-6	553	-11	-11
香港	550	8	-21	550	-31	-1
日本	545	10	-2	539	-12	-22
カナダ	532	m	m	523	m	m
上海	531	9	-19	562	-22	-3
エストニア	523	3	-23	516	-23	-6
オーストラリア	521	30	11	508	2	0
アイルランド	520	11	3	493	-16	10
台湾	519	13	-5	537	-13	-15
マカオ	515	6	4	543	-20	4
アメリカ	511	m	m	498	m	m
フランス	511	m	m	508	m	m
イタリア	504	-2	-13	499	-9	-3
ベルギー	502	15	-11	512	4	7
ノルウェー	500	49	-2	498	19	-3
スウェーデン	498	48	-13	490	-34	-18
デンマーク	495	36	-3	496	15	-12
ポルトガル	486	-11	-15	489	-19	2
オーストリア	480	14	-4	507	-5	-13
ポーランド	477	2	-23	489	-27	-19
スロバキア	474	18	2	497	-32	-9
スロベニア	471	3	-8	487	-13	-10
スペイン	466	12	8	475	-1	10
ロシア	466	-12	-19	489	-19	-9
イスラエル	461	8	-28	447	-37	-12
チリ	452	4	-8	432	-27	-5
ハンガリー	450	3	-21	470	-21	-7
ブラジル	436	m	m	421	m	m
アラブ首長国連邦	407	m	m	434	m	m
コロンビア	396	m	m	397	m	m

注:太字は,統計的な有意差がある国を示す。
2012年調査において,デジタル読解力の平均得点が高い順に上から国を並べている。
出典:OECD, PISA 2012 Database, Tables 3.1, 3.8, 6.3c and 6.5h.
StatLink:http://dx.doi.org/10.1787/888933253481

本書の利用にあたって

参照データ

表の一覧は，各章末の「オンラインデータ」に記載されており，インターネット上の http://dx.doi.org/10.1787/edu-data-en で入手することができる。

四つの記号を用いて欠損データを示す。

a　当該国においてカテゴリーが適用されない。そのためデータは欠損値。

c　対象が少なすぎるため信頼できる推定値を得られない（すなわち，該当するデータのある生徒数が30人未満，あるいは学校数が5校未満）。

m　データが得られない。該当するデータが国から提出されなかったか，収集された後に技術的な理由により公表データから取り除かれた。

w　当該国の要請で，データを非表示としたか，収集されていない。

対象国

本書は64か国・地域のデータを取り上げる。34のOECD加盟国（図では黒文字で表示）及び30の非OECD加盟国・地域（図では青文字で表示）である。

国際平均の計算

本書で提示される大部分の指標に関して，OECD平均が計算された。OECD平均は各国の推定値の算術平均に相当する。したがって，「OECD平均」という用語は各比較に含まれるOECD加盟国を指すことに読者は留意されたい。

端数処理

表中の数値は四捨五入した値であり，足し上げても必ずしも正確な合計値にならない。合計，差及び平均は正確な数に基づいて常に計算し，計算した後においてのみ四捨五入した。本書における標準誤差はすべて小数第2位か第3位で四捨五入されている。標準誤差の値が0.00である場合，これは標準偏差が0ではなく，0.005より小さいことを意味する。

数値の強調

本書は統計的な有意差（有意水準5%）がある場合のみを考察する。これらは，図では濃い色で，表では太字で示している。

生徒データについて

本書ではPISA調査の対象母集団に対する省略表現として「15歳児」を使用する。PISA調査が

本書の利用にあたって

対象とするのは，調査時点で年齢が15歳3か月以上16歳2か月未満であり，少なくとも6年間の正規の学校教育を修了した生徒である。これは，生徒が在籍している教育機関の種類，全日制か定時制かどうか，普通科か専門学科か，公立学校，私立学校もしくは国内にある外国人学校かを問わない。

学校データについて

　生徒が調査を受ける学校の校長は，学校質問紙に答えることで，学校の特徴に関する情報を提供した。学校長からの回答が本書で提示される場合，学校に在籍する15歳児の数に比例して重み付けされている。

本書で使用する指標

　本書の分析の一部は，総合指標に基づいている。生徒質問紙の指標は，関連する質問項目群への回答から得られた情報を一つの全体的な尺度にまとめたものである。以下の指標を構成する質問項目群は『PISA2012 Technical Report』（OECD, 2014）で詳述されている。

- ・学校におけるICT利用指標
- ・学校以外の場所における余暇でのICT利用指標
- ・学校以外の場所における学校の勉強のためのICT利用指標
- ・数学の授業におけるコンピュータ利用指標
- ・四つの数学教師の行動指標（生徒に考えさせる活動，形成的評価，構造化活動，認知的活性化）
- ・「数学の授業の雰囲気」指標
- ・「生徒の社会経済文化的背景」指標

　さらに，本書の第4章で使用する二つの指標が，生徒とコンピュータ使用型調査におけるデジタル読解力の課題との相互作用を説明するために導き出された。

- ・全体的なブラウジング活動指標
- ・課題指向型ブラウジング指標

本書で使用する略記

% dif.　パーセントの差を示すパーセントポイント

ICT　　情報通信技術

Dif.　　差

PPP　　購買力平価

ESCS　「生徒の社会経済文化的背景」指標

S.E.　　標準誤差

GDP　　国内総生産

さらなる参照文献

PISA 調査で使用される手段と方法に関する詳しい情報は，『PISA2012 Technical Report』（OECD, 2014）を参照されたい。

StatLinks

本書は OECD の StatLinks サービスを利用している。各表と各図の下には，元データが載っている Excel™ のワークブックの URL が記されている。この URL は，時間が経っても変わらずに維持される。さらに，電子ブックではリンクを直接クリックすることができ，ワークブックが，インターネットのブラウザーが既に開いて起動している場合には別のウィンドウで，開く。

イスラエルに関する注記

イスラエルの統計データは，イスラエル政府関係当局により，その責任のもとで提供されている。OECD による当該データの使用は，ゴラン高原，東エルサレム及びヨルダン川西岸地区におけるイスラエル入植地の国際法上の地位を害するものではない。

付録 A　本書の分析に関する技術注記

以下の付録は電子データでのみ www.oecd.org/pisa において入手できる。

- 付録 A.1　問題の解答にコンピュータの利用を要するかどうかで見た，コンピュータ使用型数学的リテラシーの課題の分類（Classification of computer-based mathematics tasks, by whether they require the use of computers to solve problems）
- 付録 A.2　2012 年コンピュータ使用型調査のログファイル（PISA 2012 computer-based assessment log files）
- 付録 A.3　第 4 章の分析に関する技術注記（Technical notes on analyses in Chapter 4）

付録 B　オンラインで入手できる表

本書の第 1 章から第 7 章の表については電子データでのみ http://dx.doi.org/10.1787/edu-data-en において入手できる。表の一覧は各章末の「オンラインデータ」を参照されたい。

参考文献

OECD（2014）, *PISA 2012 Technical Report*, PISA, OECD, Paris, www.oecd.org/pisa/pisaproducts/pisa2012technicalreport.htm.

第1章

■ 第 1 章 ■

近年，生徒によるコンピュータの利用は
どのように変化しているか

　子供はかつてないほど早い時期から情報通信技術（ICT）にアクセスしてそれを利用している。本章では2012年調査のデータを用いて，生徒によるICT機器へのアクセスとそうしたテクノロジーの利用経験が近年どのように変化したのかを分析する。本章は家庭でのICT利用の頻度と多様性，生徒によるコンピュータ利用における各国間の差異を詳しく調べる。また，家庭での生徒によるコンピュータとインターネットの利用が，生徒の学習への取り組み方や学校への関わり方をどのように変えているのかを考察する。

第1章　近年，生徒によるコンピュータの利用はどのように変化しているか

第1章

はじめに

　近年，情報通信技術（ICT）は，生徒が成長し，学ぶ世界を根本的に変えている。より多くの家庭がますます多くの数のコンピュータを所有し，その大半が今やインターネットにつながっている。タブレット型コンピュータやスマートフォンといった新しい機器は，（ほとんど）いつでもどこでもインターネットにアクセスする機会を提供する。同様にこれは，子供がかつてないほど早くから，そして大人の目の届かないところで，次第に自分たちだけで ICT にアクセスして利用することを意味する。

　ICT の急速な発展がこうした変化の大半を推し進めている。2008 年から 2011 年の僅か 3 年間で，バイト数で測ったインターネットトラフィックの量は 3 倍以上に増加した。ブロードバンドインフラの展開が意味するのは，情報の伝達が主な活動であるあらゆる種類のサービスに利用できる帯域幅が拡大することである。帯域幅をさらに利用できることによって，オンラインプラットフォームに多くのサービスが次々に向かっている。これらのサービスはますます携帯機器でアクセスできるようになっている。これらサービスには電話通信といった従来型の電気通信ばかりではなく，テレビ放送とラジオ放送，動画，及び出版のほか，預貯金サービスや送金サービスも含まれ，それが今や「活発に」利用することができ，また，ますます利用されつつある（OECD, 2013a）。こうした多様なサービスを入手するために，家庭は ICT 設備の拡充に投資している。

　その結果，新しい技術は公的な生活ばかりではなく，読み，交際し，遊ぶといった私的な生活の方法も変革している。若い世代はこうした変革の先頭にいる。彼らにとって，ICT 機器とインターネットは通常，ソーシャルネットワーク，E メール又はチャットへの参加を通じてコミュニケーションを取り，ゲームをし，趣味を共有するためのプラットフォームとして最初に経験される。後になって，もっと少ない程度で若い世代はコンピュータを用いた正規の学習活動に従事する。

データから分かること

- 63 の国のうち 49 か国において，2009 年から 2012 年の間に，PISA 調査の生徒数の中でコンピュータを備えている家庭の数が増加した。残り 14 の国では 1 か国を除くすべてで，生徒が利用した家庭のコンピュータの台数が増加した。

- OECD 加盟国で平均すると，生徒はインターネットに毎日 2 時間以上を費やす。最も一般的なネット上の活動は遊びでインターネットを閲覧することであり，生徒の 88% が週に少なくとも 1 度は閲覧しており，平均すると，2009 年を 6% 上回った。

- 学校以外の場所で，1 週間につきインターネットに 6 時間以上費やす生徒は，学校で孤独を感じ，学校に遅刻したか，学校を無断欠席したという回答をするリスクが特にある。

近年，生徒によるコンピュータの利用はどのように変化しているか　第1章

本章では，2012年調査のデータを用いて，生徒によるICT機器へのアクセスとそうしたテクノロジーの利用における生徒の経験が近年どのように変化したかを調査する。また，家庭でのICT利用の頻度及び多様性，並びに生徒のICTの利用方法に関する国家間の相違も詳しく調べる。最後に本章は，こうした変化が，生徒が学習と学校に関与する方法と関係がないわけではないことを示す。

コラム 1.1　生徒の ICT 習熟度に関する情報の収集方法

生徒によるコンピュータへのアクセス及びその利用，並びに学習でのコンピュータの利用に対する生徒の態度に関する国際的に比較可能な情報をPISA調査は収集する。2012年調査では，OECD加盟19か国と非OECD加盟13か国が，生徒質問調査で国際オプションであるICT質問紙を実施することを選択した。2012年において，この調査の中には12の質問が含まれ，その一部は時系列比較を考慮して前のPISA調査（2009年）から維持された。新しい質問は，コンピュータやインターネットを最初に利用した年齢，インターネットに費やされる時間，及び，2012年調査では数学が中心分野であったことから，数学の授業中におけるコンピュータの利用に焦点を合わせている。

参加したOECD加盟国は，オーストラリア，オーストリア，ベルギー，チリ，チェコ，デンマーク，エストニア，フィンランド，ドイツ，ギリシャ，ハンガリー，アイスランド，アイルランド，イスラエル，イタリア，日本，韓国，メキシコ，オランダ，ニュージーランド，ノルウェー，ポーランド，ポルトガル，スロバキア，スロベニア，スペイン，スウェーデン，スイス，トルコである。

参加した非OECD加盟国はコスタリカ，クロアチア，香港，ヨルダン，ラトビア，リヒテンシュタイン，マカオ，ロシア，セルビア，上海，シンガポール，台湾，ウルグアイである。

コスタリカ，メキシコ，上海，台湾を除く，その他調査参加国が2009年の生徒質問調査の一部として既にICT質問紙を実施していた。したがって，この調査に基づく経年変化を見ることができるのは，28のOECD加盟国と10の非OECD加盟国である。

家庭及び学校でのICTの利用可能性並びに利用のほか，ICT利用に対する学校の方針に関する追加情報は，主に生徒質問調査と学校質問調査を通じて収集されており，2012年調査の参加者すべてについて手に入る。生徒質問調査において，生徒は学校の勉強に利用する家庭用コンピュータ，教育ソフトウェアを持っているか否か，またインターネットと接続しているか否か，家庭に何台のコンピュータを持っているか，コンピュータをプログラムするかどうか，コンピュータで作業することによって，学校の授業内容を復習し練習すること（例えば，練習ソフトウェアを利用して単語を覚えるなど）に平均して何時間費やしているかについての質問に答えた。学校質問調査の一部として，学校長は自校におけるコンピュータの利用可能性と，コンピュータの不足が自校での指導の妨げになっていると感じているかどうかに関する情報を提供した。2012年調査での新しい質問も学校長に対して，学校関連の課題をこなすために，生徒がどの程度インターネットにアクセスすると予想されるかを回答するよう求めた。

第1章　近年，生徒によるコンピュータの利用はどのように変化しているか

第1章

第 1 節 ｜ 家庭での生徒による ICT へのアクセス

　ICT に関する先行文献では，デジタルで結び付いた世界に住む者と，デジタルのないアナログ
だけの隔離された側に取り残された者を隔てる「デジタル・ディバイド」を強調する場合が多い。
生徒による ICT 利用は，機器へのアクセス可能性とインターネット接続の利用可能性次第である。
PISA 調査のデータによれば，参加国の大多数において，2012 年までにコンピュータへのアクセス
は極めて一般的となったことが分かる。しかし，アクセスできる機器の量と質，及び機器の利用で
積んだ経験に関しては，国家間に大きな相違が存在する。本節はコンピュータへのアクセスとその
利用におけるそうした相違に焦点を合わせる。

1.1　家庭用コンピュータへのアクセス

　PISA 調査に参加した生徒から収集したデータによると，2012 年までに，大部分の OECD 加盟
国におけるほとんどすべての家庭にコンピュータは行き渡り，しかも大抵は数多くある。OECD
加盟国の平均では，15 歳の生徒の僅か 4％がコンピュータのない家庭に住んでおり，43％が 3 台以
上保有する家庭に住んでいた。しかし，この平均値は大きな格差を覆い隠している。例えば，
OECD 加盟国の中では，メキシコの生徒の 42％，またトルコの生徒の 29％が家庭にコンピュータ
を持っていなかった（そして，こうした割合は学校に在籍しない 15 歳児を除外している）[1]。その
一方，非 OECD 加盟国であるインドネシア（74％）とベトナム（61％）の生徒の半数以上が家庭
にコンピュータを持っていなかった。これらの国では，「持つ者」と「持たざる者」との間にある
いわゆる「一次的なデジタル・ディバイド」はまだ解消されていない（表 1.1）。

　2009 年から 2012 年の間，コンピュータにアクセスした生徒は増え，家庭にコンピュータのない
生徒の割合は低下した。2009 年と 2012 年に関して比較可能なデータのある 63 の国のうち 49 の国
において，コンピュータを備えた家庭の数が増加し，増えなかった国では——2009 年までにほと
んどすべての生徒が既にコンピュータを所有していた場合もあって——生徒がアクセスした家庭用
コンピュータの数が増加した。例えば，アルバニア，アルゼンチン，ブラジル，コロンビアでは，
家庭にコンピュータのある生徒の割合が 15 ポイント以上上昇した。デンマーク，アイスランド，
オランダ，ノルウェー，スウェーデンにおいては，2009 年に家庭にコンピュータがなかった 15 歳
の生徒の割合は 1％未満であり，家庭のコンピュータが 3 台以上あると回答した生徒の割合は 3 年
前に比べると約 10 ポイント伸びた。2012 年までにこれらの国の生徒のうち 3 分の 2 以上が家庭に
3 台以上のコンピュータを所有していた（図 1.1，表 1.1）。

1.2　家庭でのインターネットアクセス

　現在，家庭用 ICT 機器は大部分が，インターネット上で提供されるサービスにアクセスして利
用されており，そうしたサービスにはコンピュータを利用したコミュニケーション（インターネッ

第1章 近年，生徒によるコンピュータの利用はどのように変化しているか

■ 図1.1 ■
家庭でのコンピュータへのアクセスにおける2009年と2012年の間の差
家庭に少なくとも1台のコンピュータ又は
3台以上のコンピュータがあると回答した生徒の割合

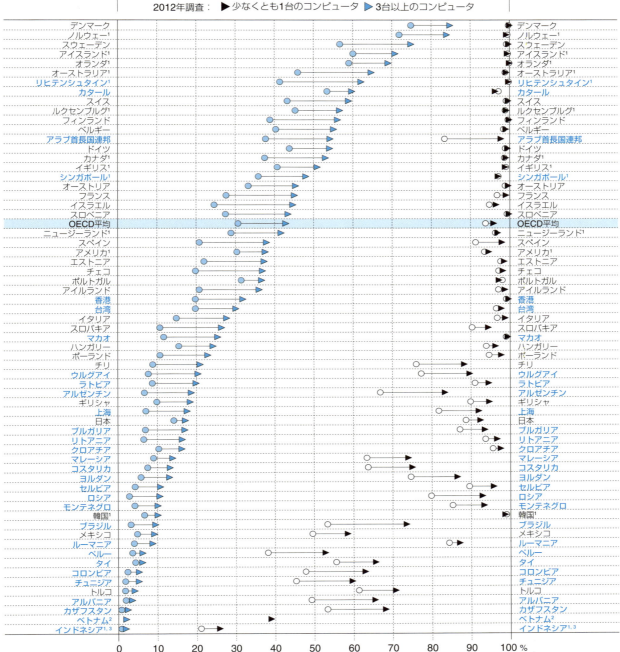

1. 家庭にコンピュータが少なくとも1台ある生徒の割合において，2009年と2012年の間に，統計的な有意差がない。
2. 2009年調査のベトナムのデータは欠損値である。
3. 家庭にコンピュータが3台以上ある生徒の割合において，2009年と2012年の間に，統計的な有意差がない。
注：2012年調査において家庭にコンピュータが3台以上あると回答した生徒の割合が多い順に上から国を並べている。
出典：OECD, PISA 2012 Database, Table 1.1.
StatLink：http://dx.doi.org/10.1787/888933252593

第1章　近年，生徒によるコンピュータの利用はどのように変化しているか

第1章

ト電話，Eメール，インスタントメッセージ，チャットなど），インターネットを利用したサービス（ソーシャルネットワークとオンラインコミュニティサービス，ニュースウェブサイト，電子商取引，オンラインバンキングなど），データ転送システムに基づくクラウドコンピューティングサービス（サービスとしてのソフトウェア，ファイルストレージ，ビデオストリーミングなど）がある。これらサービスの多くは正規と非正規の学習を支援することができる。その結果，インターネットに接続された家庭用コンピュータや携帯機器は，内容と活用の両面において多くの場合，無料で利用者に教育資源も提供する。インターネットに接続しない場合，たとえあったとしても，生徒には共同作業を支援する限られたICTツールしかない。また，そうした生徒はオンライン百科事典や母語や外国語のマルチメディアコンテンツを利用することはない。したがって，家庭でのインターネット接続は，生徒が利用できる教育資源に関して大きな差をもたらす。

図1.2に各国において家庭でインターネットにアクセスしたと回答した生徒の割合を示す。OECD加盟国で平均すると，生徒の93％が家庭でインターネットに接続すると回答した。デンマーク，フィンランド，香港，アイスランド，オランダ，ノルウェー，スロベニア，スウェーデン，スイスでは，生徒の家庭の少なくとも99％がインターネットにアクセスした。2012年調査に参加した，インドネシア，メキシコ，ペルー，タイ，ベトナムの5か国においては，2軒のうち1軒に満たない家庭がインターネットにアクセスした。

ほとんどすべての国において，2009年から2012年の間にインターネットへのアクセスは増加した。OECD平均の増加率は5ポイントだった。インターネットへのアクセスの拡大は，アルバニア，コスタリカ，ヨルダン，ロシア，セルビアで最も大きく，増加率は25ポイントを上回った（図1.2，表1.2）。

1.3　生徒のコンピュータ利用経験

生徒は何歳にコンピュータを利用し始めたのか。生徒がインターネットに初めてアクセスしたのはいつか。生徒のうち何人がコンピュータを利用したことやインターネットにアクセスしたことがないのか。「一次的なデジタル・ディバイド」の縮小が最近の傾向であるため，2012年に15歳であった生徒がコンピュータを利用し始めた年齢を調べると，各国間と各国内で大きな隔たりが現れる（図1.3，図1.4）。

1.3.1　コンピュータを最初に利用した年齢

2012年における典型的な15歳の生徒では，コンピュータ利用の経験が少なくとも5年あった。メキシコを除く，分析したすべての調査参加国にわたって，生徒2人のうち1人以上が最初にコンピュータを利用したのは9歳以下のときであった。デンマーク，フィンランド，イスラエル，ノルウェー，スウェーデンの5か国においては，15歳児の大部分が6歳以下でコンピュータを初めて利用したと回答しており，そのため，彼らは2000年代初頭にコンピュータを利用し始めていたことになる。こうした早期利用者は，読み書きを教えられたときには，既にICTに対してある程度習熟していた。デンマーク，フィンランド，スウェーデンの生徒10人のうち9人以上は10歳になるときまでにコンピュータを利用し始めていた（図1.3）。

40

近年，生徒によるコンピュータの利用はどのように変化しているか　第1章

第1章

■ 図 1.2 ■
家庭でのインターネットのアクセスにおける 2009 年と 2012 年の間の差

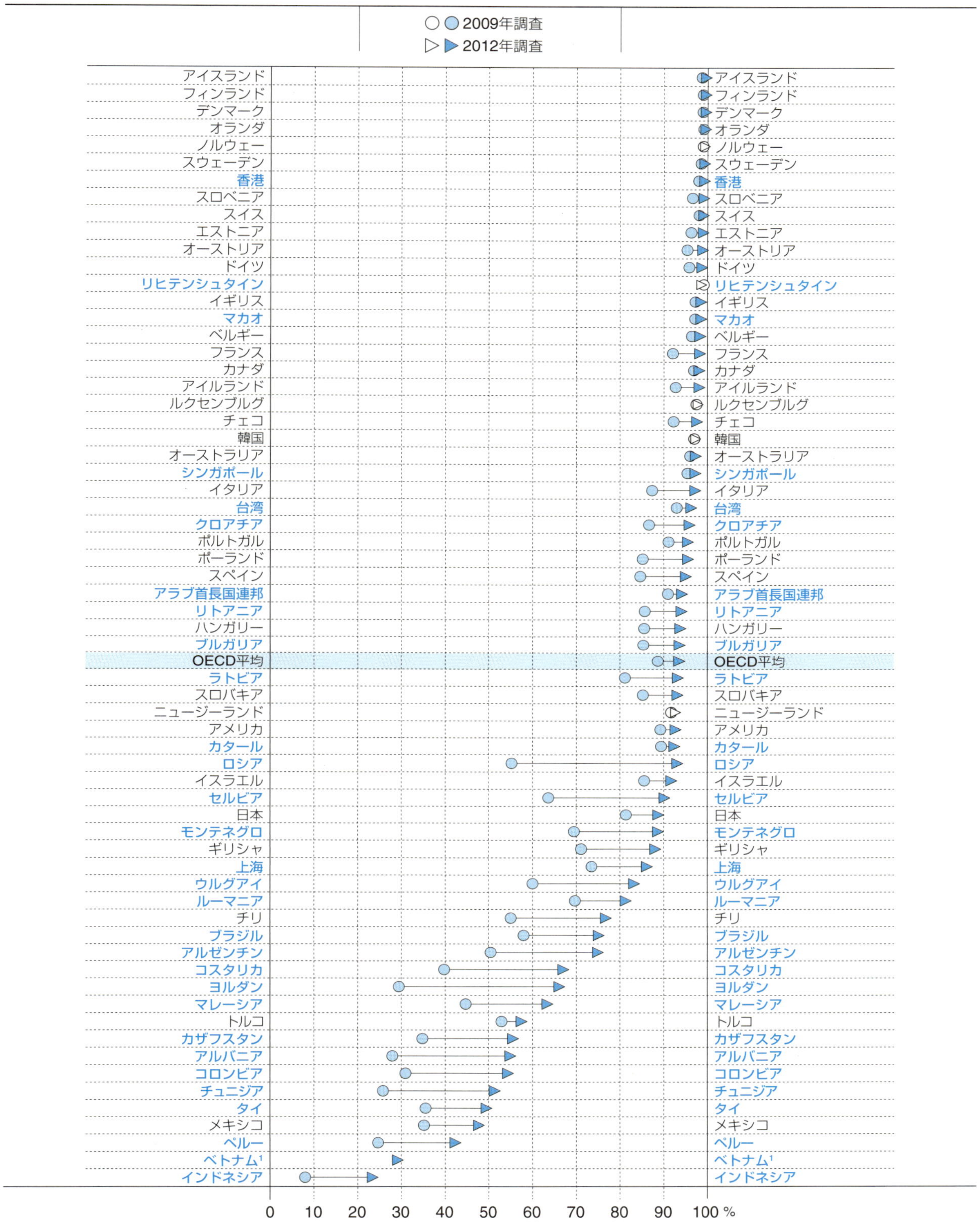

○ ● 2009年調査
▷ ▶ 2012年調査

1. 2009 年調査のベトナムのデータは欠損値である。

注：白い記号は，2009 年と 2012 年の間に，統計的な有意差がないことを示す。

2012 年調査において生徒が家庭でインターネットにアクセスした割合が多い順に上から国を並べている。

出典：OECD, PISA 2012 Database, Table 1.2.

StatLink：http://dx.doi.org/10.1787/888933252605

41

第1章　近年，生徒によるコンピュータの利用はどのように変化しているか

■ 図 1.3 ■
コンピュータを最初に利用した年齢

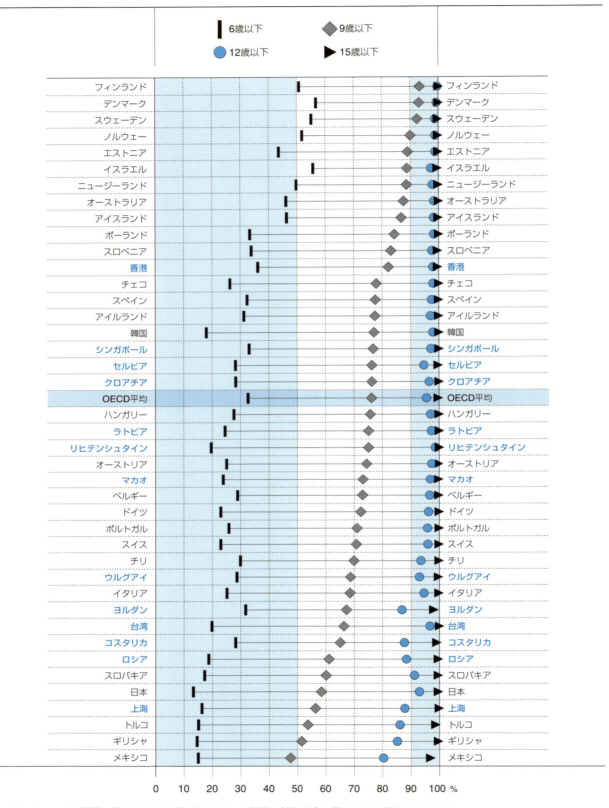

注：コンピュータを利用し始めたのが9歳以下であった生徒の割合が多い順に上から国を並べている。
出典：OECD, PISA 2012 Database, Table 1.3.
StatLink：http://dx.doi.org/10.1787/888933252619

近年，生徒によるコンピュータの利用はどのように変化しているか　第1章

■図 1.4■
インターネットを最初に利用した年齢

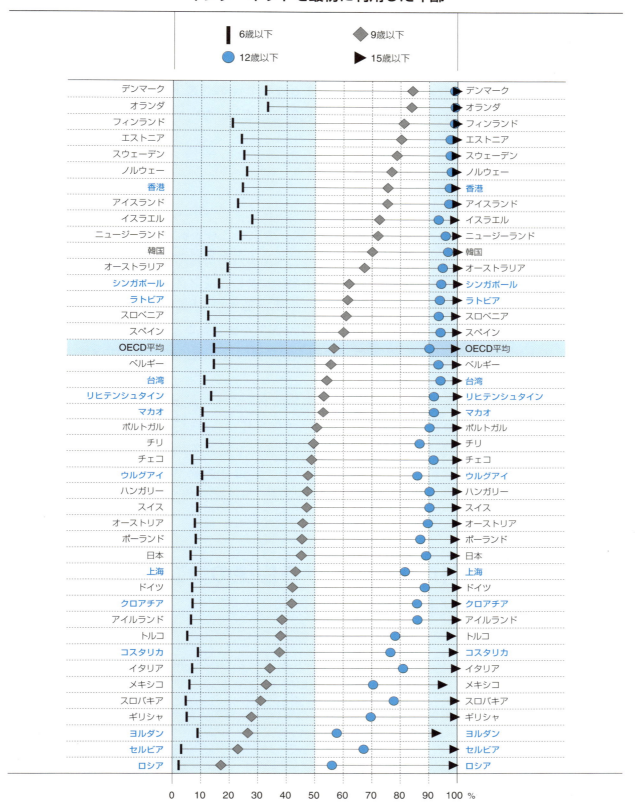

注：インターネットを利用し始めたのが9歳以下であった生徒の割合が多い順に上から国を並べている。
出典：OECD, PISA 2012 Database, Table 1.4.
StatLink：http://dx.doi.org/10.1787/888933252625

第1章　近年，生徒によるコンピュータの利用はどのように変化しているか

これとは対照的に，コスタリカ，ギリシャ，ヨルダン，メキシコ，ロシア，上海，トルコの生徒10 人のうち 1 人以上が，彼らが 15 歳であった 2012 年においてコンピュータを利用した経験がなかったか，僅かしかなかった。こうした生徒は 13 歳以上のときに初めてコンピュータを利用し，ごく稀だが，コンピュータを一度も利用したことがなかった。メキシコの生徒の約 3%，ヨルダンの生徒の 2%，コスタリカとトルコの生徒の 1% がコンピュータを一度も利用したことがなかったが，これら生徒は圧倒的多数が社会経済的に恵まれない生徒の「最下位 25%」群の出身であった。他の調査参加国では，コンピュータを一度も利用したことのない生徒は 1% を大きく下回った（表 1.3）。

1.3.2　インターネットを最初に利用した年齢

多くの生徒にとって，最初に利用したコンピュータではインターネットにアクセスしなかったものの，15 歳時点での生徒にはインターネットの経験が少なくとも 5 年あることが一般的である。一般的にはコンピュータの利用，具体的にはインターネットの利用に関する生徒の回答の比較からは，通常，生徒はコンピュータを利用し始めて 1 年半後に初めてインターネットにアクセスしたことが示唆されている[2]。OECD 加盟国の平均では，生徒の 57% が 10 歳未満のときに初めてインターネットにアクセスした（その年齢のときに，生徒の 76% が既にコンピュータを利用していた）。デンマークとオランダにおいては，生徒の 30% 以上が 7 歳になる前に初めてインターネットにアクセスしていた（図 1.4）。

一部の国では，2012 年調査に参加した生徒の大部分がインターネットにアクセスしたとしても，ごく最近になってからであった。ヨルダン，ロシア，セルビアにおいては，生徒の 30% 以上は 13 歳になってから，つまり 2009 年以降に初めてインターネットにアクセスした。これは，これらの国では家庭でのインターネットアクセスが 2009 年調査と 2012 年調査の間に急速に拡大したという観測と符合する（図 1.2 参照）。ヨルダンとメキシコでは，2012 年に相当数の生徒（5% 以上）がインターネットにアクセスした経験がないと回答した（表 1.4）。

第 2 節　学校以外の場所における生徒のコンピュータとインターネットの利用

PISA 調査のデータは，生徒が学校にいるときよりも学校以外の場所でインターネットに費やす時間の方がはるかに多いことを示している。2012 年に 15 歳であった生徒の多くが，学校に入る前からコンピュータを利用し始めていた。本節では学校以外の場所で生徒がどのように ICT 機器を利用しているかを詳しく調べる。

2.1　生徒がインターネットに費やす時間

今回初めて，2012 年調査は学校のある典型的な週のうち，生徒が学校のある日と週末の双方において，学校と家庭でインターネットの利用に費やす時間を測定した。回答は順序尺度で得られた

近年，生徒によるコンピュータの利用はどのように変化しているか　第1章

■ 図 1.5 ■
学校の内外でインターネットに費やす時間
インターネットに費やす1日当たりの平均時間（下限）

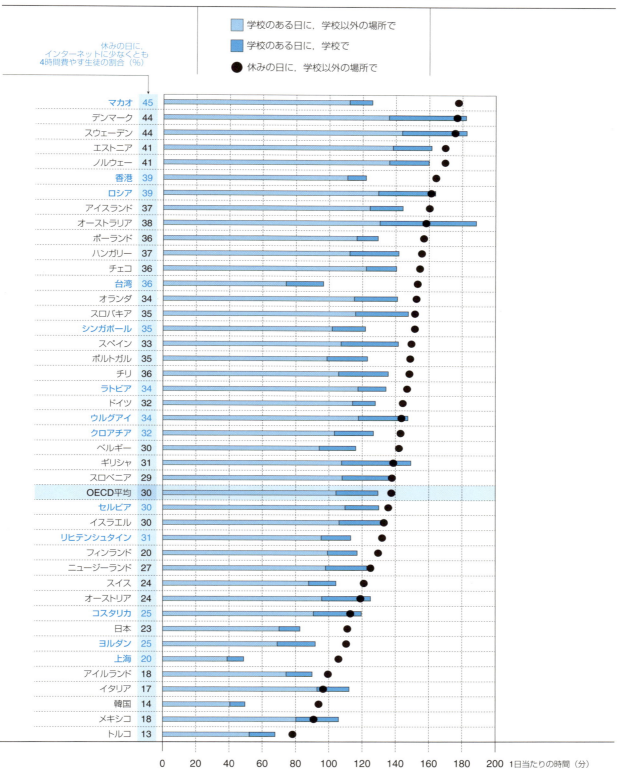

注：休みの日に学校以外の場所で生徒がインターネット利用に費やす平均時間が長い順に上から国を並べている。
出典：OECD, PISA 2012 Database, Tables 1.5a, b and c.
StatLink：http://dx.doi.org/10.1787/888933252638

ことから，生徒がインターネットに費やした平均時間を正確に計算することはできない。しかし，生徒がオンライン活動に費やした分単位の下限を信頼できる形ではっきりさせることは可能であり，それによって「1時間から2時間の間」という回答は，例えば「少なくとも61分」に変換される。生徒の回答によれば，OECD加盟国の平均で，生徒は学校のある日でも週末でもインターネットに毎日2時間以上を費やすことが一般的となっている（図1.5）。

　オーストラリア，デンマーク，エストニア，ノルウェー，ロシア，スウェーデンでは，平日において生徒4人のうち1人（25％）以上は，学校以外の場所で1日につき4時間以上をインターネットに費やす。平均すると，これらの国のほかチェコやアイスランドにおいては，生徒は学校以外の場所で平日に少なくとも2時間（120分）をインターネットに費やす（表1.5a）。

　週末の間，1日につき4時間以上をインターネットに費やす生徒の割合は，デンマーク，エストニア，マカオ，ノルウェー，スウェーデンで40％を超えている。まったく正反対なのがアイルランド，イタリア，韓国，メキシコ，トルコであり，そこではこの割合は20％を下回り，生徒の約60％以上は典型的な週末の1日につき2時間未満しかインターネットに費やさない（図1.5，表1.5b）。メキシコとトルコにおいては，インターネットへのアクセス不足が主な制約をもたらす可能性がある一方で（図1.2参照），アイルランド，イタリア，韓国では，家庭でインターネットにアクセスしない生徒はほとんどおらず，大半の生徒は少なくともある程度はインターネットを利用するが，1日につき2時間以上の利用は稀である。週末は大部分が社会活動に充てられるとすれば，後者の国においてこうしたことはインターネット上で（まだ）生じていない。

　ほとんどの国において，週末の間，男子の方が女子よりもインターネットに多くの時間を費やす。デンマーク，ドイツ，韓国，リヒテンシュタイン，ポルトガル，スウェーデン，台湾では，男子が上回っている差の推定値は1日につき少なくとも40分である（OECD加盟国では，男子が上回っている差の平均は少なくとも18分である）。しかし，例外もある。チリ，日本，メキシコ及びスペインでは，週末の間，女子の方が男子よりもインターネットに多くの時間を費やす（表1.5b）。

2.2　学校以外の場所における生徒の ICT 関連活動

　2012年調査において，生徒は学校以外の場所で10の異なる余暇活動（そのうち六つは2009年調査の質問紙に含まれていた）のためにコンピュータを利用する頻度を問われた。以下では，週に少なくとも一度はそのような活動に従事すると回答した生徒を，そうした活動に対する高頻度の利用者と見なす。

2.2.1　余暇でのコンピュータの利用

　OECD加盟国において，コンピュータを利用する最も一般的な余暇活動はインターネットを見て楽しむことである。生徒の約88％が週に少なくとも一度インターネットを見ている。以下，SNSに参加する（生徒の83％），インターネットで音楽や，動画，ゲーム，ソフトをダウンロードする（70％），ネット上でチャットをする（69％）が続く。また，生徒2人のうち1人以上が少なくとも毎週インターネットを利用して，実用的な情報を入手し（66％），Eメールを読んだり送ったりするほか（64％），インターネットでニュースを読む（63％）。生徒5人のうち2人はコンピュ

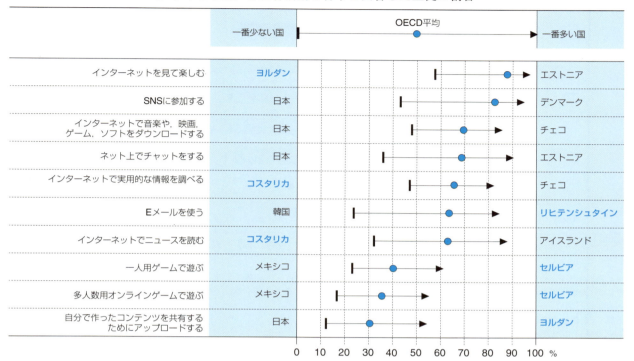

■ 図 1.6 ■
余暇での ICT 利用
少なくとも週に1回各活動を行うと回答した生徒の割合

出典：OECD, PISA 2012 Database, Table 1.6.
StatLink：http://dx.doi.org/10.1787/888933252645

ータで一人用ゲームも楽しみ，一方で36％が多人数用オンラインゲームをする。生徒の僅か31％のみが週に少なくとも一度コンピュータを利用して，音楽，詩，動画やコンピュータプログラムといった自分自身のコンテンツをアップロードする（図1.6）。

　2009年と2012年双方の質問紙に列挙された活動のうち，Eメールとチャットの利用は減少しており，おそらくソーシャルネットワークサービスなどインターネットを利用したメッセージツールに取って代わられている。2012年にソーシャルネットワークへの参加はEメールの送信やチャットの利用よりも人気があったが，2009年PISA調査質問紙に列挙された活動には含まれていなかった。そのため，この傾向はコミュニケーションと興味の共有を目的としたICT利用が減少したことではなく，むしろ様々なコミュニケーション形態が，より広い帯域幅を必要とする新たな統合プラットフォームに収束していることを反映している。二番目の傾向は一人用ゲームの減少に示されているが，これは部分的には多人数用オンラインゲームの出現によって相殺される。これとは対照的に，頻繁に楽しみとしてインターネットを見たり，インターネットから音楽，動画，ゲーム又はソフトウェアをダウンロードしたりする生徒の割合は大幅に上昇している（図1.7）。

　しかし，国によっては，利用と傾向がOECD平均と著しく異なる場合がある。例えば，日本ではEメールの利用（生徒の79％）がSNSへの参加（生徒の43％）よりも15歳児の間で広がっており，かつ急速に伸びている。セルビアにおいてはどのPISA調査参加国よりも，コンピュータゲーム——一人用ゲームも多人数用オンラインゲームも——に人気があり，セルビアではEメールを使うよりもコンピュータを利用してゲームをする生徒の方が多い。チェコ，ハンガリー，ラトビ

■ 図1.7 ■
娯楽のためのICT利用における2009年と2012年の間の差
少なくとも週に1回各活動を行うと回答した生徒の割合（OECD平均）

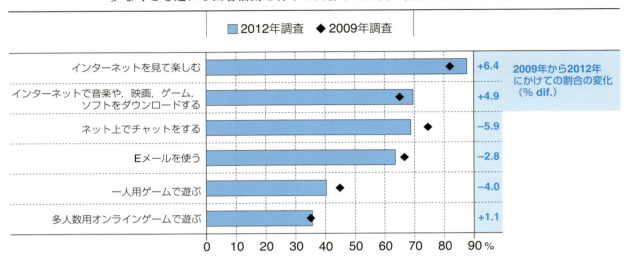

注：2009年と2012年の間の差は，双方に参加したOECD加盟国のデータに基づいている。対照的に，2009年と2012年のそれぞれのOECD平均は利用できるデータのあるOECD加盟国のデータに基づいている。
2009年と2012年の間に，すべて統計的な有意差がある。
出典：OECD, PISA 2012 Database, Table 1.6.
StatLink：http://dx.doi.org/10.1787/888933252655

ア，ロシアの生徒の80％以上がコンピュータを利用してインターネットから音楽，動画，ゲーム又はソフトウェアをダウンロードする。香港，韓国，マカオ，シンガポールにおいては，ゲーム（一人用もしくは多人数用オンラインゲーム）又はコミュニケーション（チャット，Eメール）のためにコンピュータを利用する生徒の割合が他の国よりも速く低下している（表1.6）。

生徒による余暇でのコンピュータ利用を**学校以外の場所における余暇でのICT利用指標**に要約すると，国家間と国内において明確で大きな相違が浮かび上がる。この総合指標によれば，娯楽のためのコンピュータ利用（生徒が行う娯楽活動の頻度と種類によって測定）はチェコとエストニアで最も多い。例えば，これらの国では，生徒の75％以上がネット上でチャットをし，生徒の80％以上がインターネット上のニュースを読み，生徒の75％以上がEメールを利用し，週に少なくとも一度か二度，生徒の40％以上がネット上の多人数用オンラインゲームを楽しむ。日本，韓国，メキシコでは，娯楽のためのコンピュータ利用が最も少ないことが分かる[3]。娯楽のためにコンピュータを利用することが最も多い国と最も少ない国との差は，標準偏差で1を超えている（表1.7）。

調査したすべての国において，女子よりも男子の方が娯楽のためにコンピュータをはるかに多く利用する。その差が最も大きいのはリヒテンシュタイン，ポルトガル，スウェーデン，トルコである（表1.7）。

近年，生徒によるコンピュータの利用はどのように変化しているか　第1章

第3節 学校以外の場所における生徒のインターネット利用が，生徒の学校への適応度や学校との関わりとどのように関係しているか

第1章

　ICT 機器とインターネットを通じて，子供が多くの教育資源を利用し，魅力ある経験を積む一方で，ICT 利用に潜む悪影響から子供を守る必要もある。リスクとして，有害なコンテンツや連絡先との接触（ネットいじめなど，コラム 1.2 を参照），オンライン詐欺や不正取引といった利用者関連のリスク，個人情報の窃盗などのプライバシー関連のリスクが挙げられる（OECD, 2012; OECD, 2011）。こうしたリスクの多くがインターネットよりもかなり前に存在していたが，類似のオフラインの脅威から子供を守る手段（物的障壁，特定の空間へのアクセスを防ぐ年齢に関連する障壁，大人の監督など）は，本質的には自由な仮想空間に広げて実行することが困難である。そのため，教育は，子供と保護者がそうしたリスクを評価し最小限にする力を，与えることができる。

コラム 1.2　ネットいじめ

　ネットいじめは，ある若者が別の人物からインターネットを利用して繰り返し脅迫されたり，嫌がらせを受けたり，当惑させられたりするときに起きるものであり，公衆衛生問題と若年者の社会的，情緒的発達に対する脅威として浮かび上がってきた（David-Ferdon and Feldman Hertz, 2007; Raskauskas and Stoltz, 2007; OECD, 2013b; OECD, 2014a）。ヨーロッパ諸国で 2010 年に実施された調査によれば，9 ～ 16 歳児の 6 ％が前年におけるネットいじめの被害者であった（Livingstone *et al.*, 2011）。4 年後の 2014 年に調査が再度実施されたとき，関係する 7 か国についてはその割合が（12％へ）大幅に上昇した（Mascheroni and Ólafsson, 2014）。

　ネットいじめはオフラインのいじめ行為の延長と拡大である場合が多く，同じ子供たちがいじめる者，被害者及び傍観者として関与する（Raskauskas and Stoltz, 2007; Katzer, Fetchenhauer and Belschak, 2009; Tokunaga, 2010; Salmivalli and Pöyhönen, 2012）。そのような場合，いじめを減らすのに効果のある学校単位でのプログラム（Ttofi and Farrington, 2011）がネットいじめを防ぐのに役立つ場合もある。しかし，他の研究は（従来の）いじめとネットいじめ間の著しい相違を実証している（Kubiszewski *et al.*, 2015）。

　インターネットの過剰利用が，学業成績の不振，家庭や対人関係の問題のほか身体虚弱に至る，若年者の様々な問題と関係があることも分かっている（Park, Kang and Kim, 2014）。因果関係が常に立証されるわけではないが，余暇でのインターネットの過剰利用は睡眠，勉強又は運動に利用できる時間を減らすことから，学業成績と健康に悪影響を及ぼす恐れがある。逆に，学校に基礎を置く社会生活から疎外されていると感じる生徒はオンライン活動に引きこもる可能性がある。こうした場合，インターネットの過剰利用は問題の原因というよりむしろその兆候である。オンラインゲームをするために若年者がインターネットを利用することに対して懸念が高まっているのを踏まえて，米国精神医学会の『精神障害の診断と統計マニュアル（*Diagnostic and Statistical Manual of Mental Disorders*)』第5版（DSM−5）は「インターネットゲーム障害」を臨床研究が一層必要な疾患と見なしている（American Psychiatric Association, 2013）。

インターネットの過剰利用（本稿では「学校のある日に学校以外の場所で1日につき6時間以上インターネットを利用する」と定義される）と，学校への帰属や学習への取組に関して生徒が持つ意識との間にある関連性の一部を浮き彫りにするために，PISA調査のデータが利用される場合がある。

生徒が持つ学校への帰属意識は，生徒の学校への適応度と関係があり，PISA調査では次の意見に賛成するかどうかを生徒に尋ねることで測定される。「学校ではよそ者だと感じる」「学校ではすぐに友達ができる」「学校の一員だと感じている」「学校は気おくれがして居心地が悪い」「他の生徒たちは私をよく思ってくれている」「学校にいるとさみしい」。

生徒の回答が平日に学校以外の場所でインターネットに費やす時間と関係がある場合，1日につき6時間以上をインターネットに費やす生徒の間では学校への適応度が低い水準にあることを結果は示している。インターネット利用の頻度が過剰な生徒は，平日の1日につき6時間以上をインターネットに費やすが，彼らが学校で孤独を感じると回答する確率は，インターネット利用の頻度が中程度の生徒（1日につき1時間から2時間をインターネットに費やす者）の2倍である（7％に対して14％）。逆に，学校に十分溶け込んでいる生徒が1日につき6時間以上もインターネットに費やす可能性は低い（図1.8，表1.8，表1.9）。

PISA調査のデータからは，インターネット利用の頻度が過剰な生徒には学校にあまり関わらないリスクが特にあることが分かる。例えば，平日の1日につき1時間未満しかインターネットに費やさない生徒の32％がPISA調査前の2週間の間に学校に遅刻した一方，1日につき6時間以上をインターネットに費やした生徒の45％が学校に遅れた。学校への低水準の関与は学校に対する低い帰属意識と関係している場合がある。また，不登校と学校への遅刻は，インターネット利用の頻度が過剰な生徒の睡眠不足が招いた結果であるという可能性もある（図1.9，表1.10）。

近年，生徒によるコンピュータの利用はどのように変化しているか　第1章

■ 図 1.8 ■
生徒の学校への帰属意識：学校のある日に学校以外の場所でインターネットに費やす時間ごと

「学校にいると，さみしい」についてその通りだ，もしくは，まったくその通りだと答えた生徒の割合

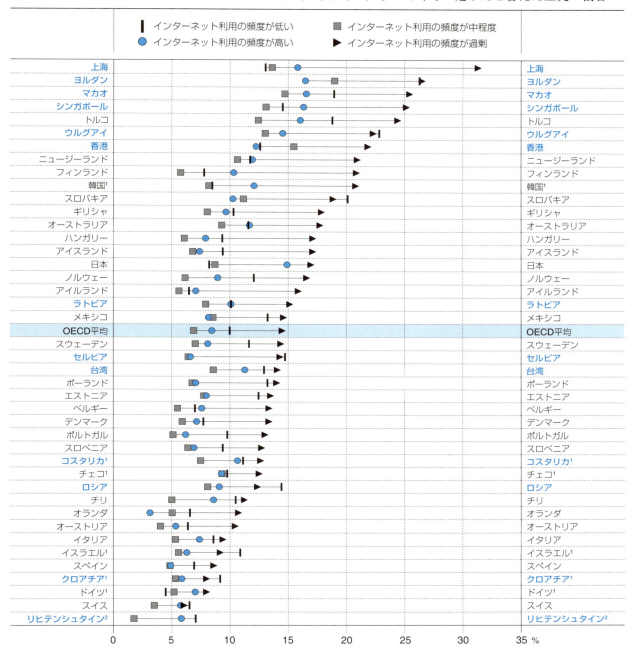

1. インターネット利用の頻度が中程度の生徒と過剰な生徒に統計的な有意差はない。
2. リヒテンシュタインでは，インターネット利用の頻度が過剰な生徒のサンプルサイズは小さ過ぎたため，この図からは除かれている。
注：インターネット利用者のカテゴリーは，学校のある日に学校以外の場所でインターネットに費やす時間に対する生徒の回答に基づいている。低い：1時間以下，中程度：1から2時間，高い：2から6時間，過剰：6時間以上。
インターネット利用の頻度が過剰な生徒において，学校にいるとさみしい，学校に属していないと感じる生徒の割合の多い順に上から国を並べている。
出典：OECD, PISA 2012 Database, Table 1.8.
StatLink：http://dx.doi.org/10.1787/888933252665

第1章　近年，生徒によるコンピュータの利用はどのように変化しているか

■ 図 1.9 ■
学校に遅刻した生徒：学校のある日に学校以外の場所でインターネットに費やす時間ごと
PISA 調査前の 2 週間に少なくとも 1 回遅刻したと回答した生徒の割合

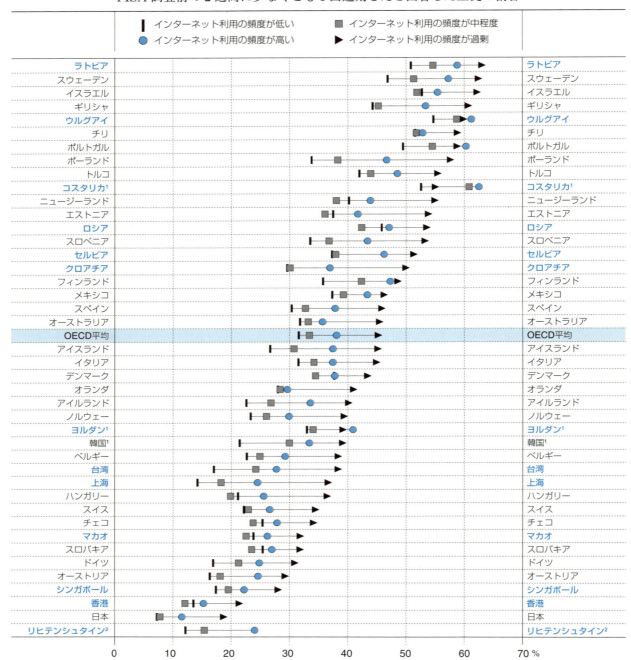

1. インターネット利用の頻度が中程度な生徒と過剰な生徒に統計的な有意差はない。
2. リヒテンシュタインでは，インターネット利用の頻度が過剰な生徒のサンプルサイズは小さ過ぎたため，この図からは除かれている。
注：インターネット利用者のカテゴリは学校のある日に学校以外の場所で，インターネットに費やす時間に対する生徒の回答に基づいている。低い：1 時間以下，中程度：1 から 2 時間，高い：2 から 6 時間，過剰：6 時間以上。
インターネット利用の頻度が過剰な生徒において，学校に遅刻した生徒の割合が多い順に上から国を並べている。
出典：OECD, PISA 2012 Database, Table 1.10.
StatLink：http://dx.doi.org/10.1787/888933252670

近年，生徒によるコンピュータの利用はどのように変化しているか　第1章

注記

1. 2012年において，トルコの15歳児の24％が，またメキシコの15歳児の30％が，学校に在籍していなかったか，6年間の正規教育を修了していなかった（OECD, 2014b）。

2. 生徒がコンピュータを利用し始めた年齢が正規分布に従うと仮定すると，OECD平均について表1.3と表1.4で示されている最適合度数が示唆するのは，コンピュータを初めて利用した年齢に関しては平均年齢8.2歳，またインターネットに初めてアクセスした年齢に関しては9.6歳ということである（標準偏差はそれぞれ2.7と2.5）。

3. 日本と韓国において娯楽にコンピュータがあまり利用されない点には，別の解釈があるかもしれない。OECD加盟国の平均よりもインターネットに費やす時間が少ないと一貫して生徒も回答しているが，日本と韓国は優れたブロードバンドインフラを有し，インターネットサービスに接続する携帯端末の利用で先頭に立っている（OECD, 2014c, pp. 28, 43）。2013年にブロードバンドの平均通信速度が最速だったのは韓国である（22 Mbit/s）。2012年において，家庭の87.3％がインターネットにアクセスしており，そのうちの99.7％はスマートフォンを通じたものだった。オーストラリア，デンマーク，フィンランド，スウェーデン，アメリカとともに，日本と韓国は2014年6月に携帯ブロードバンド契約件数が居住者数よりも多かった7か国に含まれている（OECD, 2014d）。また，日本と韓国には優れた固定ブロードバンドインフラもあり，居住者100人当たりで光ファイバー接続プロバイダーとの契約件数は20以上ある（OECD, 2014d）。したがって，典型的なオンラインとオフラインの娯楽活動の一部は，コンピュータ（質問紙は「コンピュータ」という用語を定義しなかった）よりもむしろスマートフォンを介して行われている可能性がある。

オンラインデータ

第1章の以下の表はオンライン上の http://dx.doi.org/10.1787/edu-data-en で入手できる。

表1.1　Number of computers at home in 2009 and 2012

表1.2　Students with access to the Internet at home in 2009 and 2012

表1.3　Age at first use of computers

表1.4　Age at first use of the Internet

表1.5a　Time spent on line outside of school during weekdays

表1.5b　Time spent on line outside of school during weekend days

表1.5c　Time spent on line at school

表1.6　Computer use outside of school for leisure

表1.7　Index of ICT use outside of school for leisure

表1.8　Students' sense of belonging at school, by amount of time spent on the Internet outside of school during weekdays

表1.9　Students' sense of belonging at school, by amount of time spent on the Internet outside of school during weekend days

表1.10　Students' engagement at school, by amount of time spent on the Internet outside of school during weekdays

参考文献・資料

American Psychiatric Association (2013), "Internet Gaming Disorder", in *Diagnostic and Statistical Manual of Mental Disorders* (5th ed.), American Psychiatric Publishing, Arlington, VA., pp. 797-798.

David-Ferdon, C. and M. Feldman Hertz (2007), "Electronic Media, violence, and adolescents: an emerging public health problem", *Journal of Adolescent Health*, Vol. 41/6, S. 1-5.

Katzer, C., D. Fetchenhauer and F. Belschak (2009), "Cyberbullying: Who are the victims? A comparison of victimization in internet chatrooms and victimization in school", *Journal of Media Psychology*, Vol. 21/1, pp. 25-36.

Kubiszewski, V., R. Fontaine, C. Potard and L. Auzoult (2015), "Does cyberbullying overlap with school bullying when taking modality of involvement into account?", *Computers in Human Behavior*, 43, pp. 49-57.

Livingstone, S., L. Haddon, A. Gorzig and K. Olafsson (2011), *Risks and Safety on the Internet: the Perspective of European Children: Full Findings*, EU Kids Online, LSE, London.

Mascheroni, G. and K. Olafsson (2014), *Net Children Go Mobile: Risks and Opportunities* (*Second edition*), Educatt, Milan, Italy.

OECD (2014a), *Trends Shaping Education 2014 Spotlight 5: Infinite Connections*, OECD, Paris, www. oecd.org/edu/ceri/Spotlight%205-%20Infinite%20Connections.pdf.

OECD (2014b), *PISA 2012 Technical Report*, PISA, OECD, Paris, www.oecd.org/pisa/pisaproducts/ pisa2012technicalreport.htm.

OECD (2014c), *Measuring the Digital Economy: A New Perspective*, OECD Publishing, Paris, http:// dx.doi.org/10.1787/9789264221796-en.

OECD (2014d), *Fixed and Wireless Broadband Subscriptions per 100 Inhabitants* (indicator 1.2), OECD Publishing, Paris, www.oecd.org/sti/broadband/oecdbroadbandportal.htm (accessed 3 June 2015).

OECD (2013a), "Main trends in the communications industry", in *OECD Communications Outlook 2013*, OECD Publishing, Paris, http://dx.doi.org/10.1787/comms_outlook-2013-en.

OECD (2013b), *Trends Shaping Education 2013*, OECD Publishing, Paris, http://dx.doi.org/10.1787/ trends_edu-2013-en.

OECD (2012), *The Protection of Children Online: Recommendation of the OECD Council: Report on Risks Faced by Children Online and Policies to Protect Them*, OECD Publishing, Paris, www.oecd. org/sti/ieconomy/childrenonline_with_cover.pdf. (『サイバーリスクから子どもを守る：エビデンスに基づく青少年保護政策』経済協力開発機構（OECD）編著，齋藤長行著訳，新垣円訳，明石書店，2016年)

OECD (2011), *The Protection of Children Online: Risks Faced by Children Online and Policies to Protect Them*, OECD Digital Economy Papers, No. 179, OECD Publishing, Paris, http://dx.doi. org/10.1787/5kgcjf71pl28-en.

Park, S., M. Kang and E. Kim (2014), "Social relationship on problematic Internet use (PIU) among adolescents in South Korea: A moderated mediation model of self-esteem and self-control", *Computers in Human Behavior*, Vol. 38, pp. 349-57.

Raskauskas, J. and A.D. Stoltz (2007), "Involvement in traditional and electronic bullying among adolescents", *Developmental Psychology*, Vol. 43/3, pp. 564-75.

Salmivalli, C. and V. Poyhonen (2012), "Cyberbullying in Finland", in Qing, L, D. Cross and P.K. Smith (eds.), *Cyberbullying in the Global Playground*, Wiley-Blackwell, pp. 57-72.

Tokunaga, R.S. (2010), "Following you home from school: A critical review and synthesis of research on cyberbullying victimization", *Computers in Human Behavior*, Vol. 26/3, pp. 277-87.

Ttofi, Maria M. and D.P. Farrington (2011), "Effectiveness of school-based programs to reduce bullying: A systematic and meta-analytic review", *Journal of Experimental Criminology*, Vol. 7/1, pp. 27-56.

第2章

■ 第2章 ■

情報通信技術（ICT）を指導と学習に取り入れる

　本章では，教育制度（国）と学校が情報通信技術（ICT）をどのように生徒の学習体験に取り入れているのかを考察し，2009年以降の傾向を探る。学校のICTリソースをめぐる各国間の相違と，それがコンピュータの利用とどのように関係しているのかも概観する。本章では，どのように学校でのICT利用がその利用可能性のみならず，教師とカリキュラムに関係する政策にも左右されるのかを示す。

第 2 章　情報通信技術（ICT）を指導と学習に取り入れる

第2章

はじめに

　コンピュータとインターネットが，ますます若者が成長し学ぶ環境の一部になるにつれて，学校と教育制度（国）は，情報通信技術（ICT）がもたらす教育上の便益を獲得するよう求められている。学校，地域，国のレベルでは足並みをそろえた ICT 政策が存在する場合が多い。そうした政策は，学校や教師が絶え間ないテクノロジーの刷新に追いつくことの助けとなり，一部の新しいツールがもたらし得る変化や混乱に対応するのに役立つ。

　学校と教師の活動に ICT を深く組み入れることを目的とした教育政策は，いくつかの根拠の一つに基づいて正当化される場合が多い。第一に，ICT 機器とインターネットによって，子供と若者の（従来型の）学習体験を充実させることができ，これらは必要とされている大きな変化を引き起こすための触媒としての役割を果たすことがある。第二に，日常の仕事や娯楽活動に用いられるなど，ICT が社会に広く存在することや，生産を ICT に依存している商品とサービスの数が増加していることは，デジタルコンピテンシーに対する需要を生み出しており，この能力がこのような文脈の中で最もよく学び取られるのは間違いない。第三に，ICT を用いた学習や ICT に関する学習はおそらく学校以外の場所でよく行われることになろうが，誰もがこうしたテクノロジーを使ってその便益を享受し，貧富の格差が埋まるよう図る上で，初期教育が重要な役割を演じる。最後に，学校の ICT 政策は管理費などのコスト削減の要求に基づく場合がある。教師が不足しているか，又はそれが見込まれる場合，ICT 政策が教師を現場に引き込んだり，つなぎとめるといった行動の助けとなることがある。

データから分かること

● 平均すると，生徒 10 人のうち 7 人が学校でコンピュータを利用しており，その割合は 2009 年から変わっていない。こうした生徒は，コンピュータの利用頻度はその期間に大半の国で増加した。

● 学校に ICT を最も組み入れている国はオーストラリア，デンマーク，オランダ，ノルウェーである。コンピュータで学校の課題をこなす生徒の割合が急上昇したのは，大規模なノートパソコン購入プログラムと関連している場合が多く，具体的にはオーストラリア，チリ，ギリシャ，ニュージーランド，スウェーデン，ウルグアイである。

● 数学の授業における ICT 利用の水準は，指導の内容にも質にも関係している。数学の実社会での応用により多く触れている生徒がいる国の方が，コンピュータの利用が多い傾向にある。また，個別指導，グループワーク，プロジェクトベース学習といった生徒に考えさせる活動を数学教師が活用することと，数学の授業に ICT を組み入れる教師の意欲や能力との間には特有の関連がある。

情報通信技術（ICT）を指導と学習に取り入れる　第2章

ICT は学習を支援し，強化することができる。コンピュータやインターネットにアクセスすることで，生徒は情報を検索して，教師や教科書を通じて入手できるものを超えた新たな知識を獲得することが可能である。また，ICT は生徒に自分の技能を磨く新しい方法，例えば，個人のウェブページやオンライン出版物の管理，コンピュータのプログラミング，第二言語の学習時におけるネイティブスピーカーとの会話やリスニング，あるいはまた，一人だけか，遠隔で接続されたチームの一員としてかを問わず，マルチメディアによるプレゼンテーションを準備することも提供する。ICT 機器はこれまで別々であった教育メディア（書籍，文書，オーディオ，動画，データベース，ゲームなど）を一つにまとめ，それによって学習を行う時間と空間の範囲を広げたり，統合したりする（Livingstone, 2011）。

日常の生活に ICT が広く存在することによって，特定の技能やリテラシーの必要性も生み出される。少なくとも，教育は，子供と家族がネット上で直面するリスクとその回避方法について彼らが持つ意識を高めることができる（OECD, 2012）。利用者がその知識と技能を頻繁に更新する必要のある，活発で変化を続ける技術として，ICT は教育に対し指導と学習の内容と手法を再考するよう促す。ICT の利用者は，今日の我々が皆そうであるように，新しい機器やソフトウェア，又は既存の機器やアプリケーションの新機能に順応しなければならない場合が多い。その結果，ICT 利用者は急ピッチで学び，そして学び直さなければならない。こうした学習過程を自分で管理することができ，未知の問題が生じたときにそれを解決する者のみが，テクノロジーがあふれる世界の便益を十分に享受する。

もっと具体的に述べれば，教育は若年者に今後数年間に出現するであろう新しい分野の仕事に就くための準備となることがある。現在，ICT は経済のあらゆる分野で利用されており，金融サービスや医療など，ICT 利用が高い水準にある分野の多くは，過去数十年間にわたって雇用の割合を高めてきた分野でもある（OECD, 2013a）。小売業やニュース配信といった国際競争から保護されていた他の経済分野は，類似のオンラインサービスの台頭によって変容を遂げてきた。生徒の望む仕事が何であれ，現在の生徒が大学など学校を卒業するときには，インターネットで仕事を探して応募する可能性が極めて高い。その結果，労働力人口において ICT 習熟度を高い水準とすることは，新しいサービス経済の中での国としての競争力を高めるための強みとなり得る。

本章では，教育制度（国）と学校が ICT をどのように生徒の学習体験に組み込んでいるのかを調査し，2009 年以降の変化を分析する。学校の ICT リソースにおける各国の相違と，そうした相違とコンピュータの利用との関係も概観する。そこからは ICT 利用が十分なインフラの利用可能性，つまりより多くの，より優れた ICT リソースを学校に整備することに左右されるのは明らかであるが，教師やカリキュラムに関する政策といったより広範な文脈にも関係していることが分かる。

第 1 節　学校での生徒によるコンピュータの利用

ICT 機器が指導と学習にどのように組み入れられているかを示す基本的な指標は，学校でコンピュータを利用する生徒の割合であり，特に定期的に少なくとも週に 1 回利用している場合を一つの目安とする。

第 2 章　情報通信技術（ICT）を指導と学習に取り入れる

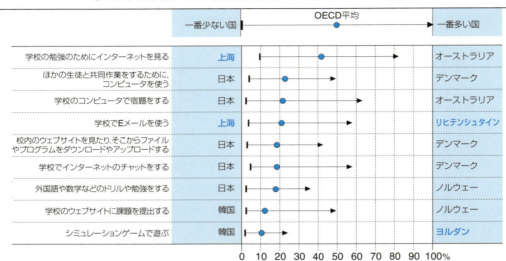

■図 2.1■
学校での ICT 利用
少なくとも週に 1 回各活動を行うと回答した生徒の割合

出典：OECD, PISA 2012 Database, Table 2.1.
StatLink：http://dx.doi.org/10.1787/888933252687

　2009 年調査と同様，2012 年調査においても，生徒は学校でコンピュータを利用しているかどうか，及び学校でコンピュータを使って次の九つの活動をどのくらい行うかについて回答した。1）インターネットのチャットをする，2）E メールを使う，3）学校の勉強のためにインターネットを見る，4）校内のウェブサイトを見たり，そこからファイルやプログラムをダウンロードやアップロードする，5）学校のウェブサイトに課題を提出する，6）シミュレーションゲームで遊ぶ，7）外国語学習や数学などのドリルや勉強をする，8）学校のコンピュータで宿題をする，9）ほかの生徒と共同作業をするためにコンピュータを使う。OECD 平均では，生徒の 72％が学校でデスクトップ・コンピュータ，ノートパソコン，タブレット型コンピュータを利用していると回答した（これに対して，生徒の 93％が自宅でコンピュータを利用していると回答した）。2009 年と同様，学校のコンピュータで最も頻繁に取り組む作業は，学校の勉強のためにインターネットを見ることであり，平均すると生徒の 42％が週に 1 回以上の頻度で見ている。取り組む作業で最も頻度が低いものは，シミュレーションゲームで遊ぶことである（OECD 平均で生徒の 11％）（図 2.1，表 2.3）。

　学校でコンピュータを利用する生徒の平均的な割合は，2009 年から 2012 年にかけてあまり上昇しなかったが（2009 年には生徒の 71％が学校でコンピュータを利用していると回答したが，これは 2012 年より 1 ポイント低いのみである）（図 2.4 参照），利用の形態と度合いはその間確かに変化した。実際に，2009 年調査と 2012 年調査で取り上げられた，コンピュータ上で行った学校関連のあらゆる活動について，こうした活動に取り組んだ OECD 加盟国の生徒の平均的な割合は，3 年間で大幅に上昇した（図 2.2）。

　おそらく学校におけるノートパソコンやモバイルコンピュータの利用可能性が高まったことを反映して，生徒が個々に行う活動（インターネットのチャット，ドリルや勉強，宿題をすること）に対するコンピュータ利用が，2009 年から 2012 年の間に取り上げられたすべての活動の中で最も増

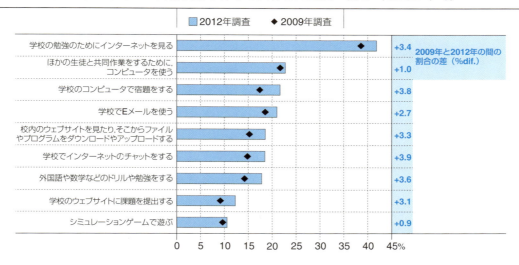

■ 図 2.2 ■
学校での ICT 利用における 2009 年と 2012 年の間の差
少なくとも週に 1 回各活動を行うと回答した生徒の割合（OECD 平均）

注：2009 年と 2012 年のそれぞれの OECD 平均は，利用可能なデータのあるすべての OECD 加盟国に基づいている。2009 年と 2012 年の間の差は，両方に参加した OECD 加盟国のデータに基づいている。
2009 年と 2012 年の間の差はすべて統計的な有意差がある。
出典：OECD, PISA 2012 Database, Table 2.1.
StatLink：http://dx.doi.org/10.1787/888933252698

加した（表 2.9）。少なくとも週に 1 回こうした活動のそれぞれに携わる生徒の割合は，その間に約 4 ポイント伸びた（図 2.2）。

　九つすべての活動を**学校における ICT 利用指標**に要約した場合[1]，平均値が最も高い国はオーストラリア，デンマーク，オランダ，ノルウェーである。これとは対照的に，生徒の報告によれば，日本，韓国，上海の生徒は他のいかなる国の生徒よりも学校でコンピュータを利用することがはるかに少ない（図 2.3）[2]。

　学校におけるコンピュータの利用頻度が低いと生徒が報告するとき，ICT 設備がまったく使われていないと推測すべきではない。例えば，上海の生徒は数学の授業でコンピュータを最も利用しない（図 2.7 参照）。しかし，彼らは OECD 加盟国の生徒よりも頻繁に，教師が授業中に ICT 設備（おそらくプロジェクターや電子黒板）を利用すると回答してもいる。このように教師が主導して ICT を教育に組み込むアプローチは，不完全な形でしか PISA 調査の測定には含まれない。同様に，学校でのスマートフォンの利用は，「コンピュータ」の利用に関する質問では捕捉されていない可能性がある。

　しかしながら，すべての傾向が学校におけるコンピュータ利用の拡大を示しているわけではない[3]。学校でコンピュータを利用する生徒の割合を PISA 調査サイクル間で比較する場合，韓国では 2009 年から 2012 年の間に大幅な減少（21 ポイントのマイナス）が見られる。2012 年において，韓国の生徒の 42％のみが学校でコンピュータを利用していると回答したが，これは調査した 42 の国の中で上海（38％）に次ぐ，2 番目に低い割合である。デンマークでは，2009 年において学校でコンピュータを利用する生徒の割合はオランダに次いで第 2 位であるが，2012 年にはこの割合は 6 ポイント少なくなって，90％を下回った（図 2.4，表 2.3）。

第 2 章　情報通信技術（ICT）を指導と学習に取り入れる

■ 図 2.3 ■
学校における ICT 利用指標

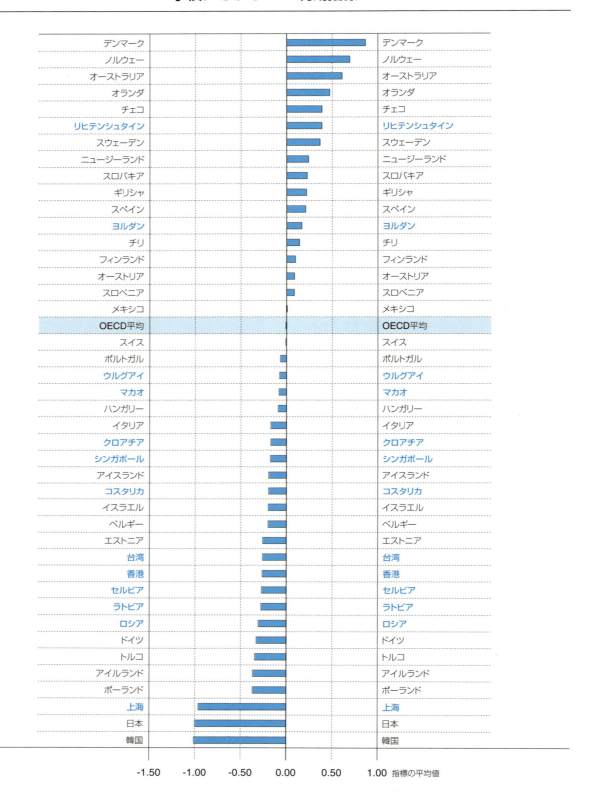

注：学校における ICT 利用指標の平均値が高い順に上から国を並べている。
出典：OECD, PISA 2012 Database, Table 2.2.
StatLink：http://dx.doi.org/10.1787/888933252700

情報通信技術（ICT）を指導と学習に取り入れる　第2章

■ 図 2.4 ■
学校でコンピュータを利用する生徒の割合における 2009 年と 2012 年の間の差

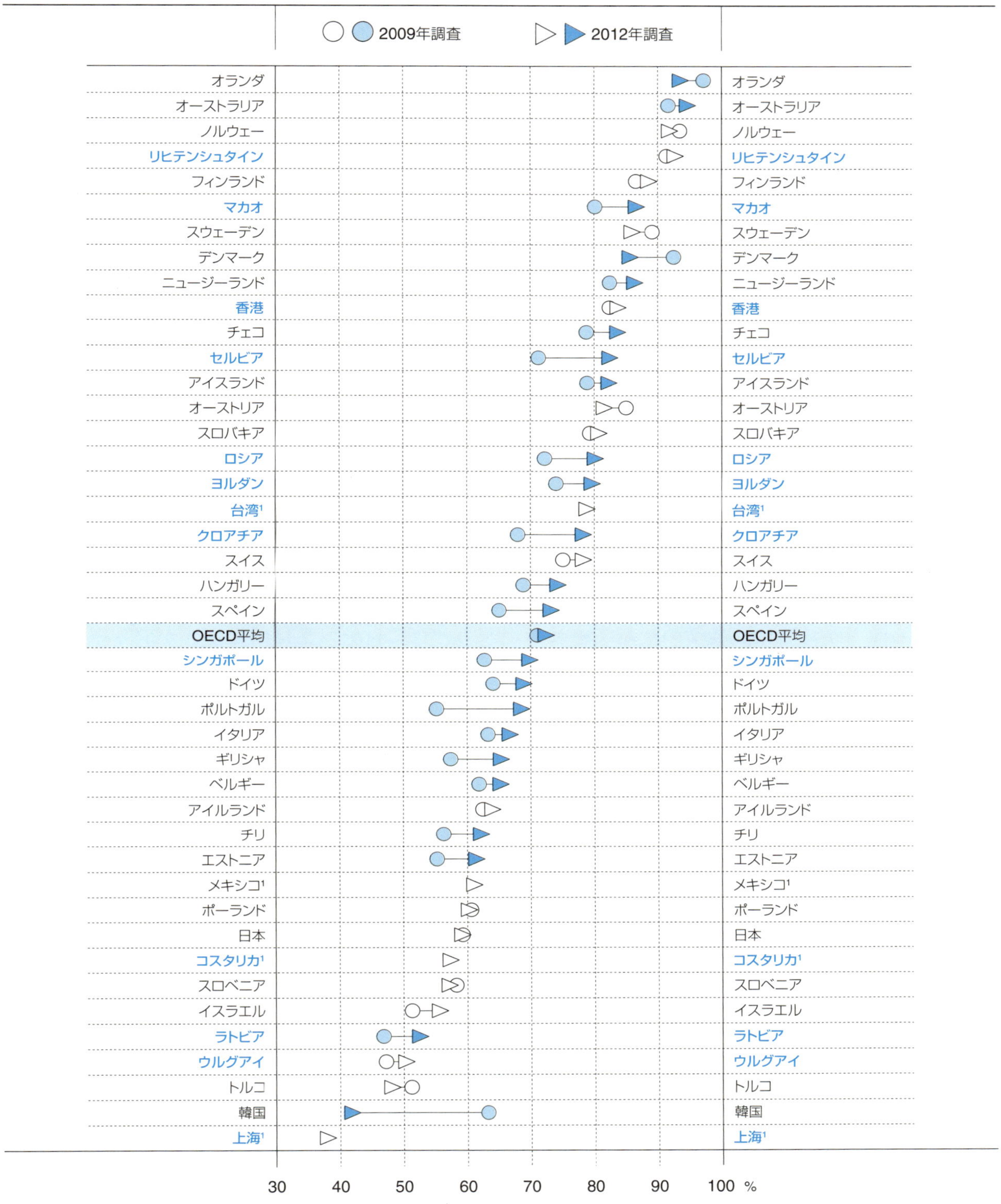

第2章

○ ● 2009年調査　　▷ ▶ 2012年調査

オランダ		オランダ
オーストラリア		オーストラリア
ノルウェー		ノルウェー
リヒテンシュタイン		リヒテンシュタイン
フィンランド		フィンランド
マカオ		マカオ
スウェーデン		スウェーデン
デンマーク		デンマーク
ニュージーランド		ニュージーランド
香港		香港
チェコ		チェコ
セルビア		セルビア
アイスランド		アイスランド
オーストリア		オーストリア
スロバキア		スロバキア
ロシア		ロシア
ヨルダン		ヨルダン
台湾[1]		台湾[1]
クロアチア		クロアチア
スイス		スイス
ハンガリー		ハンガリー
スペイン		スペイン
OECD平均		OECD平均
シンガポール		シンガポール
ドイツ		ドイツ
ポルトガル		ポルトガル
イタリア		イタリア
ギリシャ		ギリシャ
ベルギー		ベルギー
アイルランド		アイルランド
チリ		チリ
エストニア		エストニア
メキシコ[1]		メキシコ[1]
ポーランド		ポーランド
日本		日本
コスタリカ[1]		コスタリカ[1]
スロベニア		スロベニア
イスラエル		イスラエル
ラトビア		ラトビア
ウルグアイ		ウルグアイ
トルコ		トルコ
韓国		韓国
上海[1]		上海[1]

30　40　50　60　70　80　90　100 ％

1. 2009 年調査のデータは，コスタリカ，メキシコ，上海，台湾が欠落している。
注：白い記号は，2009 年と 2012 年の間に，統計的な有意差がなかったことを示す。
2012 年調査において学校でコンピュータを利用する生徒の割合が高い順に上から国を並べている。
出典：OECD, PISA 2012 Database, Table 2.3.
StatLink：http://dx.doi.org/10.1787/888933252710

1.1　学校でのインターネットの利用

　生徒の回答によれば，OECD 加盟国で平均すると，普通生徒は学校で毎日少なくとも 25 分をインターネットに費やすことが分かる。オーストラリアでは，学校でインターネットに費やす時間は平均の 2 倍以上である（58 分）。デンマークでは，生徒は学校で毎日インターネットに平均して 46 分を費やし，ギリシャでは 42 分，スウェーデンでは 39 分となっている（図 2.5）。

　11 の国，つまり，ドイツ，イタリア，日本，ヨルダン，韓国，マカオ，ポーランド，上海，シンガポール，トルコ，ウルグアイでは，典型的な授業のある日に，大多数の生徒は学校でインターネットを利用しない（図 2.5）。

1.2　数学の授業でのコンピュータの利用

　2009 年調査からは，数学の授業においてコンピュータが利用される頻度は，国語の授業か又は理科の授業よりも低く，OECD 加盟国で平均すると，数学の授業で少なくとも週に 1 回コンピュータを利用する生徒は僅か 15％ほどしかいないことが分かった（OECD, 2011, 図 VI.5.21）。

　2012 年調査は，数学の授業中に生徒がコンピュータを利用するかどうかと，その方法をさらに詳しく調べた。七つの考えられ得るコンピュータ上の数学の課題を示した一覧表が生徒に与えられ，調査の前 1 か月間に，数学の授業中それら課題のどれに自分（又は同級生）が取り組んだかどうか，教師がその課題について見本を示したかどうか，又はそうした課題をまったく行わなかったかどうかについて回答するよう生徒は求められた。そのような課題には，関数のグラフを描くこと，計算すること，幾何学的図形を描くこと，表計算ソフトに値を入力すること，代数式を作ったり，方程式を解くこと，ヒストグラムを描くこと，パラメーターに応じて，関数のグラフがどのように変化するのかを見ることが含まれた。

　OECD 加盟国で平均すると，PISA 調査の前 1 か月間に数学の授業中にこれら課題が取り上げられるのを目にした生徒はごく少数であった。これは，数学の授業でコンピュータが利用される頻度が低いという調査結果と符合する。平均して，生徒の 14％に関しては，教師のみがコンピュータを使って見本を示し，生徒の 32％は自分か又は同級生が少なくとも課題の一つに取り組んだと回答した。しかし，数学の授業中におけるコンピュータの利用がはるかに多く見られた国もあった。ノルウェー（生徒の 82％），ヨルダン（同 80％），デンマーク（同 71％）では，生徒 3 人のうち 2 人以上が，これら課題の少なくとも一つを教師が見本を示すのを見ており，生徒自身がその課題にコンピュータで取り組む場合も多かった（図 2.6，図 2.7）。

　OECD 加盟国で平均すると，生徒の 19％が PISA 調査の前 1 か月間に数学の授業中，表計算ソフトに値を入力したと回答した。ノルウェーでは，生徒の 67％以上がそのように回答した。2 番目に多い活動である，関数のグラフを描くことに取り組んだのは，平均すると生徒の 16％であり，ノルウェーの生徒でもわずか 31％であった（図 2.6，表 2.5）。

第2章 情報通信技術（ICT）を指導と学習に取り入れる

■ 図2.5 ■
学校でのインターネット利用時間
生徒が学校でインターネットを利用する平均時間（下限）

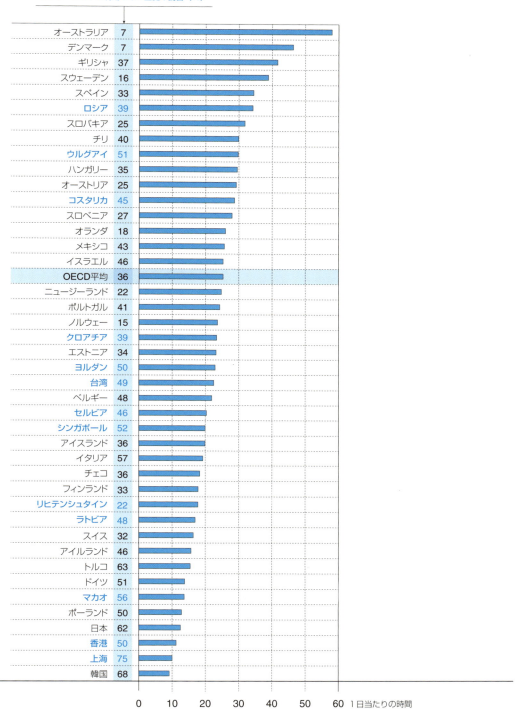

注：学校でインターネットを利用する生徒の平均時間の高い順に上から国を並べている。
出典：OECD, PISA 2012 Database, Table 1.5c.
StatLink：http://dx.doi.org/10.1787/888933252720

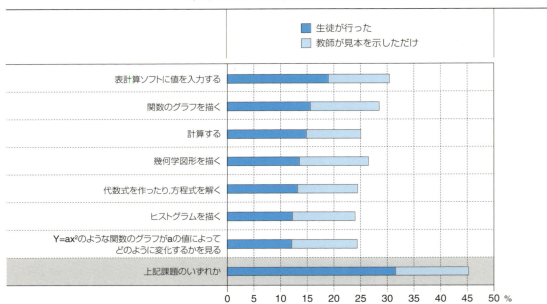

■ 図 2.6 ■
数学の授業でのコンピュータの利用
PISA 調査前の1か月間に数学の授業で，
コンピュータが利用されたと回答した生徒の課題別の割合（OECD 平均）

出典：OECD, PISA 2012 Database, Table 2.5.
StatLink：http://dx.doi.org/10.1787/888933252733

フィンランド，日本，韓国，ポーランド，台湾はすべて PISA 調査で優れた成績を収めている国であるが，数学の授業でコンピュータを利用する頻度は最も低い。上海では，教師は比較的頻繁にコンピュータ上で一定の課題について見本を示すと生徒が回答しているものの，自分自身で課題のいずれかに取り組んだ生徒の割合は，調査参加国の中で最も低い（図 2.7）。コンピュータの利用と成績との関係は第6章でさらに検討する。

1.3　学校の勉強のための家庭でのコンピュータの利用

自宅や身の回りで ICT 機器が容易に利用できるようになると，学校が物理的な教室を越えて広がる可能性がある。学習活動はオンラインとオフラインで，学校と学校以外の場所において提供される場合がある。2012 年調査では，七つの学校関連の課題（そのうち六つは 2009 年調査の質問紙にも含まれていた）のために学校以外の場所でコンピュータを利用するかどうかを生徒は問われた。学校以外の場所で生じる学校の勉強に関連する活動を要約するために，一つの指標が作り出された。

一般に，生徒は学校のコンピュータを利用するよりも，学校の勉強のために自宅のコンピュータ（又は学校以外の場所の他のコンピュータ）を利用する方が多い。例えば，生徒の 42％ が学校で週に少なくとも1回，学校の勉強のためにインターネットを見る一方で，学校以外の場所でそのようにしているのは，OECD 平均で見ると生徒の 55％ である（表 2.1，表 2.7）。依然として，週に少なくとも1回コンピュータで学校関連の活動——学校の勉強のために，インターネット上のサイトを

情報通信技術（ICT）を指導と学習に取り入れる　第2章

■ 図 2.7 ■
数学の授業での生徒と教師のコンピュータ利用
PISA 調査前の 1 か月間に数学の授業でコンピュータが利用されたと回答した生徒の割合

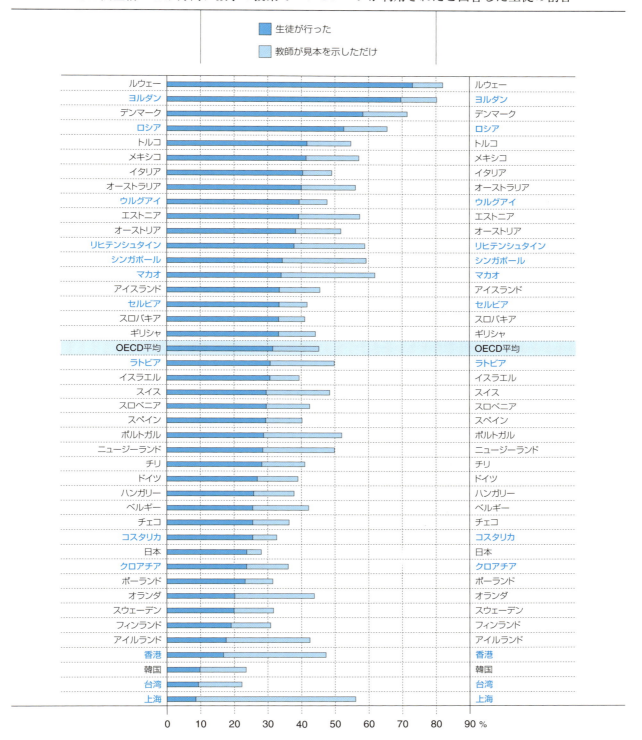

注：図は，PISA 調査前の 1 か月間に数学の授業で，七つの数学の課題（課題のリストについては図 2.6 参照）のうち少なくとも一つでコンピュータが利用されたと回答した生徒の割合を示す
数学の授業でコンピュータを使用したと回答した生徒の割合の高い順に上から国を並べている。
出典：OECD, PISA 2012 Database, Table 2.5.
StatLink：http://dx.doi.org/10.1787/888933252749

第2章　情報通信技術（ICT）を指導と学習に取り入れる

■ 図 2.8 ■
学校の勉強のための学校外での ICT 利用
少なくとも週に 1 回各活動を行うと回答した生徒の割合

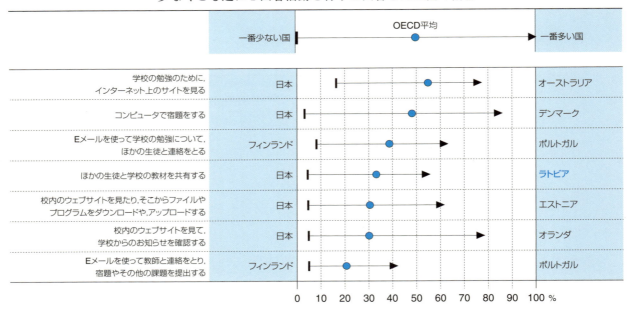

出典：OECD, PISA 2012 Database, Table 2.7.
StatLink：http://dx.doi.org/10.1787/888933252758

■ 図 2.9 ■
学校の勉強のための学校外での ICT 利用における 2009 年と 2012 年の間の差
少なくとも週に 1 回各活動を行うと回答した生徒の割合

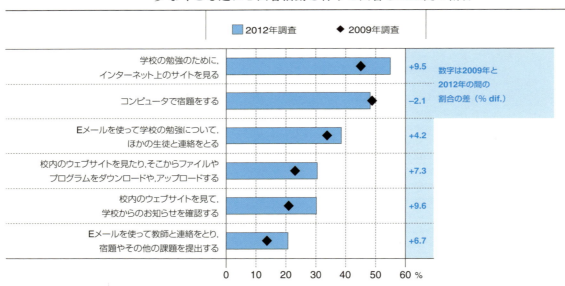

注：2009 年と 2012 年のそれぞれの OECD 平均は，利用できるデータのある OECD 加盟国のデータに基づいている。2009 年と 2012 年の間の差は両方に参加した OECD 加盟国のデータに基づいている。
2009 年と 2012 年の間の差はすべて統計的な有意差がある。
出典：OECD, PISA 2012 Database, Table 2.7.
StatLink：http://dx.doi.org/10.1787/888933252765

■ 図 2.10 ■
学校以外の場所における学校の勉強のための ICT 利用指標

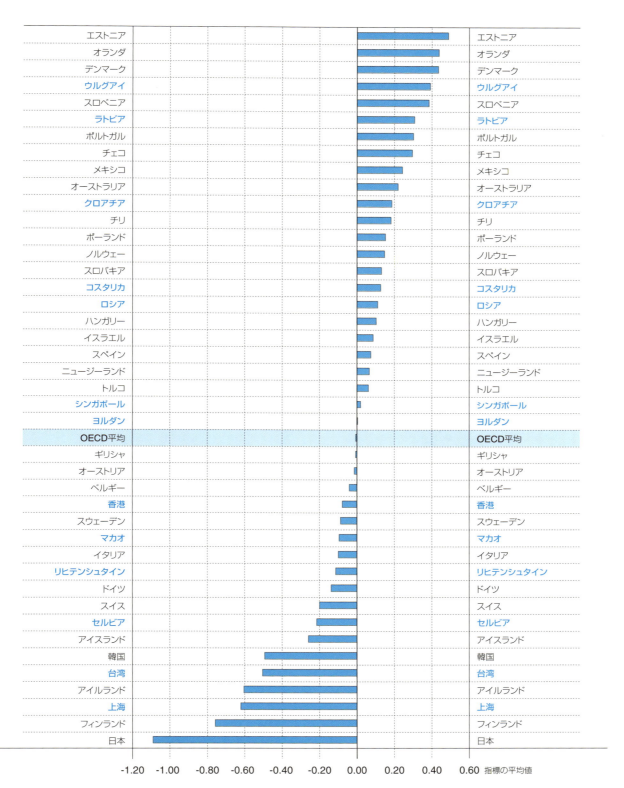

注：学校以外の場所における学校の勉強のための ICT 利用指標の平均値の高い順に上から国を並べている。
出典：OECD, PISA 2012 Database, Table 2.8.
StatLink：http://dx.doi.org/10.1787/888933252770

第 2 章　情報通信技術（ICT）を指導と学習に取り入れる

■ 図 2.11 ■
学校の勉強のための学校外での ICT 利用と学校での ICT 利用との間の関係

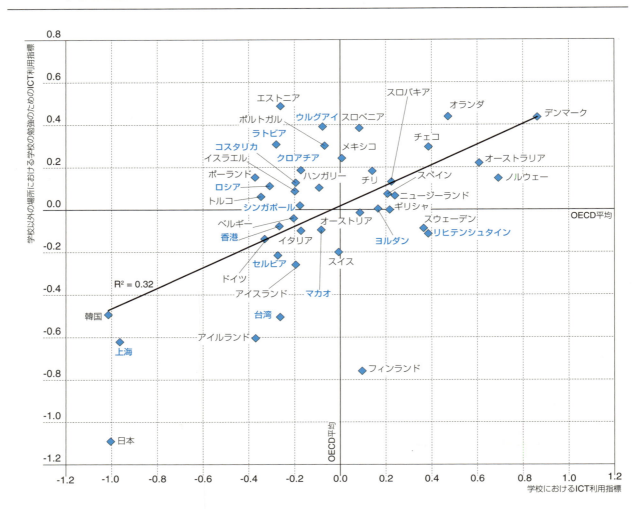

出典：OECD, PISA 2012 Database, Tables 2.2 and 2.8.
StatLink：http://dx.doi.org/10.1787/888933252787

　見ること（生徒の 55％）は除く――に携わっているのはごく少数の生徒のみである。OECD 加盟国で平均すると，生徒の僅か 48％がコンピュータで宿題をして，38％が E メールを使って学校の勉強について，ほかの生徒と連絡をとり，33％がコンピュータを介してほかの生徒と学校の教材を共有する。最も稀な活動は，学校や教師がオンラインで通信可能な状態でいることが必要なものである。例えば，生徒の 30％は校内のウェブサイトを見て，学校からのお知らせを確認し，30％が校内のウェブサイトを見たり，そこからファイルやプログラムをダウンロードやアップロードし，僅か 21％が E メールを使って教師と連絡をとり，宿題やその他の課題を提出する（図 2.8）。

　教師や学校の指導者のログイン状態を必要とする活動を定期的に行う生徒の割合は，残りの学校関連の活動を行う生徒の割合よりも速く伸びた。2012 年において，生徒 10 人のうち 3 人が週に少なくとも 1 回，校内のウェブサイトを見て，学校からのお知らせを確認しており，平均すると，2009 年よりも 10 ポイント増加した（図 2.9）。しかし，全体としては，こうした活動の頻度は比較的低いままである。

すべての活動をまとめて**学校以外の場所における学校の勉強のための ICT 利用指標**を作ると，指標で最も高い値が見られるのはデンマーク，エストニア，オランダ，ウルグアイにおいてである。デンマークとウルグアイの生徒の 70％以上が学校の勉強のために，インターネット上のサイトを見て，週に少なくとも 1 回はコンピュータで宿題をする。その一方でエストニアとオランダの大多数の生徒は，校内のウェブサイトを見て学校からのお知らせを定期的に確認するか，校内のウェブサイトを見て，そこからファイルやプログラムをダウンロードやアップロードする（図 2.10，表 2.7）。

フィンランドと日本は，生徒が学校の勉強のために学校外でコンピュータを最も利用しない 2 か国である。この一部は宿題の出し方と関係がある可能性がある。フィンランドと日本の生徒には，一般的に，あるとしても僅かな宿題しか出されない（OECD, 2013b, 図 IV.3.10）。

予想されるように，生徒が学校の勉強のために学校で ICT を利用する程度と，学校の勉強のために学校外で他の ICT リソースを利用する程度との間には明らかに関連性がある。しかし，学校での ICT 利用が平均を下回っている数か国，特にクロアチア，エストニア，ラトビア，ポルトガル，ウルグアイにおいては，学校に関連する理由により，学校外での ICT 利用は平均を上回っている（図 2.11）。

第 2 節 | 指導と学習に ICT を取り入れる上での推進力と障害

前節では，15 歳児が学校でコンピュータを利用する程度における各国間の大きな相違を説明した。何がこうした相違を際立たせるのか。

ICT 機器にアクセスすることや ICT 機器をインターネットに接続することができない，又はそれに困難を伴うことは，確かに指導や学習に ICT を取り入れる上での障害である。学校で利用できる機器に関する相違は，指導や学習に ICT を取り入れることに投資しないと意図的に選択しているか，又は投資するための十分な資源がないかのどちらかを示している。

同様に，学校での ICT 機器の利用に関する各国間や国内の相違のすべてが，ICT 機器の利用可能性に関する格差に由来するわけではない。学校と教師が自らの実践に新しい機器を取り入れるのにどの程度前向きで準備ができているかについては，他の変数が影響している。

確かに，ICT の潜在力を活用するには，教師と産業界は新しい教育資源（ソフトウェア，教科書，授業計画など）を作り出して発展させなければならない。教師と産業界が新しい教育資源を作り出し，発展することを促すのは，教員がリスクを冒すことを奨励したり，学んだことを共有する学校で，実践（Little, 1982; Frost and Durrant, 2003; Harris, 2005; Horn and Little, 2010; Resnick *et al.*, 2010; Avvisati *et al.*, 2013）と同様に，カリキュラムや生徒と教師の評価枠組み，初任者研修（Tondeur *et al.*, 2012）や教師の職能開発を含む教育政策に関連する変化である。

PISA 調査のデータからは初任者研修，職能開発，教師の労働条件の特徴を明らかにすることはできないものの[4]，学校での ICT 利用が，インフラとカリキュラムにおける多様性といったその他の革新への推進力又は革新への障害とどのように関連しているのかを示すことはできる。

2.1 学校の ICT インフラ

ICT 質問紙の一部では，学校で生徒が利用できるコンピュータがあるかどうかを尋ねた。OECD 加盟国で平均すると，生徒の 92％がコンピュータを利用すると回答した（2012 年にコンピュータに含まれたのはデスクトップ・コンピュータ，ノートパソコン，タブレット型コンピュータである）。比較できるデータがある OECD 加盟国で平均すると，この割合は 2009 年と 2012 年の間に 0.6 ポイント低下した。学校におけるコンピュータの利用で最も大きな減少が見られたのはスロベニア（8 ポイント），ベルギー，日本，韓国（いずれも 5 ポイント）においてである。これとは対照的に，ギリシャ，ヨルダン，ポルトガル，セルビア，スペイン，トルコ，ウルグアイでは，2009 年よりも 2012 年の方が，コンピュータを利用した生徒は多かった。このグループの国の中では，2012 年において学校のコンピュータの利用の割合が最も高かったのはポルトガルであり（98％），オーストラリア，デンマーク，香港，リヒテンシュタイン，オランダ，ニュージーランド，ノルウェー，シンガポールのみが 2012 年に同様の（又はより高い）割合であった（図 2.12）。

同様に 2012 年においては，平均すると，生徒 10 人のうち 9 人が学校でインターネットに接続できると回答したが，これは 2009 年よりも若干低い割合である。2009 年と 2012 年との間に，学校でインターネットにアクセスした生徒の割合は，OECD 加盟国で平均すると 2 ポイント低下した。それでも，すべての国で生徒の 70％以上が学校でインターネット接続を利用すると回答した（図 2.13）。

アクセスの明らかな減少の中には，生徒が基準とする枠組みの変化によるものもある可能性がある。2009 年から 2012 年の間にブロードバンドインフラが急速に整備されたこと（第 1 章参照）を踏まえると，2012 年に質問に回答した生徒の中には，回答するにあたって，アクセスが遅いか又は困難なインターネットの接続を，2009 年の生徒はインターネットに接続したと回答したが，2012 年の生徒はそのように回答しなかった可能性がある。

実際，学校の ICT リソースに関する学校長の回答には，幾分異なった実態が描かれている。平均すると，OECD 加盟国では学校にあるコンピュータの台数は大きく変わっていないが，2009 年から 2012 年の間にインターネットに接続された学校のコンピュータの割合は上昇した（図 2.14，図 2.15）。

2012 年には，2009 年と同様，OECD 加盟国で平均すると学校のコンピュータ 1 台当たり 4 人から 5 人の生徒がいた。15 歳の生徒が利用できるコンピュータの台数は，（コンピュータ 1 台当たりの生徒数の比率の低下に反映されているように）17 か国で増加し，6 か国及びトルコで最も減少した。それと同時に，インターネットに接続されていない学校のコンピュータの割合は，平均すると約 4％から 3％未満に低下した。

それでもなお，学校でのコンピュータやインターネットへのアクセスを回答している生徒の割合が一定又は低下すらしていることは，2009 年から 2012 年の間の学校での生徒によるコンピュータ利用の OECD 平均の増加（図 2.2）はいずれも，学校でコンピュータを利用する生徒の割合における変化というよりはむしろ，利用の頻度と多様性における変化に起因するということを示唆している。

情報通信技術（ICT）を指導と学習に取り入れる　第2章

■図2.12■
学校でコンピュータを利用できる生徒の割合についての2009年と2012年の間の差

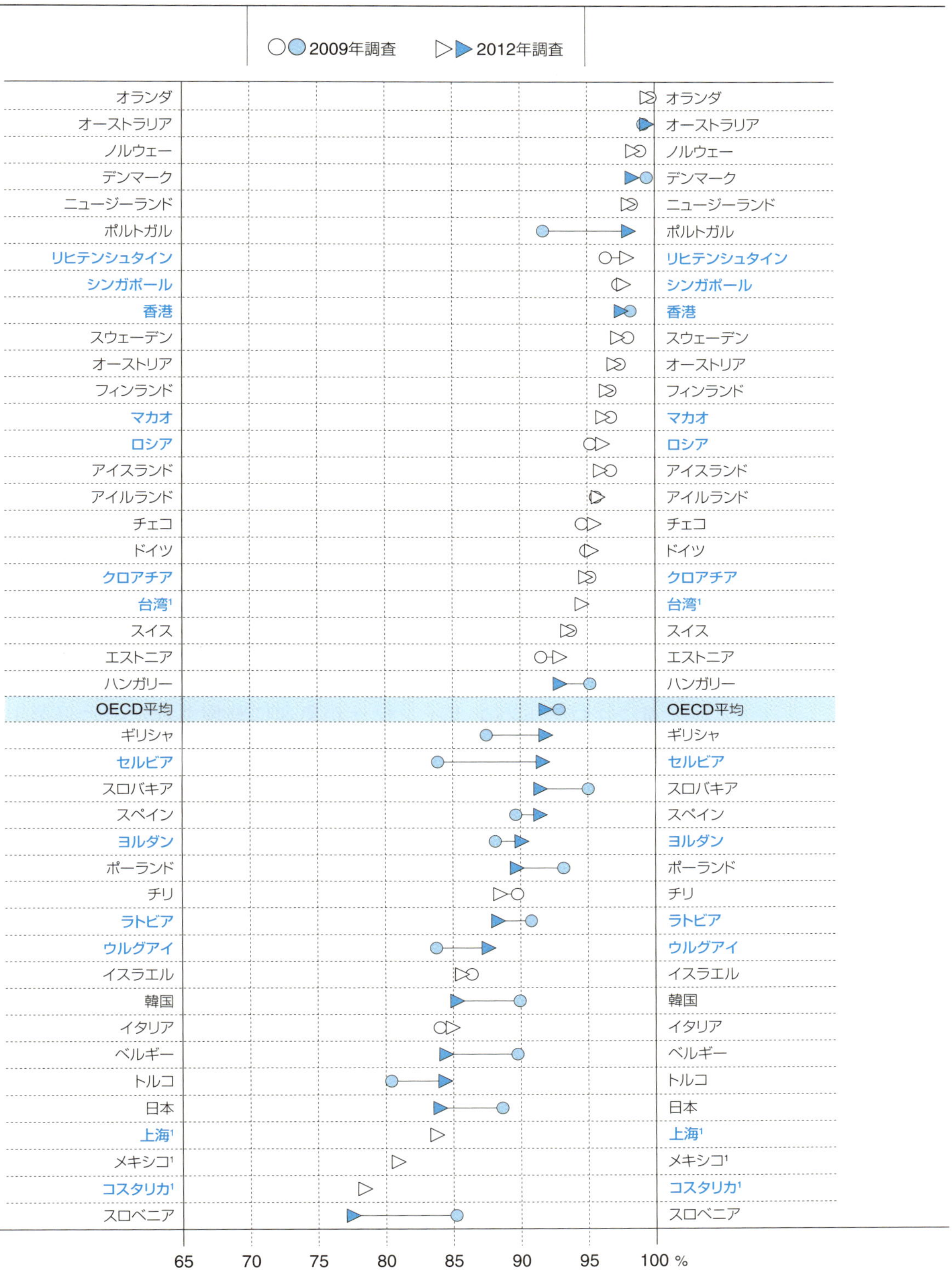

第2章

○●2009年調査　　▷▶2012年調査

オランダ		オランダ
オーストラリア		オーストラリア
ノルウェー		ノルウェー
デンマーク		デンマーク
ニュージーランド		ニュージーランド
ポルトガル		ポルトガル
リヒテンシュタイン		リヒテンシュタイン
シンガポール		シンガポール
香港		香港
スウェーデン		スウェーデン
オーストリア		オーストリア
フィンランド		フィンランド
マカオ		マカオ
ロシア		ロシア
アイスランド		アイスランド
アイルランド		アイルランド
チェコ		チェコ
ドイツ		ドイツ
クロアチア		クロアチア
台湾¹		台湾¹
スイス		スイス
エストニア		エストニア
ハンガリー		ハンガリー
OECD平均		OECD平均
ギリシャ		ギリシャ
セルビア		セルビア
スロバキア		スロバキア
スペイン		スペイン
ヨルダン		ヨルダン
ポーランド		ポーランド
チリ		チリ
ラトビア		ラトビア
ウルグアイ		ウルグアイ
イスラエル		イスラエル
韓国		韓国
イタリア		イタリア
ベルギー		ベルギー
トルコ		トルコ
日本		日本
上海¹		上海¹
メキシコ¹		メキシコ¹
コスタリカ¹		コスタリカ¹
スロベニア		スロベニア

65　70　75　80　85　90　95　100 %

1. コスタリカ，メキシコ，上海，台湾に関しては，2009年調査のデータが欠落している。
注：白い記号は，2009年と2012年の間に，統計的な有意差がないことを示す。
2012年調査において学校でコンピュータにアクセスできる生徒の割合の高い順に上から国を並べている。
出典：OECD, PISA 2012 Database, Table 2.9.
StatLink：http://dx.doi.org/10.1787/888933252791

71

第2章　情報通信技術（ICT）を指導と学習に取り入れる

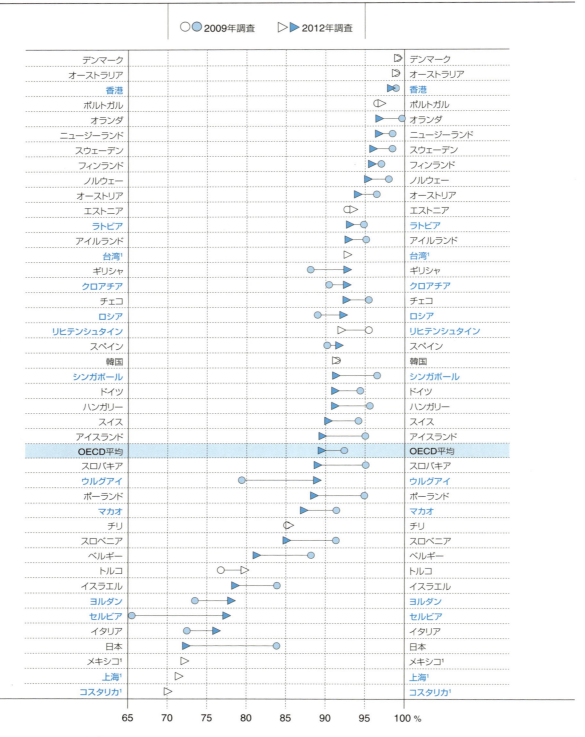

■図2.13■
学校でインターネットにアクセスできる生徒の割合についての
2009年と2012年の間の差

1. コスタリカ，メキシコ，上海，台湾に関しては，2009年調査のデータが欠落している。
注：白い記号は，2009年と2012年の間に，統計的な有意差がないことを示す。
2012年調査において学校でインターネットにアクセスできる生徒の割合の高い順に上から国を並べている。
出典：OECD, PISA 2012 Database, Table 2.10.
StatLink：http://dx.doi.org/10.1787/888933252808

情報通信技術（ICT）を指導と学習に取り入れる　第2章

■ 図2.14 ■
学校のコンピュータ1台当たりの生徒数についての2009年と2012年の間の差
15歳の生徒が最も多く在籍する学年におけるコンピュータ1台当たりの生徒数の平均比率

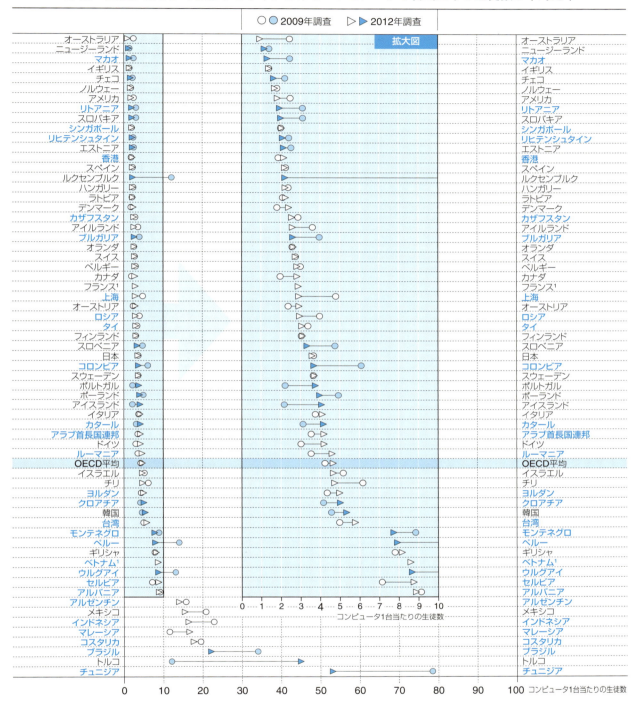

1. 2009年調査のデータは，フランスとベトナムが欠落している。
注：白い記号は，2009年と2012年の間に，統計的な有意差がないことを示す。
15歳の生徒が最も多くいる学年に10人以上の生徒がいる学校のみが含まれる。コンピュータ1台当たりの生徒数は，15歳の生徒が最も多くいる学年の生徒数とそれらの生徒が利用可能なコンピュータについての校長の回答に基づいている。利用可能なコンピュータのない学校では，コンピュータ1台当たりの生徒数は校長の回答による生徒数に1を足している。
2012年調査において生徒とコンピュータの比率が高い順に上から国を並べている。
出典：OECD, PISA 2012 Database, Table 2.11.
StatLink：http://dx.doi.org/10.1787/888933252810

第2章 情報通信技術（ICT）を指導と学習に取り入れる

■図2.15■
インターネットに接続された学校のコンピュータの割合についての
2009年と2012年の間の差

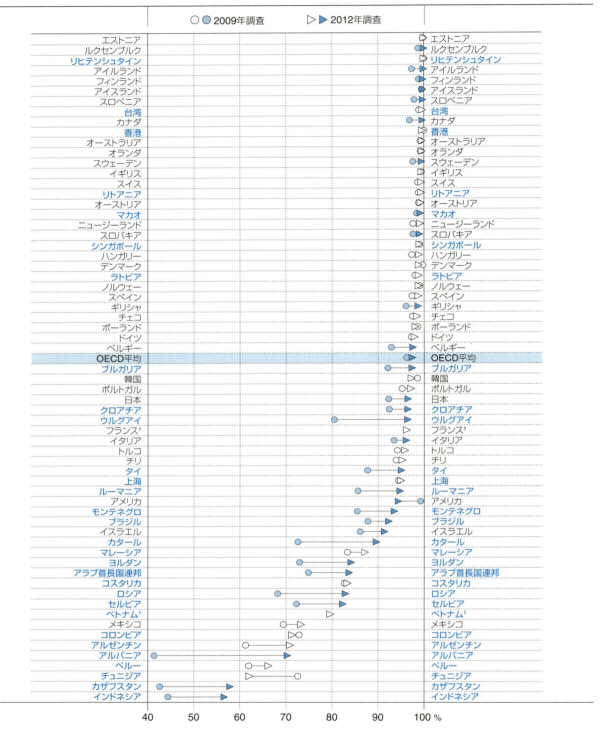

1. 2009年調査のデータは，フランスとベトナムが欠落している。
注：白い記号は，2009年と2012年の間に，統計的な有意差がないことを示す。
2012年調査においてインターネットに接続された学校コンピュータの割合の高い順に上から国を並べている。
出典：OECD, PISA 2012 Database, Table 2.11.
StatLink：http://dx.doi.org/10.1787/888933252826

情報通信技術（ICT）を指導と学習に取り入れる　第2章

2.1.1　学校でのモバイルコンピュータの増加

　たとえ資源の量が変化しなかったとしても，コンピュータを利用する度合いの高まりは，さらに学校のICTインフラの質が改善されたことに関係があるかもしれない。生徒が教室で，又は離れたコンピュータ教室だけで，もしくは学校の図書館でコンピュータが利用できるかどうかは，教師が自分の授業中にコンピュータを利用する意欲に大きな違いを生む。ノートパソコンとタブレット型コンピュータは，デスクトップ・コンピュータよりはるかに柔軟性に富み，PISA調査のデータは，ますます多くの学校がこうしたモバイルコンピュータを選ぶようになっていることを示している（表2.9)[5]。

　2012年において，デスクトップ・コンピュータはあらゆる国の学校で依然として最も普及しているコンピュータの形態であった。しかし，学校でノートパソコンを利用できる生徒の割合は，OECD加盟国で平均すると，2009年から2012年の間に8ポイント上昇し，その一方で同じ期間にデスクトップ・コンピュータを利用できる生徒の割合は3ポイント低下した。2012年までに，平均すると，生徒の43％が学校でノートパソコンを利用し，また11％がタブレット型コンピュータを利用した。2012年に学校のノートパソコンを利用する生徒の割合が最も高いと確認されたのがデンマーク（91％)，オーストラリア（89％)，ノルウェー（87％)，スウェーデン（75％)，ロシア（64％）である。オーストラリア，チリ，スウェーデン，ウルグアイでは，ノートパソコン購入プログラムによってノートパソコンの利用が20ポイント以上拡大した。一方，2012年において，学校のタブレット型コンピュータは，デンマーク（35％)，ヨルダン（29％)，シンガポール（23％)，オーストラリア（21％）で生徒5人のうち1人以上が利用できた（表2.9)。

　ノートパソコン又はタブレット型コンピュータの購入プログラムが学校でのコンピュータの利用を実際に広げているのはごく一部の事例に過ぎない。ほとんどの場合，タブレット型コンピュータ又はノートパソコンはデスクトップ・コンピュータが既に利用できる学校に導入されたと考えられ，こうしてICT機器の多様性が広がった。最も著しい例外はオーストラリア，スペイン，ウルグアイであり，そこで学校におけるコンピュータの利用可能性が増した原因は，専らノートパソコン又はタブレット型コンピュータを導入したことにある（表2.9)。

　コンピュータとは見なされないが，他のICT機器も2009年から2012年の間に学校へ導入された。このうち，電子ブックリーダーはヨルダン（39％)，ギリシャ（37％)，セルビア（23％)，メキシコ（22％)，チリ及びハンガリー（20％）において，生徒5人のうち1人以上が学校で利用できた（表2.9)。

2.2　学校のインフラの傾向はICTの利用とどのように関係しているのか

　学校で生徒が利用できる機器の種類に関するPISA調査のデータからは，2009年から2012年の間の学校によるICT購入プログラムが，ノートパソコンなど持ち運びできる機器と，時にはタブレット型コンピュータや電子ブックリーダーといった手で持って扱える機器へ次第に偏っていったことが間接的に確認できる。その結果，2012年までに多くの生徒がコンピュータにアクセスするために離れたコンピュータ室，学校の図書館又は教室内の特定の場所に移動する必要はもはやなく

75

■ 図2.16 ■
デスクトップとノートパソコン又はタブレット型の区別による学校でのコンピュータ利用
それぞれの活動で利用すると回答した生徒の割合（OECD 平均）

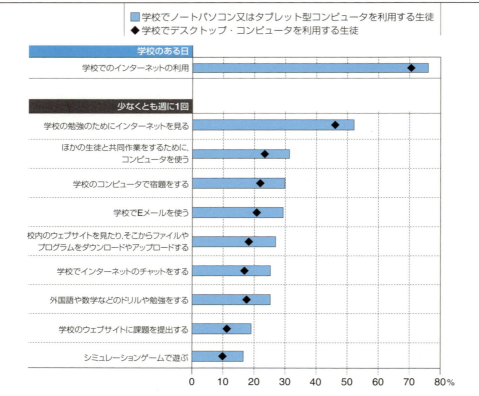

出典：OECD, PISA 2012 Database, Table 2.12.
StatLink：http://dx.doi.org/10.1787/888933252838

なった。むしろ，コンピュータはいつでもどこでも利用できるようになり，それによってコンピュータが利用される活動と状況の範囲が広がった。

　2009 年から 2012 年の間に，OECD 加盟国で平均すると，ノートパソコンを利用する生徒の割合は上昇し，その一方でコンピュータを利用する生徒の全体的な割合は変わらないままであり，また，デスクトップ・コンピュータを利用する生徒の割合は低下した。このような展開はオーストラリアとスウェーデンで特に顕著であった。両国においては，2009 年にノートパソコンを利用していたのはごく少数の生徒であったが，2012 年までにこうした機器は学校で使われる最も一般的なコンピュータとして，デスクトップ・コンピュータを上回った（表 2.3）。

　デスクトップ・コンピュータしか利用しない生徒と，デスクトップ・コンピュータを時々利用することに加えてノートパソコンとタブレット型コンピュータを利用する生徒との比較からは，学校でのコンピュータの利用は後者においての方が非常に頻繁で変化に富んでいることが分かる。どのような機器が利用できるかに応じて，学校でインターネットを利用するか，又は PISA 調査の ICT 質問紙で調査された活動のいずれかに定期的に（つまり，週に少なくとも 1 回）取り組む生徒の割合には，著しい違いがある。例えば，ノートパソコンかタブレット型コンピュータを利用する生徒の 27％が週に少なくとも一度か二度，校内のウェブサイトを見たり，そこからファイルやプログラムをダウンロードやアップロードするのに対して，デスクトップ・コンピュータを利用する生徒

■ 図 2.17 ■
学校での ICT 利用の変化と学校でのノートパソコンの利用の増加との関係

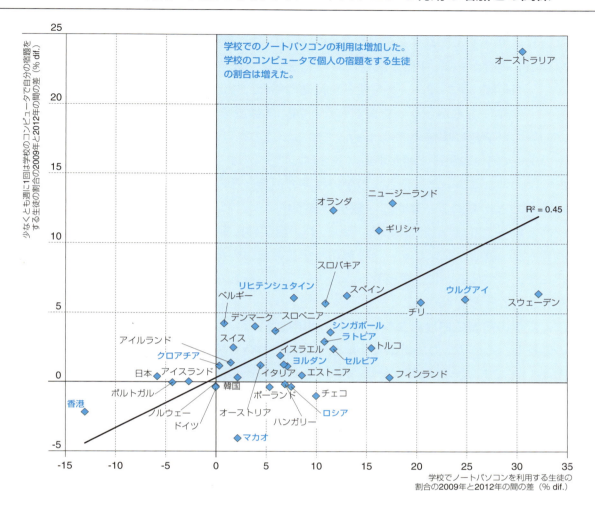

出典：OECD, PISA 2012 Database, Tables 2.1 and 2.9.
StatLink：http://dx.doi.org/10.1787/888933252847

でそうするのは僅か 18％に過ぎない（図 2.16）。

　制度（国）レベルでは，利用頻度が高い生徒の割合が最も上昇した国は，ノートパソコン又はタブレット型コンピュータの拡大プログラムを実施したところである場合が多い（図 2.17）。例えば，学校のコンピュータで頻繁に宿題に取り組む生徒の割合はオーストラリア，ギリシャ，オランダ，ニュージーランドで 10 ポイント以上高まった。これらすべての国では，学校でノートパソコンを利用する生徒の割合は同程度上昇した。

　しかし，PISA 調査のデータは，学校での ICT 利用の拡大がハードウェア拡大プログラムと常に一致していたわけではないことも示している。実際，先行研究からは，学校における新しいテクノロジーの取り込みは，教師が新しいツールを教室の活動に組み入れるのを支援する職能開発活動が教師に提供されるかどうかに大きく左右されることが分かる（Hennessy and London, 2013）。ICT を指導に組み込む経験が豊富な教師が，経験の浅い者よりも，コンピュータの利用に費やす時間が短い場合もあるということも事実である。量が質と常に一致するわけではない。

2.3 カリキュラムと授業のための学校での ICT の利用

　教師は公式のカリキュラム文書又は学校の方針の中に，指導実践に ICT を取り入れる際の方針と支援を見出す場合がある。PISA 調査において校長は，数学の指導においてコンピュータの使い方に関して，例えば，コンピュータを使った授業の割合，特定の数学用ソフトウェアの利用についての方針が，学校にあるかどうかを問われた。OECD 加盟国で平均すると，そうした方針があると校長が回答した学校に生徒の 32％が通っている。この割合はスロベニアの生徒の 93％からスウェーデンの生徒の 5％未満まで幅がある（表 2.14）。

　各国内では，コンピュータを使った数学の授業の割合とそのような学校の方針の存在との関係は僅かしかないと考えられる。確かに，数学の授業中にコンピュータを利用する上での差異の大半は，学校間というよりは学校内にある（表 2.14）。数学の授業中におけるコンピュータの利用は，学校でのもっと一般的なコンピュータの利用（学校の勉強のために，インターネット上のサイトを見るなど）に比べてはるかに，学校レベルの方針よりはむしろ教師と（おそらく）生徒のレベルの要因に左右されると考えられる。

　実際に，**数学の授業におけるコンピュータ利用指標**において，数学向けの ICT 利用に関する方針がある学校と，そのような方針がない学校との間において統計的な有意差が見られるのは，僅か 11 か国においてである。学校の方針は，コンピュータを利用するかどうかなどの定量的な側面よりも，既存のソフトウェアをどのように利用するかなどの定性的な側面に関係している可能性がある。また，学校の方針は，数学の授業中における ICT 利用を支援するためよりも，それを制限するために導入される場合があるということかもしれない。数学の指導におけるコンピュータの使い方に関する学校の方針が，生徒のコンピュータ利用に大きな差を生じている唯一の国はデンマークである。興味深いことに，デンマークでは，数学の指導におけるコンピュータの使い方における大きな学校間のばらつきは，同じ学校内の教師間に共同した実践があることも示している（表 2.14）。

　国のカリキュラムなど ICT に直接関係しないその他の方針が，教育への ICT の取り入れを支援したり妨げたりする上でもっと重要な役割を担っている可能性はある。図 2.18 は，数学の授業中における ICT 利用が，授業中に生徒が接する内容と関係しているかどうかを示している。これは，数学の授業中に生徒が 4 種類の問題に出会う頻度に関する生徒の回答を使って決定される。具体的には文章問題，数学における基本問題，数学的文脈における応用問題，大半の PISA 調査問題と同様に生徒が自分の数学知識を実社会の文脈に適用しなければならない応用問題である（コラム 2.1 参照）。

　どの国においても，数学における基本問題又は文章問題により頻繁に接することは，数学の指導におけるコンピュータの利用の差異と強くは関連していない。これとは対照的に，数学の授業中にコンピュータをより頻繁に利用する国は，数学における応用問題，特に生徒が実社会の文脈の中で自分の数学的な技能を実践することができる課題に生徒は平均以上に接している。これは，カリキュラムの内容が指導に対するコンピュータの望ましさや利用に影響を与える場合があることを示している（図 2.18）。

コラム2.1　様々な数学の問題への接触に関するPISA調査の測定

　数学の授業中に生徒が様々な種類の内容に接することを測定するために，PISA調査の生徒質問調査の四つの問いが用いられた。各問は生徒に数学の問題例を二つ示し，生徒はそれを解くのではなく，数学の授業中に同じ種類の問題に出会ったことが「何度もある」「時々ある」「ほとんどない」「まったくない」かどうかを回答するよう求められた。問題例を以下に示す。

> 次の4つの質問は、学校でどのような数学の問題を解いたことがあるかを調べるためのものです。問題の説明に続いて、問題文が灰色の枠内に書かれています。
>
> **数学の問題を読んでください。ただし、問題を解く必要はありません。**

問1　文章問題

> 以下は、テキストの中に書かれた問題を理解し、正しい計算式を考えるものです。問題は、実際にあり得る設定になっていますが、その数や人名などは架空のものです。解答に必要な情報はすべて問題文の中にあります。下の2つの例題を読んでください。
>
> > 1) アンさんはベティさんより2歳年上で、ベティさんの年齢はサムさんの4倍です。ベティさんが30歳のとき、サムさんは何歳ですか。
> >
> > 2) スミスさんはテレビとベッドを買いました。テレビは625ドルで、10%引きになっていました。ベッドは200ドル、配送料は20ドルでした。スミスさんは合計いくら払いましたか。
>
> あなたは、学校でこのような問題を解いたことがありますか。(1)〜(2)のそれぞれについて、あてはまる番号に一つ○をつけてください。問題を解く必要はありません。

> (1) **数学の授業**で、このような問題を何回
> 　　ぐらいやったことがありますか・・・・・1・・・2・・・3・・・4
>
> (2) **学校の数学の試験**で、このような問題
> 　　を何回ぐらいやったことがありますか・・1・・・2・・・3・・・4

問2　数学における基本問題

下の2つの例題を読んでください。

1) $2x + 3 = 7$ を解いてください。
2) 辺の長さが3m、4m、5mの箱の体積を求めてください。

あなたは、学校でこのような問題を解いたことがありますか。(1)～(2)のそれぞれについて、あてはまる番号に一つ〇をつけてください。問題を解く必要はありません。

(1) **数学の授業**で、このような問題を何回
　　ぐらいやったことがありますか ・・・・ 1 ・・・ 2 ・・・ 3 ・・・ 4

(2) **学校の数学の試験**で、このような問題
　　を何回ぐらいやったことがありますか ・・ 1 ・・・ 2 ・・・ 3 ・・・ 4

問3　数学における応用問題：数学的文脈

次の問題は、解答の際に数学の知識を用いて結論を導き出すことが必要です。また、具体的な状況にはあてはめられてはいません。2つ例をあげます。

1) 「幾何の定理」の知識を必要とする問題

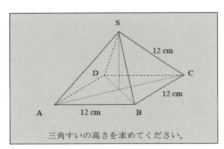

三角すいの高さを求めてください。

2) 「素数とは何か」という知識を必要とする問題

nが任意の数である場合、$(n+1)^2$ は素数ですか。

あなたは、学校でこのような問題を解いたことがありますか。(1)～(2)のそれぞれについて、あてはまる番号に一つ〇をつけてください。問題を解く必要はありません。

(1) **数学の授業**で、このような問題を何回
　　ぐらいやったことがありますか ・・・・ 1 ・・・ 2 ・・・ 3 ・・・ 4

(2) **学校の数学の試験**で、このような問題
　　を何回ぐらいやったことがありますか ・・ 1 ・・・ 2 ・・・ 3 ・・・ 4

問4　数学における応用問題：実社会の文脈

次の問題は、日常生活や職場で起こりうる問題について、適切な数学の知識を用いて答えを求めるものです。問題の中のデータや情報は、実際の状況に基づくものです。2つ例をあげます。

例1：

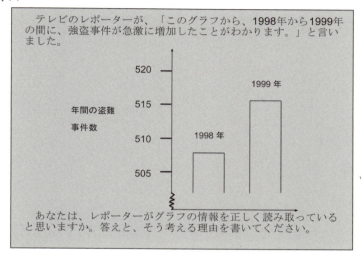

例2：

長い間、人間の1分間あたりの望ましい最大心拍数と年齢の関係は次の公式によって表されていました。

1分間あたりの望ましい最大心拍数 = 220 − 年齢

最近の調査で、この公式に多少の修正を加えなければならないということがわかりました。新しい公式は次の通りです。

1分間あたりの望ましい最大心拍数 = 208 − (0.7 × 年齢)

新しい公式を使うようになってから、1分間あたりの望ましい最大心拍数が増加したのはどの年齢からですか。あなたの考えも式も示してください。

あなたは、学校でこのような問題を解いたことがありますか。(1)～(2)のそれぞれについて、あてはまる番号に一つ〇をつけてください。問題を解く必要はありません。

(1) **数学の授業**で、このような問題を何回
　　ぐらいやったことがありますか ････ 1 ･･･ 2 ･･･ 3 ･･･ 4

(2) **学校の数学の試験**で、このような問題
　　を何回ぐらいやったことがありますか ･･ 1 ･･･ 2 ･･･ 3 ･･･ 4

第2章　情報通信技術（ICT）を指導と学習に取り入れる

■ 図2.18 ■
数学の授業でのコンピュータ利用と様々な数学の問題への生徒の接触との関係

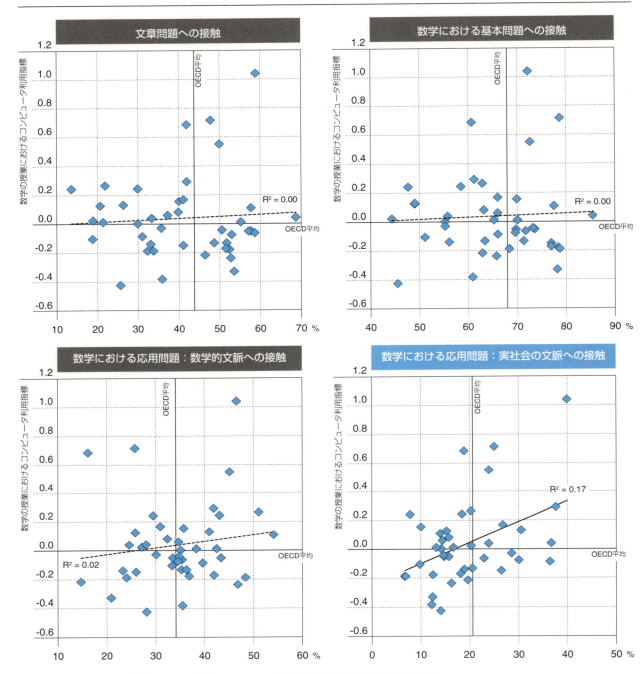

注：点線は有意差のない関係を示す。実線は0.4以上の相関関係を示す（R^2は0.16以上）。
各図において，横軸は数学の授業で対応するタイプの課題に「頻繁に」直面すると回答した生徒の割合を示す。
各菱形記号は，国の平均値を表す。
出典：OECD, PISA 2012 Database, Table 2.15.
StatLink：http://dx.doi.org/10.1787/888933252859

情報通信技術（ICT）を指導と学習に取り入れる　第2章

第3節 | ICT の利用は数学の指導実践にどのように関係しているのか

　教育効果に関する文献によれば，数多くの教室に関する変数がより良い学習成果，特に学級の雰囲気と指導の質とに関連しているように見える。数学の授業でのコンピュータの利用は，生徒の秩序と指導の質とにどのように結び付いているのだろうか。

　教育には唯一かつ最良の方法はないと既存の証拠が示唆しているように，指導の質は測定するのが困難である。注意深い観察，適切なペース配分，学級経営のほか，説明の明瞭さ，よく練られた授業，有益で自信を与えるようなフィードバック——これらは優れた指導実践である——は，秩序ある教室環境を作り出して学習時間を最大化するのに役立つという理由で，学習到達度にプラスの効果を与えることが一般的に示されてきた（OECD, 2013c）。

　しかし，これで十分というわけではない。教師は学習機会を提供するが，効果を上げるには，そうした機会を生徒が認識して活かさなければならない。これは，生徒が暗記学習を超えて，新しい文脈に自信を持って適応できる技能を磨こうとする場合，特に重要である。こうした理由から，深い概念的な理解を育む教育には，「直接指導」以上のものが含まれる。国際数学・理科教育動向調査（TIMSS）のビデオ研究の調査結果に基づいて，Klieme, Pauli and Reusser（2009）は，質の高い教育のための三つの柱を提案した。具体的には，明確でよく構成された学級経営，生徒に考えさせる活動，やりがいのある内容を伴った認知的活性化である。数学の授業について構造化（授業の構造化のための指導），生徒に考えさせる活動，形成的評価，認知的活性化を区別する，数学教育に対する PISA 調査の測定は，この枠組みに基づいている（コラム 2.2 参照）（OECD, 2013c）。

　ICT のいくつかの特徴は，生徒に個に応じたフィードバックを与える際に，またより一般的には授業を個別化する際に教師を支援する。換言すれば，それらは教師の指導実践における生徒に考えさせる活動のための行動と，形成的評価の行動を支える。それらはまた，共同プロジェクトを促進し，教師が授業における空間と時間の境界を広げることを可能にして，認知的にやりがいのある魅力的な活動に対する可能性を生み出す。これとは対照的に，学級経営や，新しい授業の最初において前回授業の短い要約をするといった特定の構造化活動では，教師がコンピュータに大きな助けを期待することはできない。

　PISA 調査において，数学の指導にテクノロジーを取り入れる程度と，教師の教育学的実践の質との間に関連はあるのだろうか。図 2.19 によれば，数学の授業中により頻繁に ICT を利用する生徒は，一般に，教師が効果的な指導方略と行動を頻繁に取ると評していることが分かる。具体的には，構造化活動（例えば，学習の目標をはっきり示すことや，理解しているかどうか確認するための質問をすること），生徒に考えさせる活動（例えば，生徒の理解度や進度に合わせて異なる課題を与えることや，生徒を少人数グループに分けて，グループで問題や課題を解かせること），形成的評価（例えば，長所や短所を生徒に教えること），認知的活性化（例えば，生徒が学んだことを新しい条件に当てはめてみることが必要な問題を出すこと，解答方法がいくつもあるような問題を出す）といった指導方略と行動である。

83

コラム 2.2　PISA2012 年調査における数学指導実践の指標

　PISA2012 年調査では，数学教師の学級での実践を測定するために，二つの質問が用いられた。各間において，間の柱は「学校での数学の授業で，次のようなことは，どのくらいありますか」というものであり，後に教師の行動を表す一連の質問項目が続いた。生徒はこうした行動に気付いた頻度に関して，4 段階の尺度（問 ST79 では「いつもそうだ」から「まったく，又はほとんどない」まで，問 ST80 では「いつも又はほとんどしている」から「ほとんど又はまったくしない」まで）で回答するよう求められた。

　これら行動は，四つの数学教師の行動指標（構造化活動，生徒に考えさせる活動，形成的評価，認知的活性化）を作るために分類された。具体的には次のとおりである。

構造化活動（授業の構造化のための指導）：

ST79Q01	私たちの学習の目標をはっきりと示す
ST79Q02	自分の考えや推論を十分に発表するよう，私やクラスメートに求める
ST79Q06	私たちが学んだことを理解しているかどうか，確認するための質問を出す
ST79Q08	授業の始めに，前回の授業のまとめをする
ST79Q15	学習する内容を私たちに話す

生徒に考えさせる活動：

ST79Q03	生徒の理解度や進度に合わせて，異なる課題を与える
ST79Q04	終えるのに少なくとも 1 週間はかかるような課題を与える
ST79Q07	私たちを少人数のグループに分けて，グループで問題や課題を解かせる
ST79Q10	授業で行う活動やテーマを考える際，私たちに手伝わせる

形成的評価：

ST79Q03	数学の授業で私がどのくらいよくがんばっているかを言う
ST79Q04	数学における私の長所や短所を教えてくれる
ST79Q07	試験や小テスト，宿題のねらいを私たちに説明する
ST79Q10	数学の成績を上げるために，私は何をしなければならないかを教えてくれる

認知的活性化：

ST80Q01	問題をじっくり考えさせるような質問をする
ST80Q04	時間をかけて考えさせる問題を出す
ST80Q05	複雑な問題を解くための自分なりのやり方を私たちに聞く
ST80Q06	解答の方法がすぐにはわからないような問題を出す
ST80Q07	生徒が考え方を理解できたかどうかを知るために，問題を異なる条件で示す
ST80Q08	私たちが間違った問題から学べるよう手助けする
ST80Q09	問題の解き方を私たちに説明させる
ST80Q10	私たちがこれまで学んだことを，新しい条件にあてはめてみることが必要な問題を出す
ST80Q11	解答方法がいくつもあるような問題を出す

■図2.19■
数学の授業でのコンピュータ利用による指導実践と授業の雰囲気
平均指標（OECD 平均）

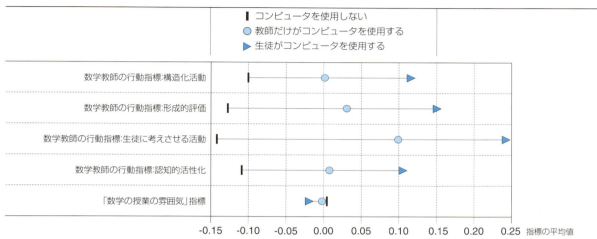

注：数学の授業中にコンピュータを利用すると回答した生徒とコンピュータを利用しないと回答した生徒の間のすべての差は統計的に有意である。
出典：OECD, PISA 2012 Database, Tables 2.13b, c, d, e and f.
StatLink : http://dx.doi.org/10.1787/888933252861

ICT 利用と教師の指導実践との関連性は，生徒に考えさせる活動と形成的評価の実施について最も強い。すべての実践タイプにおいて正の相関が見られることは，ICT 利用と教師の行動との関係は直接的で特別なものではなく両方と関連性がある，授業時間，教師の経験，生徒の応答様式など別の要因に決められているという疑念をもたらす可能性がある。これとは対照的に，個人に合わせたペース配分，協同学習，プロジェクトベースの学習を含む生徒に考えさせる指導実践との強い関連性は，特異的な関連性を示唆しており，これらはまさに ICT から恩恵を受ける類の実践である。また，コンピュータは上手くデザインされた学習環境では，個人に合わせたフィードバック（形成的評価）を利用者に提供するのに極めて能率が良い。

PISA 調査で得られた証拠は，グループ学習，個別学習，プロジェクト学習といった生徒に考えさせる指導実践に対してより関心を示し入念に準備する教師が，必要となるリソースが入手できるときには，進んでコンピュータを自分の授業に取り入れる傾向が強いという結論を支持している。確かに，教師による生徒に考えさせる指導実践の利用と，数学の授業における ICT 利用との特異的な関連性は，国内のみならず，制度（国）レベルでも観察される。国が互いに比較されるとき，生徒に考えさせ指導実践と数学の授業で ICT が利用される程度との関係は強く，有意である（図2.20，図2.21）。

また，大半の国において，数学の授業における授業の雰囲気と生徒によるコンピュータの利用との間には関連性はないということも PISA 調査は示している（授業の雰囲気とは，数学の授業に秩序があること，騒ぎや無秩序による授業時間の損失が最小限であることを生徒が認識していることをいう）。しかし，この二つの間にプラス又はマイナスの関連性が示されている国もある。オーストラリア，デンマーク，マカオ，ノルウェー，スイスでは，数学の授業中にコンピュータを利用する生徒はコンピュータを利用しない生徒よりも良い授業の雰囲気を報告したが，11 か国（チェコ，

ギリシャ，ハンガリー，イスラエル，メキシコ，ポルトガル，セルビア，スロバキア，スロベニア，トルコ，ウルグアイ）においては，生徒がコンピュータをより頻繁に利用していると回答したとき，授業の雰囲気は有意に悪化している（図2.20）。

　相違に関して考えられる一つの理由は，前者のグループの国では，教師はテクノロジーを指導に組み入れる経験が豊富である一方，後者のグループにおいては，この過程は始まったばかりであるというものである。その結果，教師がICTを利用するときに自信があまりないこと，おそらくは授業で新しいツールを使う方法を教師が学ぶのを支援する専門能力の開発活動が欠如していることが，コンピュータを利用する際に教室の秩序が乱れることにつながっている可能性がある。TALIS調査に参加しているすべての制度（国）で，職能開発において最も優先されるべき重要なものの一つとして，教師は指導用のICT技能の向上を挙げた（OECD, 2014a）[6]。指導にテクノロジーを取り込むことは，常に教育に役立てる観点から行われるべきである（OECD, 2010）。

情報通信技術（ICT）を指導と学習に取り入れる　第2章

■ 図 2.20 ■
数学の授業でのコンピュータ利用による生徒に考えさせる活動と授業の雰囲気

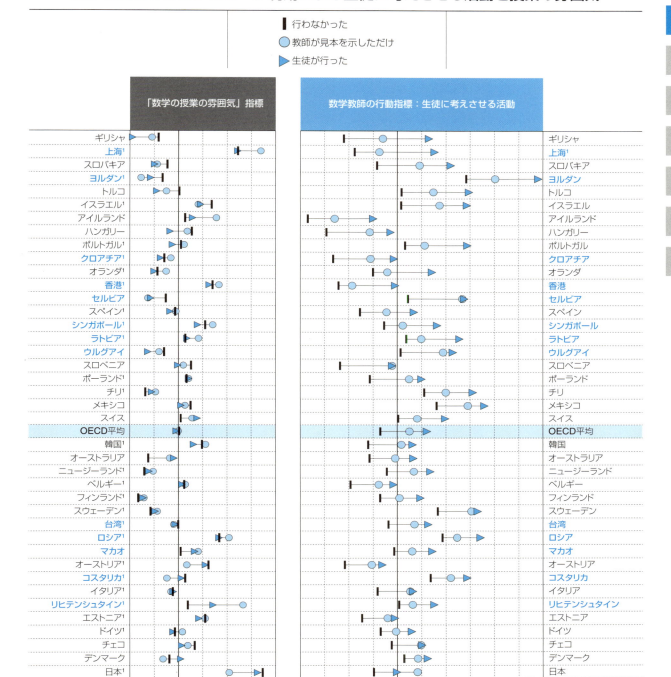

1. 数学の授業中にコンピュータを利用すると回答した生徒とコンピュータを利用しないと回答した生徒の間に統計的に有意な差はない国と地域。
注：数学の授業中にコンピュータを利用すると回答した生徒とコンピュータを利用しないと回答した生徒の間の数学教師の行動（生徒に考えさせる活動）指標の平均値の差が大きい順に上から国を並べている。
出典：OECD, PISA 2012 Database, Tables 2.13b and 2.13e.
StatLink：http://dx.doi.org/10.1787/888933252876

■ 図 2.21 ■
数学の授業でのコンピュータ利用と教師の行動との関係

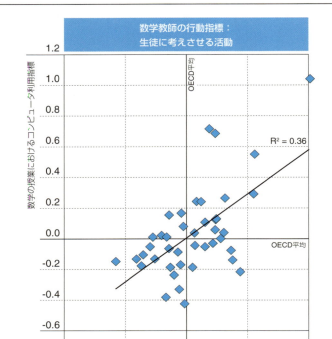

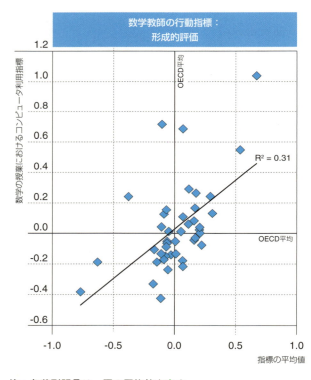

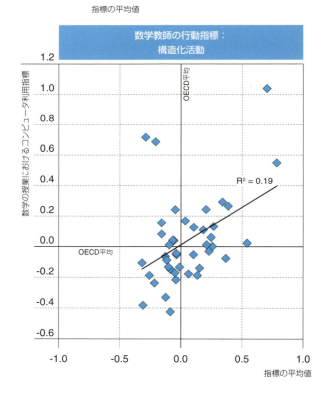

注：各菱形記号は，国の平均値を表す。
出典：OECD, PISA 2012 Database, Table 2.15.
StatLink：http://dx.doi.org/10.1787/888933252886

情報通信技術（ICT）を指導と学習に取り入れる　第2章

第2章

注記

1. 『PISA2012 Technical Report』（OECD, 2014b）は，ICT 質問紙から引き出される指標が測定される方法を詳細に明らかにしている。

2. **学校における ICT 利用指標**の値は，対応する 2009 年の指標と直接比較することはできない。この指標の作成時に含まれた質問項目に関する回答分類は 2009 年と 2012 年の間に変化したからである。しかし，相対的な順位を比較することは可能である。OECD 平均に対する順位の比較によれば，オーストラリア，ギリシャ，スペイン，ウルグアイなど一部の国においては，学校での ICT 利用の頻度と多様性は OECD 平均の増加を上回った。一方，その他の国，特に香港，ハンガリー，アイスランド，ポルトガルでは，これらのすべてが 2009 年で平均かそれを上回る水準にあったが，2012 年には学校での ICT 利用の頻度と多様性は OECD 平均を下回った。

3. この文脈において，「コンピュータ」にはデスクトップ・コンピュータ，ノートパソコン，タブレット型コンピュータが含まれるが，スマートフォンなどその他の ICT 機器は含まれない。

4. OECD 国際教員指導環境調査（TALIS）に基づく結果については，OECD（2014a）と OECD（2015）を参照。

5. タブレット型コンピュータは，2010 年にアップルの iPad® が最初に発売された後になって初めて普及した。2009 年調査ではタブレット型コンピュータに関する質問はされなかったが，その調査の期間中にタブレット型コンピュータを利用した生徒はいなかったと見なしても支障はないと考えられる。

6. ブラジル，フランス，アイスランド，イタリア，日本，マレーシア，スウェーデンでは，教員 4 人のうち 1 人以上が指導用の ICT 技能に関して職能開発の必要性が高いと報告した。

オンラインデータ

第 2 章の表はオンライン上の http://dx.doi.org/10.1787/edu-data-en で入手できる。

表 2.1　Use of ICT at school

表 2.2　Index of ICT use at school

表 2.3　Students using personal technology devices at school, by type of device

表 2.4　Percentage of students who reported using the Internet at home and at school

表 2.5　Use of computers during mathematics lessons

表 2.6　Index of computer use in mathematics lessons

表 2.7　Use of ICT outside of school for schoolwork

表 2.8　Index of ICT use outside of school for schoolwork

表 2.9　Students with access to personal technology devices at school, by type of device

表 2.10　Percentage of students with access to the Internet at school

表 2.11　School ICT resources

表 2.12　Use of computers at school, by type of device

表 2.13a Mathematics teachers' classroom management, by computer use in mathematics lessons

表 2.13b Disciplinary climate in mathematics lessons, by computer use in mathematics lessons

表 2.13c Cognitive activation in mathematics instruction, by computer use in mathematics lessons

表 2.13d Formative assessment in mathematics instruction, by computer use in mathematics lessons

表 2.13e Student orientation in mathematics instruction, by computer use in mathematics lessons

表 2.13f Teacher-directed instruction in mathematics, by computer use in mathematics lessons

表 2.13g Teacher support in mathematics, by computer use in mathematics lessons

表 2.14　School policies on ICT use in mathematics lessons

表 2.15　System-level measures of mathematics teachers' behaviour and students' exposure to various mathematics tasks

表 2.16a Positive attitudes towards computers

表 2.16b Negative attitudes towards computers

表 2.16c Attitudes towards computers

参考文献・資料

Avvisati, F., S. Hennessy, R.B. Kozma and S. Vincent-Lancrin（2013）, "Review of the Italian strategy for digital schools", *OECD Education Working Papers*, No. 90, OECD Publishing, Paris, http://dx.doi.org/10.1787/5k487ntdbr44-en.

Frost, D. and J. Durrant（2003）, "Teacher leadership: Rationale, strategy and impact", *School Leadership & Management*, Vol. 23/2, pp.173-186.

Harris, A.（2005）, "Teacher leadership: More than just a feel-good factor?", *Leadership and Policy in Schools, Vol.* 4/3, pp. 201-219.

Hennessy, S. and L. London（2013）, "Learning from international experiences with interactive whiteboards: The role of professional development in integrating the technology", *OECD Education Working Papers*, No. 89, OECD Publishing, Paris, http://dx.doi.org/10.1787/5k49chbsnmls-en.

Horn, I. S. and J.W. Little（2010）, "Attending to problems of practice: Routines and resources for professional learning in teachers' workplace interactions," *American Educational Research Journal*, Vol. 47/1, pp. 181-217.

Klieme, E., C. Pauli and K. Reusser（2009）, "The Pythagoras study: Investigating effects of teaching and learning in Swiss and German mathematics classrooms", in Tomaš, J. and T. Seidel（eds.）, *The Power of Video Studies in Investigating Teaching and Learning in the Classroom*, pp. 137-160, Waxmann Verlag GmbH, Munster, Germany.

Little, J.W.（1982）, "Norms of collegiality and experimentation: Workplace conditions of school success", *American Educational Research Journal, Vol.* 19/2, pp. 325-340.

Livingstone, S.（2011）, "Critical reflections on the benefits of ICT in education", *Oxford Review of Education*, Vol. 38/1, pp. 9-24.

OECD（2015）, "Embedding professional development in schools for teacher success", *Teaching in Focus*, No. 10, OECD Publishing, Paris, http://dx.doi.org/10.1787/5js4rv7s7snt-en.

OECD（2014a）, "Developing and supporting teachers", in OECD, *TALIS 2013 Results: An International Perspective on Teaching and Learning*, OECD Publishing, Paris, http://dx.doi.org/10.1787/9789264196261-7-en.

OECD（2014b）, *PISA 2012 Technical Report*, PISA, OECD, Paris, www.oecd.org/pisa/pisaproducts/pisa2012technicalreport.htm.

OECD（2013a）, *OECD Skills Outlook 2013: First Results from the Survey of Adult Skills*, OECD Publishing, Paris, http://dx.doi.org/10.1787/9789264204256-en.（『OECD成人スキル白書：第1回国際成人力調査（PIAAC）報告書＜OECDスキル・アウトルック2013年版＞』経済協力開発機構（OECD）編著, 矢倉美登里・稲田智子・来田誠一郎訳, 明石書店, 2014年）

OECD（2013b）, *PISA 2012 Results: What Makes Schools Successful（Volume IV）: Resources, Policies and Practices*, PISA, OECD Publishing, Paris, http://dx.doi.org/10.1787/9789264201156-en.

OECD（2013c）, *PISA 2012 Assessment and Analytical Framework: Mathematics, Reading, Science, Problem Solving and Financial Literacy*, PISA, OECD Publishing, Paris, http://dx.doi.org/10.1787/9789264190511-en.（『PISA2012年調査 評価の枠組み：OECD生徒の学習到達度調査』経済協力開発機構（OECD）編著, 国立教育政策研究所監訳, 明石書店, 2016年）

OECD（2012）, *The Protection of Children Online: Recommendation of the OECD Council: Report on Risks Faced by Children Online and Policies to Protect Them*, OECD Publishing, Paris, www.oecd.

org/sti/ieconomy/childrenonline_with_cover.pdf.（『サイバーリスクから子どもを守る：エビデンスに基づく青少年保護政策』経済協力開発機構（OECD）編著，齋藤長行著訳，新垣円訳，明石書店，2016年）

OECD（2011），*PISA 2009 Results: Students On Line: Digital Technologies and Performance*（*Volume VI*），PISA, OECD Publishing, Paris, http://dx.doi.org/10.1787/9789264112995-en.

OECD（2010），*Inspired by Technology, Driven by Pedagogy: A Systemic Approach to Technology-Based School Innovations*, Educational Research and Innovation, OECD Publishing, Paris, http://dx.doi.org/10.1787/9789264094437-en.

Resnick, L.B., J.P. Spillane, P. Goldman and E.S. Rangel（2010），"Implementing innovation: From visionary models to everyday practice", in Dumont, H., D. Instance and F. Benavides（eds.），*The Nature of Learning. Using Research to Inspire Practice*, pp. 285-315. OECD Publishing, Paris, http://dx.doi.org/10.1787/9789264086487-en.（ローレン・B・レズニックほか著，村川雅弘訳「イノベーションの実践：空想的モデルから日常的実践へ」『学習の本質：研究の活用から実践へ』OECD教育研究革新センター編著，立田慶裕・平沢安政監訳，佐藤智子ほか訳，明石書店，2013年）

Tondeur, J., J. van Braak, G. Sang, J. Voogt, P. Fisser and A. Ottenbreit-Leftwich（2012），"Preparing pre-service teachers to integrate technology in education: A synthesis of qualitative evidence", *Computers & Education*, Vol. 59/1, pp. 134-44.

■ 第 3 章 ■

第3章

2012 年コンピュータ使用型調査の主な結果

　コンピュータ使用型調査によって，生徒が知識を活用する力を測定する問題の多様な場面設定が生み出されている。2012 年調査参加国のうち，32 か国が筆記型調査終了後，コンピュータ使用型調査でも読解力と数学的リテラシーを調査している。本章で考察するのは，コンピュータ使用型調査の結果である。

第3章　2012年コンピュータ使用型調査の主な結果

はじめに

　2012年調査参加国のうち，32か国が筆記型調査終了後，コンピュータ使用型でも読解力と数学的リテラシーを調査している[1]。コンピュータ使用型調査では，2009年のデジタル読解力調査で使用された18問と，今回新たに作られた41問の数学的リテラシーの問題が出題されている。本章では，2012年コンピュータ使用型調査の結果を報告する。

データから分かること

- 2012年調査のデジタル読解力[i]においては，シンガポールに続いて，韓国，香港，日本，カナダ，上海が成績上位国であった。また，コンピュータ使用型数学的リテラシー[ii]の成績上位国は，シンガポールと上海に続いて，韓国，香港，マカオ，日本，台湾となっている。
- 韓国とシンガポールは，筆記型調査読解力[iii]で同程度の技能を持つ他の国々に比べ，平均するとデジタル読解力の得点が20点以上高い。
- コンピュータ使用型調査は，解答に際しコンピュータを操作する技能が必要となるが，コンピュータ使用型数学的リテラシーの得点が，筆記型調査数学的リテラシー[iv]での得点から予測されるものより高かった国の生徒は，オーストラリア，オーストリア，カナダ，日本，スロベニア，アメリカ，非加盟国のマカオ，アラブ首長国連邦である。一方，筆記型に比べコンピュータ使用型調査の得点の方が低い国は，ベルギー，チリ，フランス，アイルランド，ポーランド，スペインであった。

　コンピュータ使用型調査の読解力及び数学的リテラシーは，筆記型調査と同じ調査枠組みを用いて，問題が作成されているが，調査結果については，筆記型調査とは別の尺度を用いて報告されている。実際には，コンピュータ使用型調査によって，読解力と数学的リテラシーを調査する問題の多様な場面設定が生み出されている。デジタル読解力の問題に関する主な特徴の一つは，インターネットにおける典型的なテキスト形式を用いていることである。そのため，多くの問題で生徒に求められることは，ハイパーリンク，ブラウザーボタン，スクロールなどのツールを使ってテキスト全体を検索し，情報にたどりつくことである。一方，コンピュータ使用型数学的リテラシーの問題は，ツールとしてコンピュータを使いこなす力よりも，数学的な推論とプロセスが優先されるように作られている。とはいえ，問題によってはデータ収集や，グラフ作成に表計算（ソフト）を使うなど，情報通信ツールが数学的問題を解決するのに役立つ典型的な状況が含まれている。

　コンピュータ使用型調査で求められるコンピュータの知識や技能は最小限としているが，キーボードとマウスを使って解答することや，矢印をクリックして次のページに進むといった基本的な技能は必要である。そのため，調査の導入では，生徒に解答形式と調査問題の操作方法を練習する機会を設けている。

第1節 筆記型調査とコンピュータ使用型調査の類似と相違

本節では，2012年コンピュータ使用型調査の読解力及び数学的リテラシーの特徴を説明する。まず，コンピュータ使用型調査の評価内容について筆記型調査と対比しながら相違点を示し，その後，習熟度の評価方法を検討する。調査の詳細は『PISA2012年調査 評価の枠組み（*PISA 2012 Assessment and Analytical Framework*)』（OECD，2013）において，調査設計及び実施上の特徴は『PISA2012 Technical Report』（OECD，2014a）で公開されている。

2012年調査で使用されたデジタル読解力の三つの大問「スラン」「スポーツクラブ」「言語の学習」は，オーストラリア教育研究所のウェブサイト（http://cbasq.acer.edu.au/index.php?cmd=toEra2012）で公開されており，実際に試してみることもできる。同様に，コンピュータ使用型数学的リテラシーについても，2012年本調査で使用された三つの大問「CDのコピーサービス」「スターポイント」「BMI（体格指数）」と，予備調査の四つの大問が公開されている（http://cbasq.acer.edu.au/index.php?cmd=toMaths）。本調査の問題は91の言語で出題された。

1.1 読解力におけるコンピュータ使用型調査と筆記型調査の相違

読解力の調査の枠組みでは，デジタル読解力と筆記型調査読解力とを一つの分野として扱っているが，紙媒体で読む場合と，電子媒体で読む場合の違いについては，明確に意識されている。つまり，読解力を調査する問題そのものの中に，コンピュータ使用型あるいは筆記型といった媒体の違いが反映されているのである。

つまりまず第一に，通常，インターネットで読む場面では，読み手には文章の総量が分からないと同時に，読み手は，紙媒体で読む場合よりも，複数の情報源に容易にたどりつくことができる。実際には，読み手がインターネットを使用せずに，複数の印刷物を調べなければならない場合もあるが，PISA調査においては，こうした状況を極力避け，筆記型調査の課題文は1ページに収まるようにしている。つまり，複数の情報源から文書を持ってくる状況を制限しているのだ。一方，インターネットで読む場合は，複数のページ，たいていは情報源や作者，文体が異なる複数の文書を読むことが一般的である。コンピュータ使用型調査では，複数の文書を同時に使う可能性が想定されている点は重要である。

次に，電子媒体と紙媒体を読解する際のもう一つの違いは，各媒体に特有のテキストタイプにある。電子媒体における読解力の多くは，個人間のコミュニケーションや，やり取りを通して，ある具体的な目的（処理）を達成する。すなわち，Eメールやテキストメッセージを用いて，打ち合わせの日時を決めたり，友人に助言を求めたりするのだ。これとは対照的に，筆記型調査の読解力では物語（叙述テキスト）を読むことが一般的である。つまり，PISA調査のデジタル読解力には物語（叙述テキスト）を用いた調査問題がなく，他方，筆記型調査読解力には，やり取りを伴う（処理テキスト）問題は含まれていないのである。

最後に，主要な認知プロセスは，筆記型調査読解力でもデジタル読解力でも同じだが，解答の

第3章　2012年コンピュータ使用型調査の主な結果

際，認知プロセスを必要とする問題は，コンピュータ使用型調査の方が筆記型調査よりも難しくなるだろう。その理由は，コンピュータ使用型調査で生徒に求められるナビゲーションにある（第4章参照）。情報を見つけ出すことが求められる**探求・取り出し**の問題を例にとろう。インターネットで読む場合は，読み手は文章の全体を見ることができず，本や紙媒体の文書に比べ，漠然とした，いわば実態のない情報空間の中で，情報を見つけ出さなければならない。また，検索ツールも各媒体に特有である。インターネットでは検索エンジンや検索メニューであるが，印刷された文書では目次や索引である。**統合・解釈**の問題は，読み手に異なる箇所で得た情報を対比させ，比較するよう求める。そのためデジタル読解力では，問題に複数のテキストや多様なテキスト形式が含まれる場合が多い。通常，テキストは同時に見ることができないため，読み手は短期記憶を頼りにこうした問題をこなさなければならない。また**熟考・評価**のプロセスについては，筆記型調査では最も難しい問題に対してのみ必要となるが，インターネットで読むときは，公開されている内容を決定するための，信頼性を担保するプロセス（フィルター）が作者と読者の間には少ない。そのため，読み手は，簡単な問題を解決する際も，内容が信頼できるものかどうか判断しなければならないことが多い。

　コンピュータ上で読み書きする際には，ナビゲーション技術やナビゲーションツール（例えば，ハイパーリンク，タブ，メニュー，「戻る」ボタン）の知識が必要である。そのため，デジタル読解力調査においてはこうした知識と技能を，読解プロセスの習熟とともに，調査で測るべきICT技能と見なしている。

1.2　数学的リテラシーにおけるコンピュータ使用型調査と筆記型調査の相違

　コンピュータ使用型数学的リテラシーには，21世紀の数学的な能力にはコンピュータを活用する力も必要だという認識がある。数学的な概念・事実・手順・推論を用いて，事象を記述し，説明し，予測するためのツールが，実際の調査でもコンピュータを通して提供されている。こうしたツールを生徒が利用する能力は，筆記型調査数学的リテラシーでは測ることのできない側面であり，コンピュータ使用型調査でのみ測定できる。筆記型で調査される数学的能力は，ほぼすべて，コンピュータ使用型で調査されている（ただし，一部の問いは，不十分ではある）。

　このように，数学的リテラシーにおける筆記型調査とコンピュータ使用型調査との主な相違点は，コンピュータ使用型調査でのみICTツールを活用する技能が必要となることである。こうした技能は，コンピュータを用いてデータから作図すること，関数グラフの作成，データの分類，コンピュータに組み込まれた電卓を使う，仮想の測定器具を使う，又はダイアログボックスやマウスを使って幾何学図形を回転，平行，対称などの移動を行うことである。

1.3　コンピュータ使用型調査と筆記型調査：調査設計と実施方法における相違

　読解力と数学的リテラシーの調査設計の違いに加え，調査実施方法にも違いがある。明らかな違いは，筆記型調査は，調査時間2時間で調査冊子に鉛筆で解答するのに対し，コンピュータ使用型

調査では調査時間は40分しかなく，コンピュータ画面で問題を見て，キーボードとマウスを使って解答する。

こうした調査時間の違いのため，出題される問題数は，読解力と数学的リテラシーともに，筆記型調査の方がコンピュータ使用型調査よりも多い。その結果，コンピュータ使用型調査では，得点を測る尺度について，特に，習熟度レベルの高い生徒と低い生徒では，不確かさが大きくなる。加えて調査結果は，単一の総合的尺度についてのみ報告され，下位領域については報告されない。

筆記型調査に参加した生徒全員が，コンピュータ使用型調査を受けてはおらず，また，すべての生徒がデジタル読解力やコンピュータ使用型数学的リテラシーの問題に取り組んだわけでもない。実際に，国際オプションであるコンピュータ使用型調査の読解力及び数学的リテラシーに参加したのは32か国だが，各校で筆記型調査に抽出された生徒のうち，コンピュータ使用型調査を受けるよう求められたのは，約半数である。コンピュータ使用型調査では三つの分野（デジタル読解力，コンピュータ使用型数学的リテラシー，問題解決能力）があったため，コンピュータ使用型調査に抽出された各生徒は3分野のうち二つの分野しか取り組んでいないのだ。

第2節 デジタル読解力における生徒の得点

PISA調査の結果は，様々な方法で報告される。本節では各国の結果を示し，各国内及び参加国間で得点がどのように異なるかについて示す。さらに，2009年と2012年両方のデジタル読解力調査参加国の得点における経年変化を示す。

2009年に初めてデジタル読解力が調査されたとき，デジタル読解力の尺度は，同2009年調査の，デジタル読解力に参加したOECD加盟国の筆記型調査読解力の平均得点と標準偏差に一致するように決められた（OECD, 2011）。2012年調査の結果は，2009年調査と同じ尺度で報告されている。

2.1 デジタル読解力の平均得点

デジタル読解力の平均得点で参加国を比較する場合，各国間で見られる得点の差は，すべてが統計的に有意であるわけではない。言い換えれば，PISA調査は抽出された生徒を対象とし，問題数に限りがあるため，実際は生徒の習熟度に違いがないときですら，偶然に小さな差が観察される場合がある。したがって，各国の平均得点の違いを解釈する際には，統計的に有意な差だけに注目する必要がある。これは十分に大きな差であるため，実際に抽出された生徒の間で観察される差は，母集団で観察される差を反映している。

図3.1は，デジタル読解力の平均得点（左の列）の高い順に上から参加国を並べている。得点は，非OECD加盟国であるシンガポールの567点という高い得点から，非OECD加盟国であるコロンビアの396点という低い得点まで開きがある。また，参加国は大きく三つのグループに分けられる。すなわち，OECD加盟23か国の平均得点と統計的に有意差がない国（濃い青色），OECD平均よりも統計的に有意に高い国（薄い青色），OECD平均よりも統計的に有意に低い国である。

第3章　2012年コンピュータ使用型調査の主な結果

■図3.1■
デジタル読解力：平均得点の国際比較

- □ OECD 平均よりも統計的に有意に高い国
- ▨ OECD 平均と統計的に有意差がない国
- ▨ OECD 平均よりも統計的に有意に低い国

平均得点	国	平均得点において統計的に有意差がない国
567	シンガポール	
555	韓国	香港
550	香港	韓国 , 日本
545	日本	香港
532	カナダ	上海
531	上海	カナダ , エストニア
523	エストニア	上海 , オーストラリア , アイルランド , 台湾
521	オーストラリア	エストニア , アイルランド , 台湾 , アメリカ
520	アイルランド	エストニア , オーストラリア , 台湾 , マカオ , アメリカ , フランス
519	台湾	エストニア , オーストラリア , アイルランド , マカオ , アメリカ , フランス
515	マカオ	アイルランド , 台湾 , アメリカ , フランス
511	アメリカ	オーストラリア , アイルランド , 台湾 , マカオ , フランス , イタリア , ベルギー
511	フランス	アイルランド , 台湾 , マカオ , アメリカ , イタリア , ベルギー
504	イタリア	アメリカ , フランス , ベルギー , ノルウェー , スウェーデン , デンマーク
502	ベルギー	アメリカ , フランス , イタリア , ノルウェー , スウェーデン
500	ノルウェー	イタリア , ベルギー , スウェーデン , デンマーク
498	スウェーデン	イタリア , ベルギー , ノルウェー , デンマーク
495	デンマーク	イタリア , ノルウェー , スウェーデン , ポルトガル
486	ポルトガル	デンマーク , オーストリア , ポーランド
480	オーストリア	ポルトガル , ポーランド , スロバキア
477	ポーランド	ポルトガル , オーストリア , スロバキア , スロベニア , スペイン , ロシア
474	スロバキア	オーストリア , ポーランド , スロベニア , スペイン , ロシア
471	スロベニア	ポーランド , スロバキア , スペイン , ロシア
466	スペイン	ポーランド , スロバキア , スロベニア , ロシア , イスラエル
466	ロシア	ポーランド , スロバキア , スロベニア , スペイン , イスラエル
461	イスラエル	スペイン , ロシア , チリ , ハンガリー
452	チリ	イスラエル , ハンガリー
450	ハンガリー	イスラエル , チリ
436	ブラジル	
407	アラブ首長国連邦	
396	コロンビア	

出典：OECD, PISA 2012 Database.
StatLink：http://dx.doi.org/10.1787/888933252891

■ 図 3.2 ■
デジタル読解力：平均得点と順位の範囲

	平均得点	標準誤差	デジタル読解力			
			順位の範囲			
			OECD 加盟国		すべての参加国	
			上位	下位	上位	下位
シンガポール	567	(1.2)			1	1
韓国	555	(3.6)	1	1	2	3
香港	550	(3.6)			2	4
日本	545	(3.3)	2	2	3	4
カナダ	532	(2.3)	3	3	5	6
上海	531	(3.7)			5	6
エストニア	523	(2.8)	4	6	7	10
オーストラリア	521	(1.7)	4	6	7	10
アイルランド	520	(3.0)	4	7	7	11
台湾	519	(3.0)			7	11
マカオ	515	(0.9)			10	12
アメリカ	511	(4.5)	6	10	10	15
フランス	511	(3.6)	7	9	10	14
イタリア	504	(4.3)	7	12	12	17
ベルギー	502	(2.6)	9	12	14	17
ノルウェー	500	(3.5)	9	13	14	18
スウェーデン	498	(3.4)	9	13	14	18
デンマーク	495	(2.9)	11	14	16	19
ポルトガル	486	(4.4)	13	16	18	21
オーストリア	480	(3.9)	14	17	19	22
ポーランド	477	(4.5)	14	18	19	23
スロバキア	474	(3.5)	15	19	20	24
スロベニア	471	(1.3)	17	19	22	24
スペイン	466	(3.9)	17	20	23	26
ロシア	466	(3.9)			23	26
イスラエル	461	(5.1)	19	22	24	28
チリ	452	(3.6)	20	22	26	28
ハンガリー	450	(4.4)	21	22	26	28
ブラジル	436	(4.9)			29	29
アラブ首長国連邦	407	(3.3)			30	30
コロンビア	396	(4.0)			31	31

出典：OECD, PISA 2012 Database.
StatLink：http://dx.doi.org/10.1787/888933252903

OECD 加盟国で平均得点が最も高いのは韓国であり，その次に日本が続く。非 OECD 加盟国のシンガポールは，韓国を含めた参加国全体の中で最も平均得点が高く，その一方で香港の平均得点は韓国や日本の平均得点と統計的に有意差がない。カナダ，上海，エストニア，オーストラリア，アイルランド，台湾，マカオ，アメリカ，フランス，ベルギー（平均得点の高い順）も OECD 平均を上回る平均得点であるが，最も良い成績を収めた 4 か国より下回る。

2.2　デジタル読解力の平均得点における経年変化

　PISA2012年調査のデジタル読解力は2012年で2度目であり，インターネット上の典型的なテキスト形式を使って問題が作成された。2009年のデジタル読解力調査に参加した19か国のうち17か国が，2012年調査にも参加した（アイスランドとニュージーランドは不参加）。2012年調査のデジタル読解力は，2009年調査で使用された問題の一部が出題されたため，二つの調査結果は経年比較が可能である。

　結果の経年比較が可能な16か国のうち[2]，4か国で生徒の平均得点が低下し，4か国は変化がなく，8か国で平均得点が統計的に有意に上がった（図3.3）。

　最も平均得点が上がったのは香港であり，2009年調査よりも35点高い。また，平均得点の上昇に統計的に有意な差が見られたのは，上昇の大きさ順で並べると，コロンビア，日本，マカオ，チリ，フランス，ポーランド，アイルランドである。ベルギー，デンマーク，ノルウェー，スペインは，平均得点に変化がなかった。オーストラリア，ハンガリー，韓国，スウェーデンにおいては，

■図3.3■
デジタル読解力：2009年と2012年における平均得点

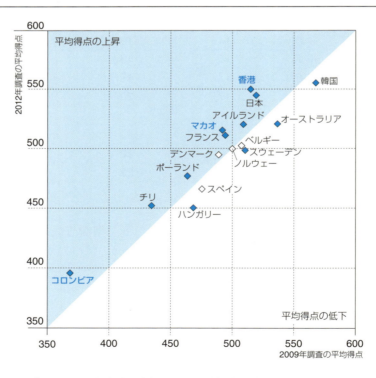

注：濃い色は，2009年と2012年における平均得点の変化において，統計的な有意差があることを示す。
出典：OECD, PISA 2012 Database 3.2.
StatLink：http://dx.doi.org/10.1787/888933252910

■図3.4■
デジタル読解力と筆記型調査読解力：2009年と2012年における平均得点の変化

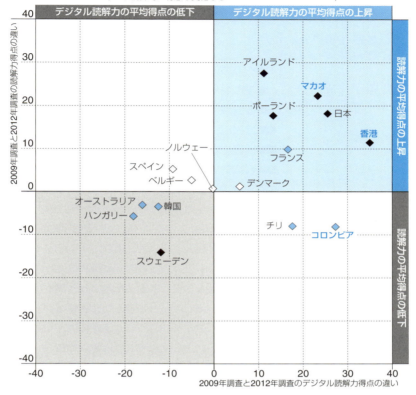

出典：OECD, PISA 2012 Database, Table 3.2.
StatLink：http://dx.doi.org/10.1787/888933252926

　2012年調査の得点が2009年調査の得点よりも10点以上低かった。韓国は，2009年調査の平均得点が568点と全参加国の中で最も成績が良く，香港と日本よりも約50点高かった。韓国の生徒の得点は，2012年調査で香港の生徒と同程度となった（図3.3）。
　一般的に，デジタル読解力の得点の経年変化は，筆記型調査読解力の得点の経年変化と強い相関がある。図3.4からは，デジタル読解力の得点が上昇した国の多くで，筆記型調査読解力の得点に同様の上昇が見られることが分かる。例外として最も顕著なのはチリとコロンビアであり，デジタル読解力の得点の上昇で統計的に有意な差が見られたが，筆記型調査読解力の得点は変わらないままであった。こうした経年変化は，以下でさらに詳しく分析する。

2.3　デジタル読解力における生徒の習熟度レベルの違い

　本項では，2009年調査のデジタル読解力の尺度を報告するために作られた習熟度レベルについて見ていく。PISA調査のデジタル読解力は，限られた数の問題に基づく短い調査であるため，筆記型調査の六つの習熟度レベルではなく，四つの習熟度レベルのみで説明された。デジタル読解力の最も低い習熟度レベルは筆記型調査読解力の習熟度レベル2に相当し，デジタル読解力における

第3章　2012年コンピュータ使用型調査の主な結果

■図3.5■
デジタル読解力の習熟度レベル
習熟度レベル別の生徒の割合

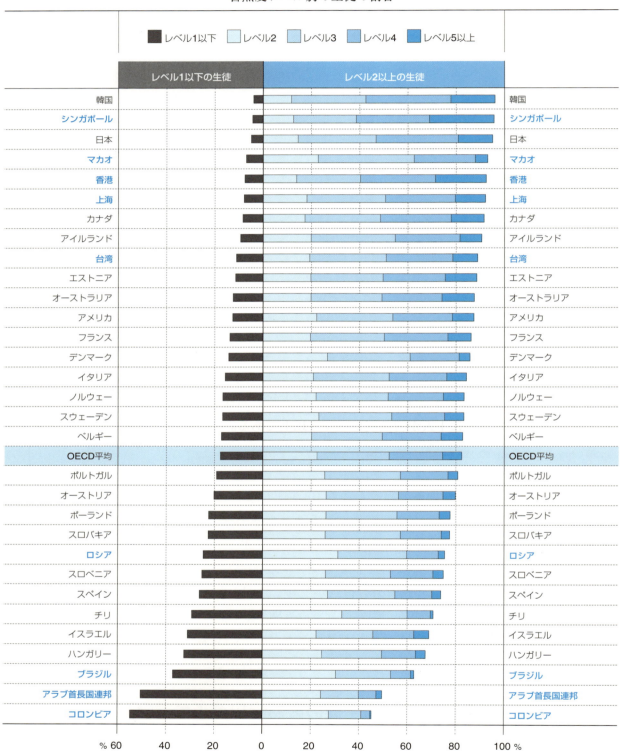

注：デジタル読解力における習熟度レベル2以上の生徒の割合が多い順に上から国を並べている。
出典：OECD, PISA 2012 Database, Table 3.3.
StatLink：http://dx.doi.org/10.1787/888933252935

習熟度の基準レベルに相当する。デジタル読解力の最も高い習熟度レベルは筆記型調査読解力の習熟度レベル5に相当する。

図3.5は，各参加国における生徒の習熟度レベルごとの得点分布を示している。習熟度レベルの詳しい説明は，『PISA 2009 Results: Student On Line』（OECD, 2011）で見ることができる。

2.3.1 デジタル読解力における成績上位層

習熟度レベル5以上の生徒は，インターネット上の熟達した読み手である。デジタル読解力における成績上位層は，自分で判断規準を作り，内容の信頼性と実用性を見極め，複数ある情報源の情報を評価することができる。また，レベル5以上の生徒は曖昧で明確な指示がない中でも，不慣れな文脈を関連付け，情報を探索して問題を解決することができる。要するに，自発的かつ効率的に情報をたどることのできる生徒である。批判的な評価及び適切な情報の探索に長けていることは，デジタル読解力の問題を解く上で重要な技能である。つまり，実際にはインターネットでアクセス可能なテキストの数は限られていないため，その信頼性と信用性にはばらつきがある。習熟度レベル5以上の生徒は，より一般的で馴染みのあるテキストのみならず，より専門的な題材に取り組むことができる。

また，レベル5以上の生徒は，テキストの細部にある微妙な違いに気付き，それによって推論し，妥当な仮説を立てることができる。

2012年のデジタル読解力調査に参加したOECD加盟23か国の中で，習熟度レベル5以上の生徒は8％であり，デジタル読解力における成績上位層と考えられる。シンガポールでは，生徒のうち4人に1人以上（27％）が習熟度レベル5以上である。同様に，香港（21％）と韓国（18％）においては，生徒の約5人に1人が習熟度レベル5以上である。

一般に，国の順位を成績上位層（レベル5以上である生徒）の割合別に見ると，平均得点別の国の順位と一致するが，例外もある。イスラエルの平均得点は，OECD平均を下回っているが，成績上位層の割合は，OECD平均の割合と類似している。これとは対照的に，マカオの得点は，ベルギー，イタリア，ノルウェーの生徒を上回っているが，これら3か国ともマカオより成績上位層の割合が大きい。

2.3.2 デジタル読解力における成績下位層

2012年調査において，習熟度レベルの最下位層であるレベル1以下の生徒は，最も簡単なデジタル読解力の問題にしか解答することができない。こうした生徒は，一般的なナビゲーションツールと機能を使うことや，分かりにくい箇所にあるリンクや情報を見つけ出すことが困難である。一方で，明確な指示があれば，ウェブサイトのページをスクロールしてたどることや，短い文章の簡単な情報を見つけ出すことができる生徒もいる。こうした生徒の習熟度レベルは，デジタル機器によって提供される教育や雇用，社会的な機会を十分に活用できないため，デジタル読解力では成績下位層と見なされる。

OECD加盟23か国の平均では，約18％の生徒がデジタル読解力における成績下位層と見なされる。非OECD加盟国であるコロンビアとアラブ首長国連邦では，15歳の生徒のうち，半数以上がレベル1以下の習熟度である。成績下位層の生徒の割合が大きいのは，ブラジル（37％），ハンガ

第3章　2012年コンピュータ使用型調査の主な結果

リー（32％），イスラエル（31％），チリ（29％），スペイン（26％）である。対照的に，日本，韓国，シンガポールでは，習熟度レベル1以下の生徒は5％未満である。これらの国では，インターネットで見つけられる情報にアクセスし，利用するために必要な基本的知識と技能をほぼ確実にすべての生徒に身に付けさせることができている。

2.3.3　デジタル読解力の習熟度レベルの向上

　デジタル読解力において，生徒が低い習熟度レベルから，より高い習熟度レベルへと発達するにつれ，彼らはナビゲーションの自律性を高めていき，インターネット上の不慣れなテキスト形式やテキストタイプでも上手く対応できるようになる。デジタル読解力の習熟度レベル2の生徒は，明確な指示に首尾よく従い，インターネット上の情報を見つけ出し，そのウェブサイトが対象とする読み手を見分けるなど一般化し，その上で，ドロップダウンメニューや入力欄といったインターネット上の典型的な注文様式を利用することができる。レベル3の生徒は，レベル2の問題をこなすことに加え，異なるウェブサイトの情報を統合する問題を含む一層複雑なデジタル読解力の問題に対処することができる。レベル4の生徒は，より難しい問題を解くことができ，助けがあれば情報源の信頼性や妥当性を評価し，自分の判断が依拠する基準を説明できる。彼らは複数のサイトにわたる情報を統合し（例えば，第7章の大問「スラン」の課題3を参照），専門用語で書かれたテキストを理解することができる。

コラム3.1　国際コンピュータ・情報リテラシー調査（2013年）と PISA調査におけるデジタル読解力との関係

　世界の21の教育制度（国）は，2013年に国際教育到達度評価学会（IEA）の第1回国際コンピュータ・情報リテラシー調査（ICILS: International Computer and Information Literacy Study）に参加した。コンピュータと情報リテラシーは「家庭，学校，職場，社会に効果的に参画するために，調査，創造，コミュニケーションをするために，コンピュータを用いる個人の能力」と定義される。枠組みは，デジタルコンピテンシーの二つの基準を強調している。すなわち，情報の発見と評価を含む「情報の収集・管理」，オンライン上の安全と危機管理に関する問題の理解を含む「情報の作成・共有」である。

　PISA調査のデジタル読解力の枠組みが強調する点は，主にICILS枠組みの第一の基準によって扱われているものの，コンピュータと情報リテラシーという概念はデジタル読解力とは明らかに異なる。

　調査は，第8学年の生徒に対して実施された。ICILSの抽出条件を満たした12か国の中で，チェコが最も高い平均得点を上げ，同様の平均得点で4か国（オーストラリア，韓国，ノルウェー[9年生]，ポーランド）が続いた。対象母集団は異なるが，ポーランドの平均得点がロシア，スロバキア，スロベニアを明らかに上回っていたことは注目に値する。なぜなら，PISA調査のデジタル読解力調査においてこれらの国の平均得点は，類似していたからである。

出典：Fraillon *et al.*, 2014.

2.4 デジタル読解力における得点分布の上位層と下位層の経年変化

各国の平均得点の経年変化は，得点分布における異なった部分での得点の上昇あるいは低下の結果である。高得点と低得点の生徒の割合を，2009年と2012年とで比べると，2012年の方が生徒がよくできていることが分かる（図3.6）。

チリとコロンビアの2か国では，2009年と比べ2012年では習熟度レベル1以下の生徒の割合が統計的に有意に少なくなった。どちらの国でも，習熟度レベルが最も低い生徒の割合は依然として多いものの，わずか3年間で習熟度レベルの低い生徒を大幅に減少させている。どちらの国も筆記型調査読解力では，習熟度レベルの低い生徒の割合は減少していないため，デジタル読解力での得点の上昇は，生徒のICT技能が長けていることや，コンピュータの活用への前向きな姿勢と関係

■ 図3.6 ■
デジタル読解力：2009年と2012年における成績上位層と成績下位層の割合

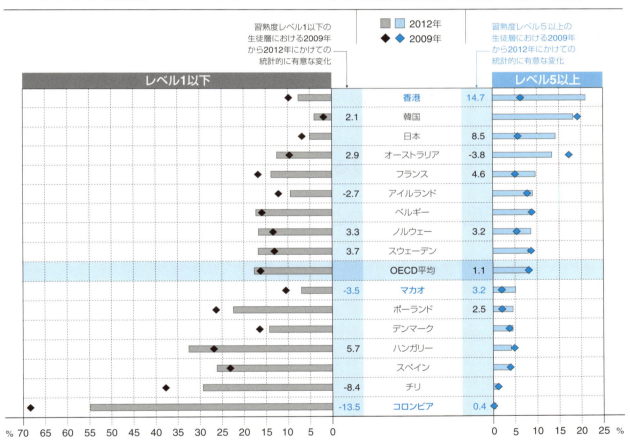

注：この図は，デジタル読解力の2009年調査と2012年調査の両方に参加した国のみを示す。
国名の横に変化の数値がある場合は，統計的に有意差があることを示す。
OECD平均は，2009年調査（菱形記号），2012年調査（横棒）それぞれに参加した国のうち，デジタル読解力調査を実施したOECD加盟国の平均である。OECD平均の変化は，2009年調査と2012年調査の両方のデジタル読解力に参加したOECD加盟国の値に基づく。
デジタル読解力の習熟度レベル5以上の生徒の割合が多い順に上から国を並べている。
出典：OECD, PISA 2012 Database, Table 3.4.
StatLink：http://dx.doi.org/10.1787/888933252943

しているようだ。つまり，これまでは ICT 技能やインターネット上の文書形式に慣れていないことが障害となり，最も易しいデジタル読解力の問題でさえも解答できなかった可能性がある。

香港と日本は，2009 年と比べ 2012 年では，習熟度レベルの高い生徒の割合が統計的に有意に多くなっている。どちらの国も，習熟度レベルの高い生徒の割合は，筆記型調査においても若干多くなっている（OECD, 2014b, 表 I.4.1b）。香港と日本の生徒は，より高い習熟度レベルに到達し，生徒は紙媒体と電子媒体の両方で，難易度の高い読解力の問題に正答する力が備わっていることを意味する。

パーセンタイル値（百分位数）で見た得点分布を経年比較すれば，各国の習熟度レベルの高い生徒あるいは習熟度レベルの低い生徒の中で，得点の変化が生じたかどうかを見ることができる。8か国で 2009 年に比べ 2012 年は平均得点が上昇した。チリでは，とりわけ習熟度レベルの低い生徒において，得点が高くなった。反対に，コロンビア，香港，日本は主に習熟度レベルの高い生徒がデジタル読解力の得点を上げている。またフランス，アイルランド，マカオ，ポーランドは高い習熟度レベルでも低い習熟度レベルでも，同じような得点の上昇であった（表 3.5）。

デジタル読解力の得点が低下した国，ハンガリー，韓国，スウェーデンでは習熟度レベルの低い生徒の得点がとりわけ下がっている。またオーストラリアは，習熟度レベルにかかわらず，同程度，得点が下がっている（表 3.5）。

ベルギー，デンマーク，ノルウェー，スペインの 4 か国の平均得点には変化がなかった。しかし，ノルウェーについては，平均得点が変わらなかったことによって，得点差が拡大していることを覆い隠してしまった。ノルウェーでは 2009 年と比べ 2012 年では，習熟度レベルの低い生徒の得点はより低く，習熟度レベルの高い生徒の得点はより高くなっていたのである（表 3.5）。

第３節 ┃ 筆記型調査読解力とデジタル読解力との得点の差

全体的に，生徒のデジタル読解力の得点と筆記型調査読解力の得点の相関は 0.81 であり，デジタル読解力の得点と（筆記型調査）数学的リテラシーの得点の間で見られる相関（0.78）とほぼ同じである（表 3.9）[3]。

一般的には，優れた読解力を持つ人であれば，紙媒体であろうと，電子媒体であろうと，どちらでも良い成績を取ると思われるが，実際には，筆記型調査読解力のどの習熟度レベルで見ても，デジタル読解力の得点には，著しいばらつきがある。筆記型調査読解力の技能の違いでは説明できないデジタル読解力のこの得点のばらつきは，残差の変動に対応している。この残差の変動の一部は，各国間の得点差につながっている。そのため，残差の変動は，デジタル読解力の各国の相対的な得点とも言われる（図 3.7）。この相対的な得点は，インターネット上の読解で用いられる技能と大いに関係がある（第 4 章を参照）。また，媒体に対する生徒の姿勢や基本的な ICT 技能，例えばハイパーリンク，ブラウザーボタン，ドロップダウンメニュー，マウスやキーボードを使って入力欄に書き込むことに生徒が慣れているかどうかと関係している。

11 か国の生徒は，筆記型調査読解力で同程度の技能を持つ他の国の生徒よりも，デジタル読解力の得点が統計的に有意に高い。筆記型調査読解力の得点の影響を取り除いた後，デジタル読解力

■図 3.7■
デジタル読解力の相対的な得点
実際の得点と予測される得点の差

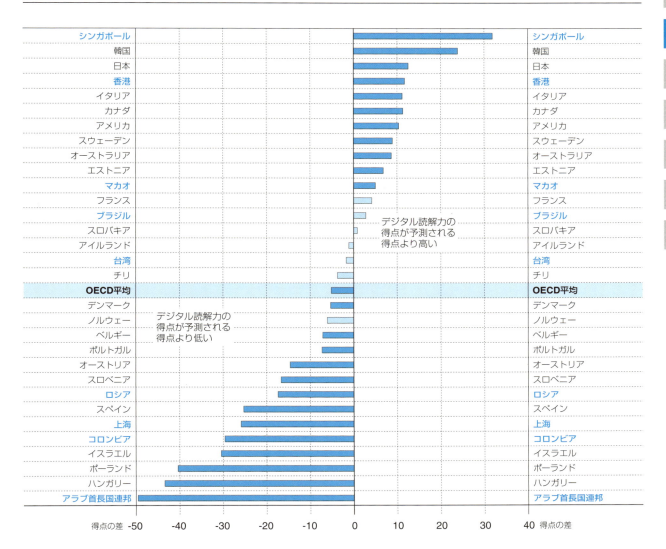

注：濃い色は統計的な有意差があることを示す。
各生徒の予測される得点は，筆記型調査読解力の得点から回帰モデルを用いて予測されるデジタル読解力の得点である。
実際の得点と予測される得点の差が大きい順に上から国を並べている。
出典：OECD, PISA 2012 Database, Table 3.6.
StatLink：http://dx.doi.org/10.1787/888933252959

の得点に大きな正の差が見られたのは，シンガポール（32点）と韓国（24点）である。オーストラリア，カナダ，エストニア，香港，イタリア，日本，マカオ，スウェーデン，アメリカの生徒も，筆記型調査読解力の得点から予測される得点よりも高い得点を取っていることが分かる（図3.7）。

一方で，14か国の生徒は，筆記型調査読解力で同程度の習熟度レベルを示す他の国の生徒と比べ，デジタル読解力では平均得点が低い。デジタル読解力の相対的な得点で大きな差が見られるのは，アラブ首長国連邦（50点），ハンガリー（43点），ポーランド（40点），イスラエル（31点），コロンビア（30点），上海（26点），スペイン（25点）である。オーストリア，ベルギー，ロシ

第3章　2012年コンピュータ使用型調査の主な結果

ア，ポルトガル，スロベニアの生徒も，筆記型調査読解力の得点から予測されるデジタル読解力の得点よりも低かった（図3.7）。

3.1　デジタル読解力と筆記型調査読解力の成績上位層

図3.8は，デジタル読解力調査の参加国における習熟度レベルの高い生徒の割合を示している。濃い色は，筆記型調査読解力で高い習熟度レベルにいる生徒が，デジタル読解力でも同様の得点を取る割合を示している。OECD平均では，8％の生徒がデジタル読解力でレベル5以上の得点である。そのうちの約半数（4％）は，筆記型調査読解力でも同様の得点を取ることができる。

逆に言うと，多くの国では，筆記型調査読解力で高い習熟度レベルにいる生徒の約半数が，デジ

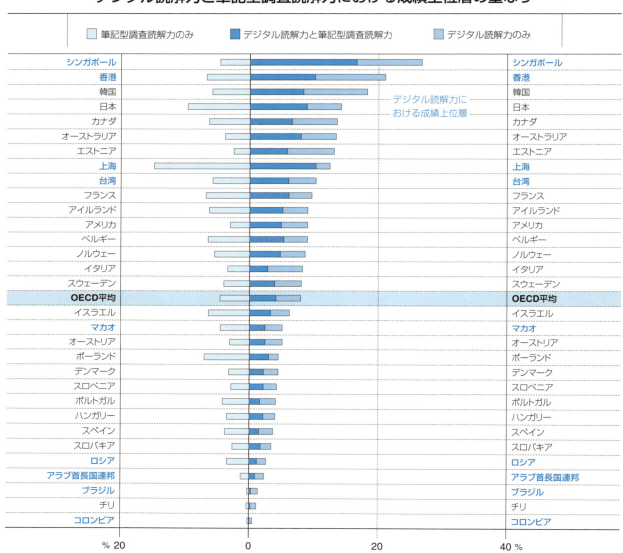

■図3.8■
デジタル読解力と筆記型調査読解力における成績上位層の重なり

注：デジタル読解力における成績上位層の割合が多い順に上から国を並べている。
出典：OECD, PISA 2012 Database, Table 3.7.
StatLink：http://dx.doi.org/10.1787/888933252962

タル読解力でも高い習熟度レベルにいる。オーストラリア，エストニア，シンガポールでは，筆記型調査で高い習熟度レベルにいる生徒のうち，3分の2以上の人がデジタル読解力でも習熟度レベルが高い。こうした国では，優れた読解力を持つ人は，どちらの調査媒体でも，同じく高い得点を取っているのである。

ところが，ポーランドでは，筆記型調査読解力の高い習熟度レベルの生徒の中で，デジタル読解力でも高い習熟度レベルにいるのは，3分の1未満である。つまり，ポーランドは，他国に比べ，紙媒体では高い読解力を持っているのだが，インターネット上の熟達した読み手に必要な情報の評価とナビゲーション技能が不足している生徒がいることを示している。

3.2　デジタル読解力と筆記型調査読解力の成績下位層

図 3.9 は，各国における習熟度レベルの低い生徒の割合を示しており，濃い色は，デジタル読解力で低い習熟度レベルにいる生徒が，筆記型調査読解力でも困難を感じる割合を示している。一般

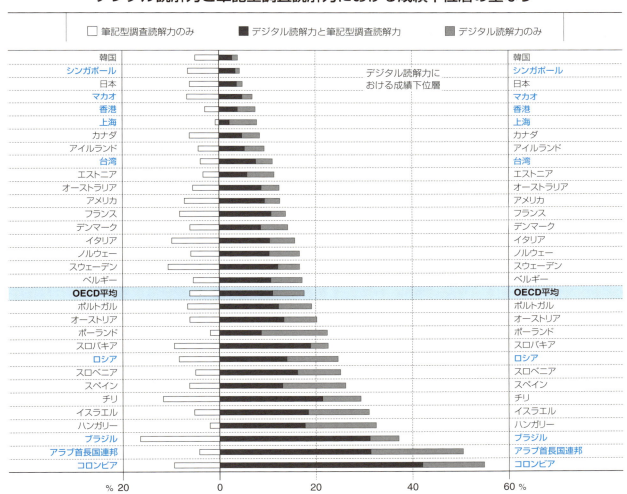

■図 3.9■
デジタル読解力と筆記型調査読解力における成績下位層の重なり

注：デジタル読解力における成績下位層の割合が少ない順に上から国を並べている。
出典：OECD, PISA 2012 Database, Table 3.7.
StatLink：http://dx.doi.org/10.1787/888933252976

第3章　2012年コンピュータ使用型調査の主な結果

的に，どちらの調査媒体でも成績上位層よりも成績下位層の方が重なりが大きい。

　同時に，いくつかの国においては，筆記型調査読解力は習熟度レベル 2 以上だが，コンピュータ使用型調査では習熟度レベル 1 以下になる生徒の割合が統計的に有意に高い。コロンビア，ハンガリー，イスラエル，ポーランド，ロシア，スペイン，アラブ首長国連邦では，10 人のうち 1 人以上の生徒が，デジタル読解力における成績下位層である一方，筆記型調査読解力では成績下位層ではない（図 3.9）。これらの国においては，多くの生徒が調査問題の解答に必要な一般的な ICT 技能や操作方法で苦労しており，それゆえ，比較的優れた読解力技能を持つにもかかわらず，デジタル読解力においては成績が振るわない。

第4節 ┃ コンピュータ使用型数学的リテラシーにおける生徒の得点

　数学的リテラシーは 2012 年調査の中心分野であり，筆記型調査冊子（ブックレット）には読解力と科学的リテラシーに比べ多くの数学的リテラシーの問題が含まれ，生徒の定式化し，適用し，解釈する力を測っている。2012 年には数学的リテラシーも初めてコンピュータで調査された。本節では，コンピュータ使用型数学的リテラシーから得られた結果を報告する。

4.1　コンピュータ使用型数学的リテラシーにおける平均得点

　国際オプションであるデジタル読解力調査に参加した 32 か国が，コンピュータ使用型数学的リテラシー調査にも参加した。コンピュータ使用型数学的リテラシーの尺度は，同 2012 年調査の，コンピュータ使用型数学的リテラシーに参加した OECD 加盟国の筆記型調査数学的リテラシーの平均得点と標準偏差に一致するように決められた。

　図 3.10 は，コンピュータ使用型数学的リテラシーの平均得点（左の列）の高い順に上から参加国を並べている。得点は，非 OECD 加盟国であるシンガポールの 566 点という高い値から，非OECD 加盟国であるコロンビアの 397 点という低い値まで幅がある。上海（562 点）の得点は，シンガポールと同じ水準にある。韓国，香港，マカオ，日本，台湾（平均得点が高い順）の得点は，概して，シンガポールの生徒よりも低いが，他のいかなる参加国の生徒の平均得点よりも統計的に有意に高い。

　コンピュータ使用型調査と筆記型調査との平均得点の差は，数学的リテラシーの方が読解力よりも小さい。実際，全参加国の生徒全体の結果を見ると，筆記型調査とコンピュータ使用型調査との相関関係は，数学的リテラシー（0.86）の方が読解力（0.81）よりも強い（表 3.9）。表 3.10 では，国別に見たコンピュータ使用型調査と筆記型調査との数学的リテラシーの平均得点の差を示している。

　図 3.11 にコンピュータ使用型数学的リテラシーの平均得点に関する各国の順位を示す。推定得点の標準誤差を考慮に入れ，順位の範囲が示されている。

2012 年コンピュータ使用型調査の主な結果　第 3 章

■ 図 3.10 ■
コンピュータ使用型数学的リテラシー：平均得点の国際比較

第3章

	OECD 平均よりも統計的に有意に高い国
	OECD 平均と統計的に有意差がない国
	OECD 平均よりも統計的に有意に低い国

平均得点	国	平均得点において統計的に有意差がない国
566	シンガポール	上海
562	上海	シンガポール , 韓国
553	韓国	上海 , 香港
550	香港	韓国 , マカオ
543	マカオ	香港 , 日本 , 台湾
539	日本	マカオ , 台湾
537	台湾	マカオ , 日本
523	カナダ	
516	エストニア	ベルギー
512	ベルギー	エストニア , フランス , オーストラリア , オーストリア
508	フランス	ベルギー , オーストラリア , オーストリア , イタリア , アメリカ
508	オーストラリア	ベルギー , フランス , オーストリア
507	オーストリア	ベルギー , フランス , オーストラリア , イタリア , アメリカ
499	イタリア	フランス , オーストリア , アメリカ , ノルウェー , スロバキア , デンマーク , アイルランド , スウェーデン , ロシア , ポーランド , ポルトガル
498	アメリカ	フランス , オーストリア , イタリア , ノルウェー , スロバキア , デンマーク , アイルランド , スウェーデン , ロシア , ポーランド , ポルトガル
498	ノルウェー	イタリア , アメリカ , スロバキア , デンマーク , アイルランド , スウェーデン , ポーランド
497	スロバキア	イタリア , アメリカ , ノルウェー , デンマーク , アイルランド , スウェーデン , ロシア , ポーランド , ポルトガル
496	デンマーク	イタリア , アメリカ , ノルウェー , スロバキア , アイルランド , スウェーデン , ロシア , ポーランド , ポルトガル
493	アイルランド	イタリア , アメリカ , ノルウェー , スロバキア , デンマーク , スウェーデン , ロシア , ポーランド , ポルトガル
490	スウェーデン	イタリア , アメリカ , ノルウェー , スロバキア , デンマーク , アイルランド , ロシア , ポーランド , ポルトガル , スロベニア
489	ロシア	イタリア , アメリカ , スロバキア , デンマーク , アイルランド , スウェーデン , ポーランド , ポルトガル , スロベニア
489	ポーランド	イタリア , アメリカ , ノルウェー , スロバキア , デンマーク , アイルランド , スウェーデン , ロシア , ポルトガル , スロベニア
489	ポルトガル	イタリア , アメリカ , スロバキア , デンマーク , アイルランド , スウェーデン , ロシア , ポーランド , スロベニア
487	スロベニア	スウェーデン , ロシア , ポーランド , ポルトガル
475	スペイン	ハンガリー
470	ハンガリー	スペイン
447	イスラエル	
434	アラブ首長国連邦	チリ
432	チリ	アラブ首長国連邦
421	ブラジル	
397	コロンビア	

出典：OECD, PISA 2012 Database.
StatLink：http://dx.doi.org/10.1787/888933252985

■ 図 3.11 ■
コンピュータ使用型数学的リテラシー：平均得点と順位の範囲

	平均得点	標準誤差	コンピュータ使用型数学的リテラシー			
			順位の範囲			
			OECD 加盟国		すべての参加国	
			上位	下位	上位	下位
シンガポール	566	(1.3)			1	2
上海	562	(3.4)			1	2
韓国	553	(4.5)	1	1	2	4
香港	550	(3.4)			3	4
マカオ	543	(1.1)			5	6
日本	539	(3.3)	2	2	5	7
台湾	537	(2.8)			6	7
カナダ	523	(2.2)	3	3	8	8
エストニア	516	(2.2)	4	5	9	10
ベルギー	512	(2.5)	4	7	9	12
フランス	508	(3.3)	5	9	10	14
オーストラリア	508	(1.6)	6	8	11	13
オーストリア	507	(3.5)	5	9	10	14
イタリア	499	(4.2)	8	15	13	20
アメリカ	498	(4.1)	8	15	13	20
ノルウェー	498	(2.8)	9	14	14	19
スロバキア	497	(3.5)	9	15	13	20
デンマーク	496	(2.7)	9	15	14	20
アイルランド	493	(2.9)	11	17	15	22
スウェーデン	490	(2.9)	13	18	18	24
ロシア	489	(2.6)			19	24
ポーランド	489	(4.0)	12	18	17	24
ポルトガル	489	(3.1)	13	18	18	24
スロベニア	487	(1.2)	16	18	21	24
スペイン	475	(3.2)	19	20	25	26
ハンガリー	470	(3.9)	19	20	25	26
イスラエル	447	(5.6)	21	21	27	27
アラブ首長国連邦	434	(2.2)			28	29
チリ	432	(3.3)	22	22	28	29
ブラジル	421	(4.7)			30	30
コロンビア	397	(3.2)			31	31

出典：OECD, PISA 2012 Database.
StatLink：http://dx.doi.org/10.1787/888933252992

第5節 数学的リテラシーの問題を解くための ICT ツールの利用に関連する得点の差

　コンピュータは，より相互作用的で，信頼性が高く，興味を引く問題を作る様々な機会を提供する（Stacey and Wiliam, 2012）。また，コンピュータは数，量，二次元あるいは三次元の図形やデータを含む問題に対処するために，ますます職場や日常の生活で利用されている。PISA 調査のコンピュータ使用型数学的リテラシーに関する評価の枠組みは，筆記型調査数学的リテラシーと同一だが，その解答形式（例えば，ドラッグアンドドロップ）や，課題文から数学の問題へ解答する際に，生徒は数学的ツールとしてコンピュータの利用を求められることから，コンピュータ使用型調査の問題には筆記型調査にないものがある。

　こうした問題が生徒に求めることは，マウスを使って三次元の図形を作成し回転させること，関数のグラフ表示が媒介変数に応じてどのように変化するかを調べること，画面上の計算機を使うこと，データセットを並べ替えること，データからグラフを作成することがある。

　設計上，コンピュータ使用型調査の全問題が，数学的ツールとしてコンピュータの利用を必要とするわけではない。この違いにより，数学的ツールとしてのコンピュータ利用が得点に及ぼす影響を分析することが可能となる。こうした問題形式は生徒を引き付けるように見えるかもしれないが，すべての生徒が同じような反応を示すわけではない。通常，その種の問題ではコンピュータとコンピュータの数学への利用に慣れていることも必要となる。

　図 3.12 は，解答にコンピュータ技能が必要な数学的リテラシー問題の平均正答率と，従来型の平均正答率を示している[4]。どちらの種類の問題も画面上に表示されるが，コンピュータ技能を必要とする問題群のみ解答にツールとしてコンピュータの利用が必要となる。あるいは，従来型の問題群でツールとしてコンピュータを利用する場合でも，より簡単な技能で済むようになっている。例えば，「CD のコピーサービス」の問題で，生徒は画面上の計算機を利用する必要がある。これとは対照的に，「スターポイント」と「BMI（体格指数）」の問題は，「従来型」の問題例である。生徒がこれらの問題にペンと鉛筆ではなく，キーボードとマウスで解答することは，これらの問題を筆記型で解答するよりも難しい[5]。

　国の順位は，どちらのタイプの問題も似ている。しかし，図 3.12 が示すとおり，正答率は完全に一直線になるわけではない。解答にコンピュータ技能を必要としない問題で同程度の正答率である国が，必ずしも解答にコンピュータ技能を必要とする問題について同様の正答率になるわけではない。ある 2 か国がコンピュータ技能を必要としない問題群において正答率が同程度の場合，コンピュータ技能を必要とする問題群では，ある国がもう一方の国よりも極めて優秀である。

　例えば，解答にコンピュータ技能を必要としない問題において，カナダの生徒はフランスの生徒とほぼ同じ正答率である。両国において生徒は，これらの問題の約 42％に正答する。しかし，数学的ツールとしてコンピュータを利用することにより，解答が可能となるか，あるいは簡単になる問題に関して，カナダの生徒はフランスの生徒よりも著しく正答率が高い（32％対 27％）。

第3章　2012年コンピュータ使用型調査の主な結果

■ 図3.12 ■
コンピュータ使用型数学的リテラシー：解答にコンピュータ技能が必要・不必要な問題の結果
各国の平均正答率

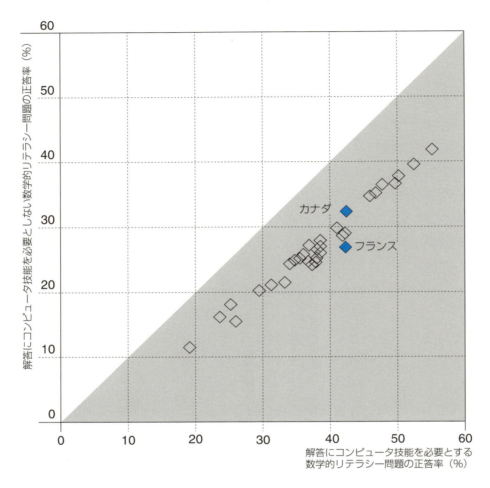

注：それぞれの菱形記号は国の正答率の平均値を表す。
コンピュータ使用型数学的リテラシーにおいて，カナダとフランスは，解答にコンピュータ技能を必要としない問題では同程度の得点であるが，解答にコンピュータ技能を必要とする問題では生徒の得点に差が出ている。この例は本文で論じている。
出典：OECD, PISA 2012 Database, Table 3.11.
StatLink : http://dx.doi.org/10.1787/888933253005

　図3.13は，全体的な結果と比較の上，解答にコンピュータ技能を必要とする問題で正答率が高いのか，あるいはそうではない問題に対して正答率が高いのかにより，国を順位付けている。この分析は，各国の両タイプの問題に対する結果と，OECD加盟国の平均正答率を比較することで，二つの問題群におけるその難易度の差を説明するものである。
　こうした調整値によれば，オーストラリア，オーストリア，カナダ，日本，スロベニア，アメリカ，非加盟国のマカオ，アラブ首長国連邦の生徒は，従来型の問題における正答率に比べて，解答にコンピュータ技能を必要とする問題の方が優れた得点を上げる。対照的に，フランスでは相対的な正答率は僅か0.86であり（平均より統計的に有意に低い），生徒が解答にコンピュータ技能を必要する問題に取り組むとき，予測される得点を下回ることを示す。ベルギー，チリ，アイルランド，ポーランド，スペインの生徒も，そのような問題に対しては得点が予測を下回る。

2012年コンピュータ使用型調査の主な結果　第3章

■図 3.13■
コンピュータ使用型数学的リテラシー：解答にコンピュータ技能を必要とする問題の相対正答率
OECD 平均との比較

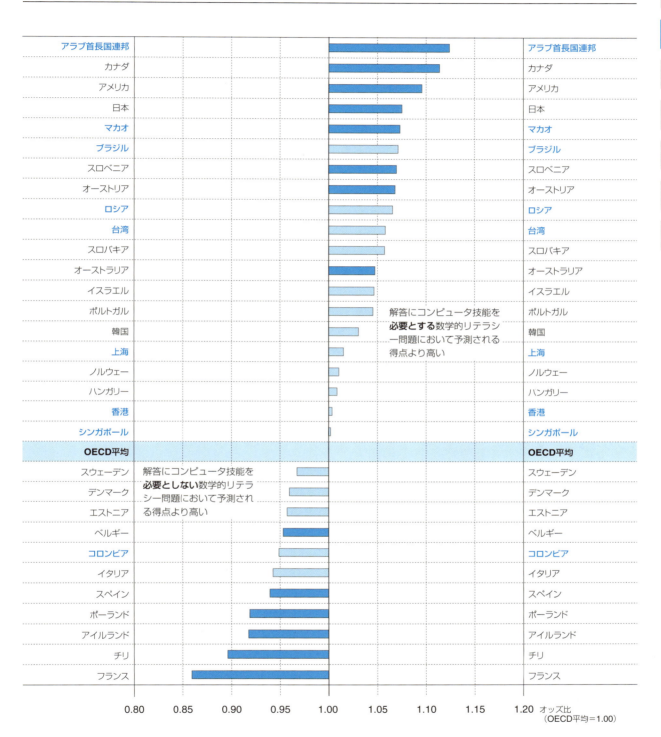

注：濃い色の横棒は，統計的に有意であることを示す。
この図は，解答にコンピュータ技能を必要とするコンピュータ使用型数学的リテラシー調査において，他の問題の正答率によって調整したとき，カナダの生徒が OECD 平均に比べて，平均して 1.11 倍正答していることを示す。
解答にコンピュータ技能が必要な問題の相対正答率が高い順に上から国を並べている。
出典：OECD, PISA 2012 Database, Table 3.11.
StatLink：http://dx.doi.org/10.1787/888933253011

第3章　2012年コンピュータ使用型調査の主な結果

注記

1. ドイツは研究プロジェクトとして，デジタル読解力とコンピュータ使用型数学的リテラシー調査に参加したため，結果は未公表。

2. オーストリアは2009年調査と2012年調査に参加したが，データの比較可能性は保証できていない。2009年調査が実施されたとき，教育調査をめぐる否定的な雰囲気がPISA調査の問題に解答する生徒の意欲に悪影響を及ぼした恐れがある。

3. どちらの数値も，コンピュータ使用型調査の全参加国から抽出された，生徒の潜在的な相関関係を参照している。観察結果は，最終的な生徒の重み付けを使用している。

4. しかし，解答にコンピュータ技能を必要としないことから「従来型」と分類される問題であっても，ドラッグアンドドロップといった画面上でのみ利用可能な解答形式を持つか，又は動画の課題文を含む場合がある。それゆえ，この分類は，単に問題の表示方法に関連する違いというよりは，問題が要求する違いを意図している。

5. これらの問題例は，コンピュータ使用型数学的リラシーの公開問題であり，オーストラリア教育研究所のウェブサイト上（http://cbasq.acer.edu.au/index.php?cmd=toMaths）で試すことができる。

訳者注

ⅰ．本書において「デジタル読解力」とは，国立教育政策研究所がこれまでに監訳・編集したPISA調査に関する刊行物において，「コンピュータ使用型読解力」と表記されているものと同一の概念である。

ⅱ．本書において「コンピュータ使用型数学的リテラシー」とは，国立教育政策研究所がこれまでに監訳・編集したPISA調査に関する刊行物において，「デジタル数学的リテラシー」と表記されているものと同一の概念である。

ⅲ．本書において「筆記型読解力」とは，国立教育政策研究所がこれまでに監訳・編集したPISA調査に関する刊行物において，「プリント読解力」と表記されているものと同一の概念である。

ⅳ．本書において「筆記型調査数学的リテラシー」とは，国立教育政策研究所がこれまでに監訳・編集したPISA調査に関する刊行物において，「プリント数学的リテラシー」と表記されているものと同一の概念である。

オンラインデータ

第3章の表は，オンライン上のhttp://dx.doi.org/10.1787/edu-data-enで入手できる。

表3.1　Mean score, variation and gender differences in student performance in digital reading

表3.2　Mean digital reading performance in PISA 2009 and 2012

表3.3　Percentage of students at each proficiency level on the digital reading scale

表3.4　Percentage of students below Level 2 and at or above Level 5 in digital reading in PISA 2009 and 2012

表3.5　Distribution of scores in digital reading in PISA 2009 and 2012, by percentiles

表3.6　Relative performance in digital reading

表3.7　Top performers and low performers in digital and print reading

表3.8　Mean score, variation and gender differences in student performance in computer-based mathematics

表3.9　Correlation between students' performance on paper-based tests and students' performance on computer-based tests

表3.10　Relative performance in computer-based mathematics

表3.11　Success on mathematics tasks that require/do not require the use of computers to solve problems

参考文献・資料

Fraillon, J., J. Ainley, W. Schulz, T. Friedman and E. Gebhardt（2014），"Executive summary", in Fraillon, J., J. Ainley, W. Schulz, T. Friedman and E. Gebhardt（eds.），*Preparing for Life in a Digital Age*, pp. 15-25, Springer International Publishing.

OECD（2014a）, *PISA 2012 Technical Report*, PISA, OECD, Paris, www.oecd.org/pisa/pisaproducts/pisa2012technicalreport.htm.

OECD（2014b）, *PISA 2012 Results: What Students Know and Can Do（Volume I, Revised edition, February 2014）: Student Performance in Mathematics, Reading and Science*, PISA, OECD Publishing, Paris, http://dx.doi.org/10.1787/9789264208780-en.

OECD（2013）, *PISA 2012 Assessment and Analytical Framework: Mathematics, Reading, Science, Problem Solving and Financial Literacy*, PISA, OECD Publishing, Paris, http://dx.doi.org/10.1787/9789264190511-en.（『PISA2012 年調査 評価の枠組み：OECD 生徒の学習到達度調査』経済協力開発機構（OECD）編著，国立教育政策研究所監訳，明石書店，2016 年）

OECD（2011）, *PISA 2009 Results: Students On Line（Volume VI）: Digital Technologies and Performance*, PISA, OECD Publishing, Paris, http://dx.doi.org/10.1787/9789264112995-en.

Stacey, K. and D. Wiliam（2012）, "Technology and assessment in mathematics", in Clements, M.A.K., A.J. Bishop, C. Keitel, J. Kilpatrick and F.K.S. Leung（eds.）, *Third International Handbook of Mathematics Education*, Springer International Handbooks of Education, Vol. 27, Springer New York, pp. 721-751.

第 4 章

デジタル読解力におけるナビゲーションの重要性：
考えてからクリックする

第4章

　オンラインで読解する場合には，テキスト処理技能に加えて，複数のテキスト間のナビゲーションも重要である。本章では，生徒のデジタルナビゲーション技能を説明し，ナビゲーション技能とデジタル読解力での成績の関係を分析する。

第4章　デジタル読解力におけるナビゲーションの重要性：考えてからクリックする

はじめに

　デジタルテキストでも印刷テキストでも読解するには同じような技能が求められるが，印刷テキストよりもデジタルテキストの方が読み手に対し大きな課題を突き付ける場合が多い。どちらのタイプでも，読み手は重要な情報を探求し，言葉の微妙な差異を解釈し，テキストの異なる要素を統合し，テキストや言語上の構造と特徴に関する予備知識を利用し，自分自身の経験と世界についての知識に基づいて，内容又は形式の妥当性を熟考及び評価する。デジタルテキストの典型的形態においては，これらの技能のうち，**評価技能**が特に重要になる場合がある。オンラインで読解する生徒は自分の先行経験（例えば，特定の情報源の信頼性について）と，レイアウト，文法や綴りの誤りといった手掛かりを用いて，情報の信用性と妥当性を評価し，自らの読解から正確な推論を下す。

　印刷テキストと対照的なデジタルテキストの典型的特徴は，テキスト，静止画，動画，音があるビデオ映像などを組み合わせるマルチモダリティと，段落の並び順を超えてハイパーリンクを通じてテキストの異なる部分や別個のテキストが相互に結び付けられているという意味において非連続的なページ構造にある。そのため，オンラインで読解する場合には，**テキスト処理**技能に加えて，複数のテキスト間の**ナビゲーション**も重要である。

データから分かること

● OECD 加盟国の生徒 10 人のうち 1 人は，デジタル読解力調査においてウェブブラウジングが限定的か，又はなかったことを示し，これは基本的なコンピュータ技能の欠如，ウェブブラウジングに習熟していないこと，又は動機付けの欠如を示唆している。これとは対照的に，韓国，マカオ，上海及び台湾の生徒の大半は，答えを出すために多くのウェブブラウジングがあった。

● シンガポール，オーストラリア，韓国，カナダ，アメリカ及びアイルランドは，ウェブブラウジングの質（課題指向型ブラウジング）の平均値が高い。これらの国の生徒は他の国の生徒よりも，クリックする前にたどるべきリンクを注意深く選び，解答するのに必要な場合にのみ関連するリンクをたどることが多い。

● 筆記型調査読解力の成績の影響を取り除いた後においても，各国のデジタル読解力の相対的な成績と生徒のナビゲーションの質（課題指向型ブラウジング）の間には強い関連性がある。

　ナビゲーションを使いこなすのに必要な技能の一つに，評価技能が挙げられる。すなわち，リンクに割り当てられた明確な名称，周囲のテキスト，マウスをリンクに重ねることで現れる URL などを手掛かりにして，情報源の信頼性を評価することや，一連の見えない画面にあると考えられるコンテンツを予測することである。また，ウェブサイトを構成する様々なページ間を，確信して移動するために，ウェブサイトの構造を心に思い描く能力といった，組織化技能や空間認識技能も含まれる。関連する技能は筆記型調査読解力でも求められるが，（書籍などの）均一的な文書タイプと物

120

理的な印刷テキストが，読み手の手助けとなる（Noyes and Garland, 2003; Mangen *et al.*, 2013）。

　さらに，筆記型調査読解力では，生徒のナビゲーション行動とその技能を測定できないが，デジタルテキストでは，生徒のクリックやスクロールを追跡することによって，測定することができる。

　PISA 調査のデジタル読解力の課題は，元々は 2009 年調査で使用するために考案され，必要とされるナビゲーションの複雑さにおいてばかりではなく，必要とされるテキスト処理技能の水準においても多様となるように構成された。コラム 4.1 では，ナビゲーションの難易度を決める主な要因を説明する。

コラム 4.1　ナビゲーションの難易度の主な要因は何か

　ナビゲーションの難易度を左右するのは，課題を完了するために見る必要のあるページ数である。デジタル読解力での易しい課題においては，課題が始まるページですぐに見える情報に焦点を合わせる場合がある。そのページ上でのスクロールを求めたり，複数のページやサイトにアクセスするよう読み手に求めたりすることもある。課題を完了するのに必要な情報がすぐに見えないとき，その課題は難しくなる。

　ナビゲーションの複雑性はナビゲーションツールの数，目立ち具合，整合性及び親しみやすさ並びに利用できるページの構造にも左右される。ページ間の移動が求められるとき，選ぶべきハイパーリンクやメニューアイテムが多ければ，選ぶべきハイパーリンクが僅か一つか二つのときより，課題はより難しいと読み手が考える可能性は高い。画面上の分かりやすい場所にリンクが目立つように配置されている場合，その課題は簡単であるが，リンクがテキストの中に埋め込まれていたり，他では一般的とは言えないような目立たない位置にあったりするとき，その課題は難しい。雑然としたウェブページや，読み手の注意を関連するリンクからそらす広告又は画像の存在は，ナビゲーションの難易度を左右する。

　必要とされるナビゲーションに関する明確な指示も課題の難易度を下げる。読み手が複数のページを参照する必要があるときでさえ，アクセスしなければならないページと利用すべきナビゲーション構造に関する明確な指示が，課題を相対的に簡単にする場合がある。階層構造などウェブサイトのよく知られた構成が，間接的な手掛かりとして機能し，ナビゲーションを容易にすることがある。

　図 4.1 は，必要とされるナビゲーションとテキスト処理が，どのように 2012 年調査で用いられたデジタル読解力の課題の難易度の要因となっているのかを示している。これらの課題は 2009 年に使用されたものの一部である。

　数字が示しているように，必要とされるナビゲーションとテキスト処理技能の両方とも，それぞれの課題の全般的な難易度の要因となっている。最も難しい課題はナビゲーションとテキスト処理技能の両方を高度に必要とする。この二つの技能群を同レベルに必要とする課題でも，難易度が異なる場合がある。また，生徒が記述して解答するよう求められるか，又は解答例の一覧表から単に選択するよう求められるかといった他の要因も課題の難易度の要因となる。

■ 図 4.1 ■
デジタル読解力：テキスト処理とナビゲーションの関係

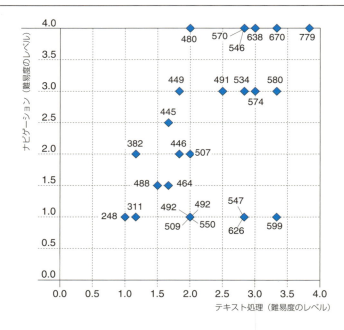

注：横軸は必要とされるテキスト処理の難易度，縦軸は必要とされるナビゲーションの難易度を示す（両評価は 1 ～ 4 段階で表し，4 は最も難易度が高いことを表す）。各菱形記号は，2012 年調査においてデジタル読解力の一つ以上の課題を表し，課題全体の難易度を示す PISA 調査の得点がラベル付けされている。テキスト処理・ナビゲーションの難易度が同レベルである複数の課題がある。
出典：OECD（2011），*PISA 2009 Results: Students on Line: Digital Technologies and Performance*（Volume VI），p.43，http://dx.doi.org/10.1787/9789264112995-en.
StatLink：http://dx.doi.org/10.1787/888933253022

第 1 節　ナビゲーションの成功と失敗

　生徒は必要とされるナビゲーションをどのように使いこなすのか。優れたナビゲーションを構成するのは何か。

　優れたナビゲーション行動を抽象的に定義できないことは明らかである，すなわち，それぞれの課題の目的を考慮しなければならない。オンラインの読解を含め，読解は常に特定の目標を念頭に置いて行われる。優れたナビゲーションは，それらの目標と一致するナビゲーション行動と見なすこともできる。この行動と目標の連携には，例えば，それぞれの課題の目標を理解するなどの認知的リソースも，ナビゲーションを個人的な関心ではなく課題の必要に応じて導くよう図るメタ認知的制御も求められる。

　生徒のナビゲーション行動を説明するために，それぞれの課題を解くプロセスで生徒がアクセスするページの連なり（シーケンス）が，調査実施プログラムによって記録されたログファイルから取り出された。生徒のナビゲーション活動に対する最初の尺度はナビゲーションシーケンスの長さであり，これはログファイルに記録されている，複数のページ間の移動（ステップ）数と一致する。移動数は，三つの理由からデジタル読解力の成績と明らかに関連していると予想できる。第一に，課題に対して積極的になることで，課題を解くために利用できる情報が生じるからである。第

二に，より複雑な課題を解くには，より長いシーケンスが必要になることが多い。最後に，短いナビゲーションシーケンスは動機付けと忍耐力の欠如，又は基本的なコンピュータ技能と典型的なデジタルテキストの形式への習熟の欠如を示す可能性があるからである。

課題に適応するナビゲーションをさらに特定するために，ページは課題に関連するものと関連しないものに分類され，シーケンス全体における各ステップ（ページ間の移動）は課題関連ステップ（関連するページから関連するページへ），ミスステップ（関連するページから関連しないページへ），軌道修正（関連しないページから関連するページへ），又は無関連ステップ（関連しないページから関連しないページへ）に分類された。関連するページとは，次の基準の少なくとも一つを満たすものである（OECD, 2011; Naumann, 近刊予定（訳者注：この文献は2015年に刊行された））。

- 課題を完了するために必要な情報を含むページ。
- 課題を完了する上で有益であると考えられる情報を含むページ。
- 上記二つの基準のうち一つを満たすページにたどりつくために，当該ページを経由することが必要である（例えばそれぞれの問いの開始ページは，関連するページに必ず分類される）[1]。

課題を解くのに必要な情報を収集するために異なる経路を進むことは可能であるが，通常は，最も効果的で効率的な経路は関連するページのみにある。したがって，デジタル読解力の成績は，課題関連ステップの数と正の相関があり，期待される経路からそれる移動，特に後半で生徒が期待される経路に戻らない場合とは，負の相関があると予想される。また，関連しないページ間の無関連ステップは，低い成績を示すと予想される。

1.1　ナビゲーションはデジタル読解力の課題における成功とどのように関連しているのか

効果的なナビゲーション行動を特定するために，回帰モデルによって，デジタル読解力のそれぞれの課題の成功は，生徒のナビゲーションシーケンスを表す変数に関連付けられた。最初のモデルでは，ナビゲーションシーケンスはその長さ（シーケンスを構成するページ間の移動，すなわちステップの数）の観点のみから表された。二番目の，より詳細なモデルでは，ステップの質が調査され，シーケンスは前述した4種類のステップに分類された。すなわち，課題関連ステップ，無関連ステップ，及びミスステップであり，これは，さらなるナビゲーションステップによって後に軌道修正されるものと，未修正のものとに分類された（推定の詳細については付録A.3を参照）。

一般に，ナビゲーションシーケンスが長ければ成功も大きいという関連があった。全体で平均すると，課題1問当たり1ページ多くアクセスした生徒は，PISA調査の尺度で11点高く得点したと推定できる（図4.2）。しかし，予想されたとおり，ナビゲーションステップのすべてが成績の向上を示唆するわけではない。関連するページから関連するページへの課題関連ステップのみが成績と正の相関がある。一般的にミスステップは，関連するページへ軌道修正されない場合には特に，より低い成績と関連する。

ナビゲーション行動とデジタル読解力の課題での成功の関係も，必要とされるナビゲーションの

第 4 章　デジタル読解力におけるナビゲーションの重要性：考えてからクリックする

■ 図 4.2 ■
デジタル読解力：課題の成功とナビゲーションステップの量・質との関係
課題 1 問当たりのステップ数が 1 多いときの得点差（OECD 平均）

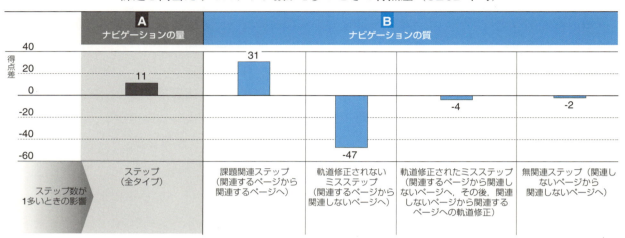

注：この図は，それぞれ異なる二つのロジットモデル（A と B）による推定値を示す。得点差は，ロジットモデルの回帰係数より算出される（付録 A.3 を参照）。
推定値はすべて統計的に有意である。
この図は，OECD 平均において，それぞれの課題のナビゲーションシーケンスにおけるステップ数が 1 多いと，デジタル読解力の尺度が 11 点高いことを示す。課題関連ステップが 1 多いと，デジタル読解力の尺度が 31 点高い。
出典：OECD, PISA 2012 Database, Tables 4.5a and b.
StatLink：http://dx.doi.org/10.1787/888933253039

■ 図 4.3 ■
デジタル読解力：難易度別，課題の成功とナビゲーションステップの量の関係
課題 1 問当たりのステップ数が 1 多いときの得点差（OECD 平均）

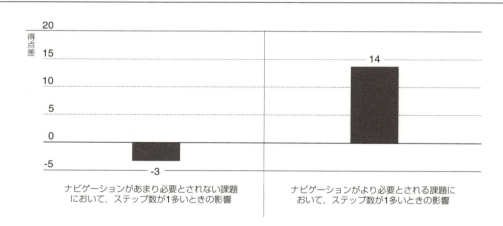

注：この図は，ナビゲーションの必要度を示す二つの値のどちらかを取るダミー変数に従属変数が相互作用するロジットモデルによる推定値を示す。
推定値はすべて統計的に有意である。
この図は，ナビゲーションがあまり必要とされない課題において，ステップ数が 1 多いシーケンスは，平均して，デジタル読解力の尺度が 3 点低いことを示す。反対に，ナビゲーションがより必要とされる課題（必要とされるステップ数が多い）において，平均ステップ数が 1 多いと，デジタル読解力の尺度が 14 点高い。
ナビゲーションがあまり必要とされない課題とは，必要とされるナビゲーションの難易度（図 4.1 参照）が，1 から 4 までの尺度において 1.5 を上回らない課題を指す。
出典：OECD, PISA 2012 Database, Table 4.5a.
StatLink：http://dx.doi.org/10.1787/888933253040

■ 図 4.4 ■
デジタル読解力：難易度別，課題の成功とナビゲーションステップの質の関係
課題1問当たりのステップ数が1多いときの得点差（OECD平均）

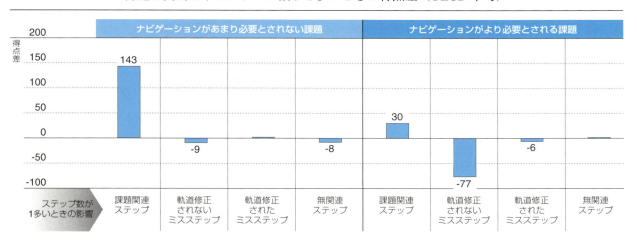

注：この図は，ナビゲーションの必要度を示す二つの値のどちらかを取るダミー変数に従属変数が相互作用するロジットモデルによる推定値を示す。得点差は，ロジットモデルの回帰係数より算出される（付録A.3を参照）。
推定値はすべて統計的に有意である。
この図は，ナビゲーションがあまり必要とされない課題において，課題関連ステップが1多いと，デジタル読解力の尺度が143点高いことを示す。ナビゲーションがより必要とされる課題（必要とされるステップ数が多い）において，課題関連ステップ数が1多いと，デジタル読解力の尺度が14点高い。
ナビゲーションがあまり必要とされない課題とは，ナビゲーションの難易度（図4.1参照）が，1から4までの尺度において1.5を上回らない課題を指す。
出典：OECD, PISA 2012 Database, Table 4.5b.
StatLink：http://dx.doi.org/10.1787/888933253054

難易度に応じて多様である。多数のページにアクセスすることによって盛んに生じる情報も，問題を解くのにそれが必要な場合にのみ重要である。易しい課題では，ブラウジング活動の多さは散漫な活動を示唆することがあり，そのため，成績とは負の相関がある（図4.3）。こうした負の相関は，生徒がコンピュータとデジタルテキストに慣れ親しんでいる高所得の国で顕著である（個々の国に関する推定については表4.5bを参照）。

さらに，必要とされるナビゲーションが最小限である課題では（例えば，第7章で提示される大問「スラン」の課題1)[2]，成功の最も重要な要因は，必要とされる僅かな関連ステップを生徒が踏んだかどうかにある[3]。それは例えば，関連する情報が開始ページにあったり，又は開始ページから分かりやすくアクセスできたりするからである。事実，関連情報がほんの一つか二つのステップしか離れていない場合には，課題に関連するシーケンスはどのようなものでも解答に大きく近づく。課題に関連する経路からそれることは珍しく，ナビゲーションに伴う難易度よりも好奇心を示唆する可能性がある。そして，それは成績の点では相対的に余り減点につながらない[4]。

これとは対照的に，複雑なナビゲーションを必要とする課題では，関連する情報を見つけ出すために多くのステップが必要となり，多くの場合，関連する情報それ自体が分散しており，そのため，生徒は解答に到達するために複数のページから得られた情報を統合する必要がある。これは大問「スラン」の課題2や課題3にある事例である。これらの課題や類似した課題において，関連ステップは解答に近づくが，その影響は小さい。課題に関連する経路から遠ざかり，軌道修正されないステップは，課題を解くのに必要なすべての関連情報を収集する確率を低下させ得る。したがっ

第4章　デジタル読解力におけるナビゲーションの重要性：考えてからクリックする

て，それは大きな減点につながる。平均すると，複雑なナビゲーションが必要となる課題におい
て，ナビゲーションシーケンスが関連しないページで終わる生徒は，PISA調査のデジタル読解力
の尺度において，ナビゲーションが関連するページで終わる生徒よりも，得点がおよそ77点低
い。図4.4は，デジタル読解力の成績と，課題関連ステップ及び無関連ステップとの関係が，必要
とされるナビゲーションが簡単か複雑かによってどのように異なっているのかを示している。

　要するに，ナビゲーション行動からデジタル読解力の課題における成功が予測される。より正確
に述べれば，効果的なナビゲーションは何を読むべきかについての課題指向の選択によって特徴付
けられ，そのため，例えば，関連するページのみを含むナビゲーションシーケンスにおけるステッ
プ数を数えるなど，読み手がハイパーテキスト内の関連するノードにアクセスするかどうかを観察
することによって測定が可能である。さらに，効果的なナビゲーションは常に関連するページで終
わるシーケンスを特徴とする。デジタル読解力の複雑な課題で成功するためには，ミスステップは
軌道修正されなければならない。

第2節 ┃ PISA調査のデジタル読解力における生徒のナビゲーション行動

　効果的で効率的なナビゲーションを構成するものについての分析に基づいて，典型的なデジタル
読解力の課題に取り組むとき，生徒がウェブサイトをどのようにたどるのかを説明するために，二
つの指標が計算された。第一の指標はナビゲーションの量を捉え，第二の指標は質を把握する。

2.1　ナビゲーション行動を説明するために用いられた生徒レベルの指標

　最初に，生徒の全体的な活動量の大まかな指標として，開始ページを越えてアクセスしたタブと
リンクの総数が調べられた。**全体的なブラウジング活動指標**は0から100までの値を取り，0は活
動がないことを，100は最大限の活動を示す[5]。この指標において，非常に低い値は，動機付けが
欠けていること，基本的なテキスト処理技能で大きな問題を抱えていること（例えば，課題の目的
を理解すること），又は典型的なオンラインのハイパーテキストの形態や，もしくはマウスを使っ
てウェブページをたどったり，リストをスクロールダウンしたりするなどの基本的なコンピュータ
技能に習熟していないことを意味する場合がある。

　次に，**課題指向型ブラウジング指標**は，ページビューのシーケンスを調べ，ナビゲーションシー
ケンス内において課題関連ステップ，ミスステップ，及び無関連ステップを区別することによって
形作られる[6]。この指標は，生徒がそれぞれの課題の要求に従って自分が進むリンクを注意深く選
んでいるかどうかを捉える。課題に関連する経路からそれずにウェブサイトをたどる生徒や，解答
に達するまでは経路からそれないように努める生徒は，この指標で最も高い値を出す。体系化され
ていない方法でたどり，課題に関連しないコンテンツに気を取られやすい生徒は，この指標で最も
低い値を出し，ナビゲーション活動が不十分な生徒が次に続く。

2.2　各国における生徒の典型的なナビゲーション行動

　PISA 調査のデジタル読解力に参加した国における生徒のナビゲーション行動には大きなばらつきがある。

2.2.1　全体的なブラウジング活動

　図 4.5 は，ブラウジング活動量に基づいて，PISA 調査に参加した全生徒の中における生徒の平均順位を示している。この指標においてページアクセス数が最も多い生徒は 100 の値を示し，その一方，ページアクセス数が最も少ない生徒は 0 の値を記録する。この指標は生徒の読解に取り組む意欲，基本的なコンピュータ技能の習熟度，速読能力，及び難しい課題の解答に対する忍耐力と関係している。

　この単純な指標によれば，東アジア諸国（この指標の平均値が大きい順に，韓国，台湾，マカオ，上海，香港，シンガポール及び日本）が，平均値が最も高いという点で際立っている。

　しかし，それぞれの国内では，生徒のナビゲーション行動にばらつきがある。生徒のブラウジング活動におけるこうしたばらつきを特徴付けるために，四つの生徒カテゴリーが設けられた（図 4.6）。1）ブラウジング活動が見られない生徒，2）ある程度であるが限定的なブラウジング活動をする生徒，3）徹底的なブラウジング活動をする生徒，そして，4）中程度のブラウジング活動をする生徒である。

　ログファイルにブラウジング活動がまったく記録されていない生徒は最下位にいる。ほとんどの場合，こうした生徒はマウスの操作など基本的なコンピュータ技能を欠いているか，リンクやタブの知識といったウェブブラウジングに元々習熟していない。調査を実施するために用いられたハードウェアかソフトウェアの技術的な不具合が，活動が記録されないという事態を招いた可能性は僅かである。OECD 加盟国で平均すると，ブラウジング活動が見られないのは，生徒の 3% である。非 OECD 加盟国であるコロンビア（15%），アラブ首長国連邦（11%）及びブラジル（8%）ばかりではなく，イスラエル（9%）とハンガリー（7%）では，その割合がもっと大きい（図 4.6）。

　次のグループは，ある程度であるが限定的な活動しか示さない。そのレベルの活動を示す生徒は，同じデジタル読解力の問題を与えられた全生徒の中で「最下位 10%」群に位置付けられる。前述した活動が見られないグループと合わせれば，これらのグループは，OECD 加盟国で平均すると，生徒の 10% に相当する。しかし，PISA 調査に参加している東アジアの国では，活動が見られないか，限定的であるのは，全生徒の 4% 未満である。したがって，調査におけるこれらの国の優れた成績の一つの理由は，問題に答えようとする生徒の意欲にある可能性がある。

　その一方で，活動量が多い生徒（ナビゲーションシーケンスが最も長い生徒）がいる。良くも悪くも，こうした生徒は自分のナビゲーション活動に固執する。記録されたナビゲーション量において，彼らの順位は国際的に PISA 調査へ参加した全生徒の「最上位 25%」群にある。香港，韓国，マカオ，上海及び台湾の生徒 3 人のうち約 2 人はこのカテゴリーに入り，PISA 調査に参加している他のどこの国よりも著しく多い。エストニア，イタリア，日本及びシンガポールの生徒も，平均すると，OECD 加盟国の生徒よりも，このグループで多く見られる（図 4.6）。

第4章　デジタル読解力におけるナビゲーションの重要性：考えてからクリックする

■ 図 4.5 ■
デジタル読解力：全体的なブラウジング活動
生徒の国際順位の平均

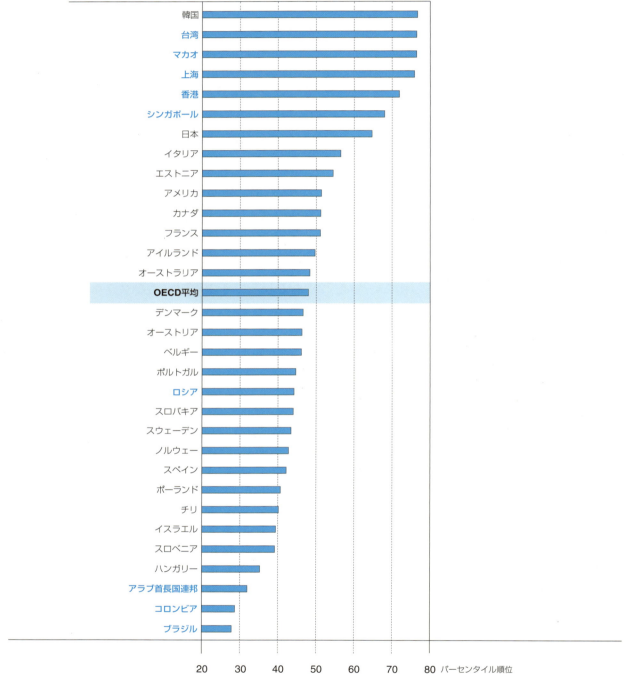

注：全体的なブラウジング活動指標は 0 から 100 の値を取る。0 はブラウジング活動が見られない（開始ページ以外のどのページも訪れていない）ことを示し，100 はブラウジング活動（ページ訪問）の数が，同じ出題問題が割り当てられた生徒の中で最も多く記録されていたことを示す。
全体的なブラウジング活動指標の大きい順に上から国を並べている。
出典：OECD, PISA 2012 Database, Table 4.1.
StatLink：http://dx.doi.org/10.1787/888933253068

デジタル読解力におけるナビゲーションの重要性：考えてからクリックする　第4章

■ 図 4.6 ■
デジタル読解力：ブラウジング活動の量別の生徒の割合

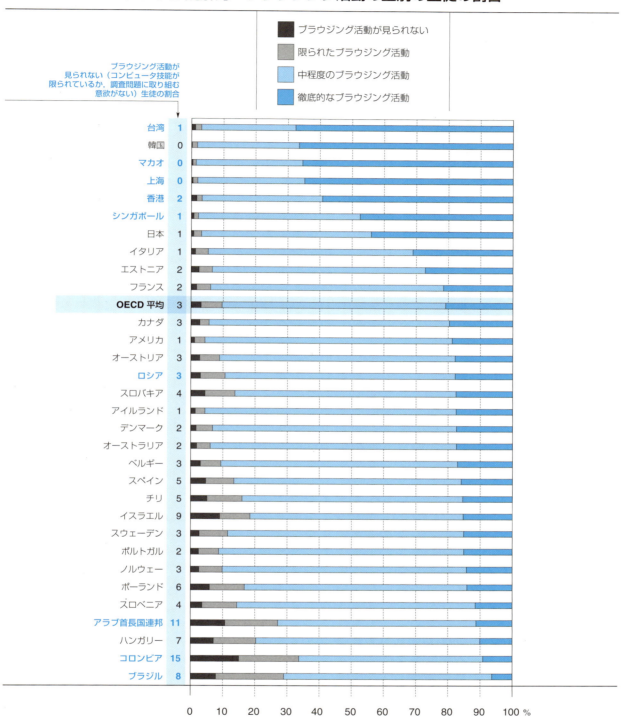

注：この図の 4 つのカテゴリーは，下記のとおり。
・ブラウジング活動が見られない：ログファイルにナビゲーションステップが記録されていない生徒。
・限られたブラウジング活動：ナビゲーションステップが記録されているが，全体的なブラウジング活動指標が 10 以下。
・中程度のブラウジング活動：全体的なブラウジング活動指標が 10 から 75。
・徹底的なブラウジング活動：全体的なブラウジング活動指標が 75 を超える。
徹底的なブラウジング活動を行った生徒の割合が多い順に上から国を並べている。
出典：OECD, PISA 2012 Database, Table 4.2.
StatLink：http://dx.doi.org/10.1787/888933253075

2.2.2　課題指向型ブラウジング

　大量に速く読むことが常に望ましく，また効率的であるわけではない。それは散漫で，課題の明確な目的を気にしない読解の兆候になり得る。その上，関連のないリンクにアクセスするオンラインの読み手は，違法もしくは不正なコンテンツ，スパイウェア，ウイルス又はワームといった多大な脅威に自分自身や自分のハードウェアを晒す可能性がある。そうした脅威を避けるために，オンラインで読解する際には自制心を働かせる必要がある。

　したがって，生徒のナビゲーションに対する習熟度を明らかにするために用いられる第二の指標は，課題の要求を踏まえて，生徒のナビゲーションが期待に沿っているか否かを評価する。それぞれの課題の目的に基づいて進むリンクを選択するとき，生徒はこの指標で高い値を示す（「考え，それからクリック」）。課題が要求する最小限のナビゲーションにこだわらない生徒がそうであるように，選択能力があまりなく，（仮に考えるとしても）リンクをクリックしてしまった後にそのリンクが関連するものなのかどうかを考えるだけの生徒はこの指標で低い値を示す。

　図4.7からは，平均するとシンガポールの生徒，続いてオーストラリア，韓国，カナダ，アメリカ及びアイルランドの生徒が，ブラウジングの質の平均値において高い順位にいることが分かる。

　これらの国の生徒はオンラインのナビゲーション行動において最も選択能力があり，リンクをクリックする前に進むリンクを注意深く選び，課題を解くのに必要な場合にのみ，関連するリンクをたどる傾向がある。

　生徒のブラウジングの質（図4.7）又は量（図4.5）のどちらに依拠するかによって，各国の順位に大きな違いがある。マカオ，上海及び台湾の生徒は活動量の多さで共通しているが，ブラウジング活動の質という観点ではその順位ははるかに低い。

　確かに，ブラウジングの方法を知っており，進んで課題に取り組もうとする生徒はいるが，彼らはあたかも明確な指示に導かれているようにページをたどってはいないという点で「デジタルの世界で漂流している」。図4.8によれば，マカオ，上海及び台湾の生徒5人のうち1人以上が，ブラウジング活動の焦点の定まらない生徒のグループに属していることが分かる。これとは対照的に，オーストラリア，カナダ，フランス，アイルランド，ポーランド，シンガポール，スウェーデン及びアメリカでは，このグループに属しているのは全生徒の10％未満である。

　同時に，ナビゲーション行動が課題の要求に最もよく一致している生徒，つまり，PISA調査のデジタル読解力調査に参加した全生徒の中で，ブラウジングの質に関して「最上位25％」群に入る生徒のグループはシンガポール（48％），韓国（38％），香港（37％），オーストラリア（35％），カナダ（33％），アメリカ（33％）で特に多い（図4.8，表4.3）。

　量に基づく順位と質に基づく順位の相違は，ウェブサイトを読み進めているときにミスステップを行う生徒の行動と関係している可能性がある。コラム4.2では，生徒によるそうしたミスステップへの対応方法をめぐる各国間の相違を検討する。

　要約すれば，オーストラリア，カナダ，韓国，シンガポール及びアメリカの生徒は，平均すると，最も課題指向型で，したがってより優れたナビゲーションシーケンスを有している。東アジア諸国の生徒にはナビゲーションシーケンスが長い傾向がある。しかし，これらのシーケンスが期待される経路から，時にそれてしまうことが，他の国よりも頻繁に見られる。考えられる理由とし

■ 図 4.7 ■
デジタル読解力：課題指向型ブラウジング
生徒の国際順位の平均

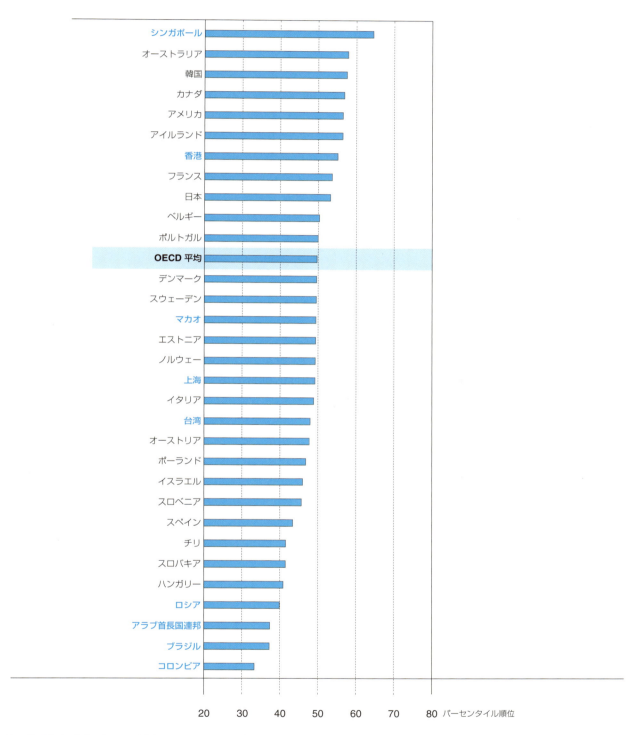

注：課題指向型ブラウジング指標は 0 から 100 の値を取る。この指標値が高いほど，課題関連ステップが多く，ミスステップや無関連ステップがない，もしくは少なく，ナビゲーションシーケンスが長いことを示す。
課題指向型ブラウジング指標の大きい順に上から国を並べている。
出典：OECD, PISA 2012 Database, Table 4.1.
StatLink：http://dx.doi.org/10.1787/888933253082

第4章 デジタル読解力におけるナビゲーションの重要性：考えてからクリックする

て，こうした国においては，間違う確率が最も高い生徒ですら，進んで試みようとすることが挙げられる。人工のウェブ環境という閉ざされた空間では，この行動によって生徒がPISA調査の課題を解く適切なきっかけを得ることもある。制限のないワールドワイドウェブに適用される場合には，もっとマイナスな効果をもたらす可能性がある。

コラム 4.2　期待されるナビゲーション経路からそれたときに生徒はどのように対応するか

　生徒の典型的なブラウジング活動を表すために用いられる第三の指標は，生徒のミスステップに焦点を合わせる。ブラウジング活動が見られない生徒又は限定的なブラウジング活動をする生徒は別として，生徒を三つのカテゴリーに分類する。つまり，課題に関連する経路から決してそれない生徒（ミスステップがない），時々それてしまい，課題と関連しないページにアクセスするが，期待される経路へ戻ることでそうした間違いを常に軌道修正する生徒（この場合，軌道修正の回数とミスステップの回数は等しい），及びミスステップを行い，常にそれを軌道修正するわけではない生徒（例えば，生徒が自分のミスステップに気付かないか，又は課題に関連する経路に戻る方法が分からないため）である。図4.aにはデジタル読解力調査に参加している国において，各カテゴリーに入る生徒の割合が示されている。

　生徒がナビゲーションシーケンスでミスステップをするのは比較的よく見られることである。OECD加盟国で平均すると，課題に関連するナビゲーション経路から決してそれない（これはナビゲーションがない生徒や限定的である生徒を除外している）のは，生徒の7%のみである。生徒のナビゲーションシーケンスが最も長い国において，平均すると，オンラインでページをたどるとき，間違わないのは生徒の5%に満たない。すべての東アジア諸国（香港，日本，韓国，マカオ，上海，シンガポール及び台湾）のほか，エストニアとイタリアがここに含まれる。しかし，ミスステップ後の生徒の行動は，国によって大きく異なる。

　イタリア，韓国，マカオ，上海及び台湾では，生徒5人のうち3人以上が課題と関連しないページにアクセスし，課題に関連する経路へ戻ることによってミスステップを軌道修正しない。さらに，これらの国でミスステップを行った生徒は課題の解答を諦めないことが多いために，ナビゲーションシーケンスが長くなる傾向がある（図4.5参照）。これとは対照的に，オーストラリア，カナダ，アイルランド及びアメリカ（これらの国のすべてが，ナビゲーションの質の平均値が高い）（図4.7参照）では，ナビゲーションシーケンスに間違いのない生徒がOECD加盟国の平均よりも多く，かつミスステップを行った後，課題を解くために関連するナビゲーション経路へ戻る生徒も多い。

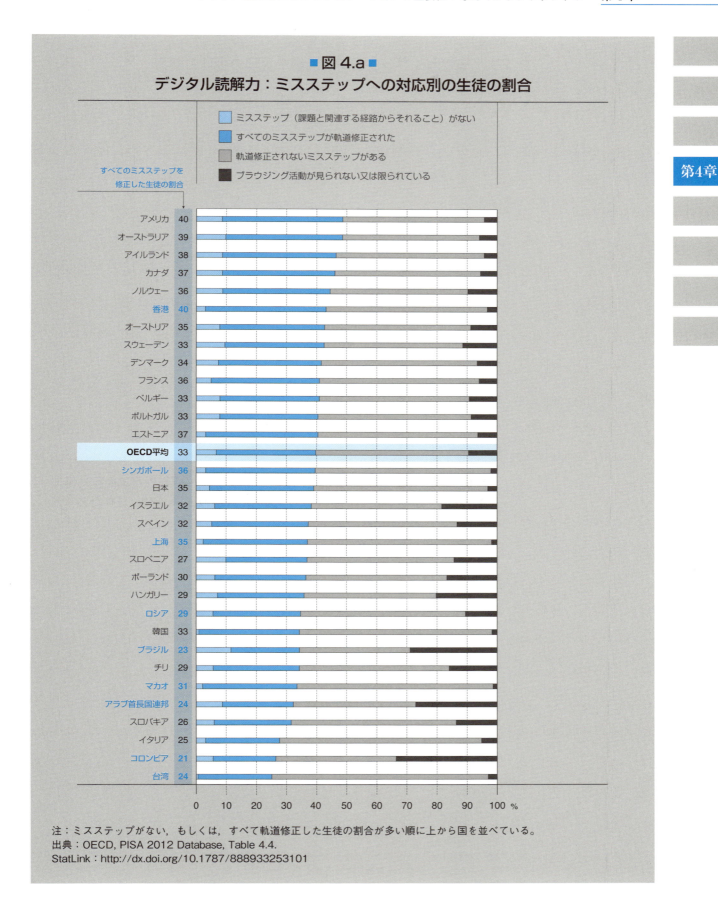

■図4.a■
デジタル読解力：ミスステップへの対応別の生徒の割合

第4章　デジタル読解力におけるナビゲーションの重要性：考えてからクリックする

■ 図 4.8 ■
デジタル読解力：ブラウジング活動の質別の生徒の割合

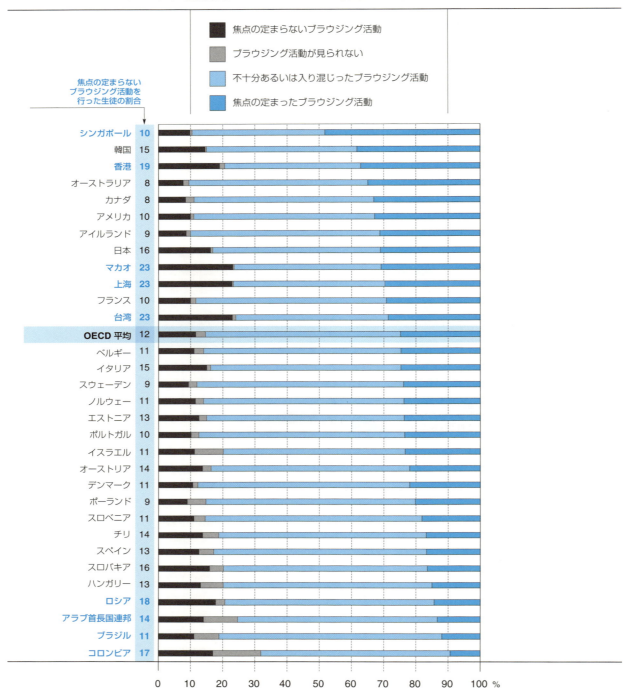

注：この図の四つのカテゴリーは，下記のとおり。
・焦点の定まらないブラウジング活動：ミスステップと無関連ステップの合計数が課題関連ステップ数を上回る生徒。
・ブラウジング活動が見られない：ログファイルにナビゲーションステップが記録されていない生徒
・不十分あるいは入り混じったブラウジング活動：ミスステップと無関連ステップの合計数が課題関連ステップ数と等しいかそれより少ない，かつ，課題指向型ブラウジング指標が 75 以下。
・焦点の定まったブラウジング活動：課題指向型ブラウジング指標が 75 を上回る。
焦点の定まったブラウジング活動を行った生徒の割合が多い順に上から国を並べている。
出典：OECD, PISA 2012 Database, Table 4.3.
StatLink：http://dx.doi.org/10.1787/888933253097

第3節 デジタル読解力の成績と生徒のナビゲーション行動の関係

　デジタル読解力における生徒の成績は，筆記型調査読解力の成績と完全に一致しているわけではない。これは国ごとに集計したデータにおいても当てはまる。一部の国では，平均得点が筆記型調査読解力での生徒の得点から予測されるレベルを上回ったり，下回ったりしている。こうした差は生徒のナビゲーション行動と関係しているのか。

　図4.9からは，生徒の平均的なナビゲーション行動（**全体的なブラウジング活動指標**と**課題指向型ブラウジング指標**によって定量化済み）が，筆記型調査読解力における得点の差では説明されない，各国間のデジタル読解力の差の大部分を説明していることが分かる。20％の筆記型調査読解力の得点では説明されないデジタル読解力の得点の分散のうち，生徒のナビゲーション行動の各国の平均値の差でも説明されない分散は，僅か4分の1ほど（デジタル読解力の得点の分散全体の5％）である。

■図4.9■
デジタル読解力：各国の得点分散の説明率

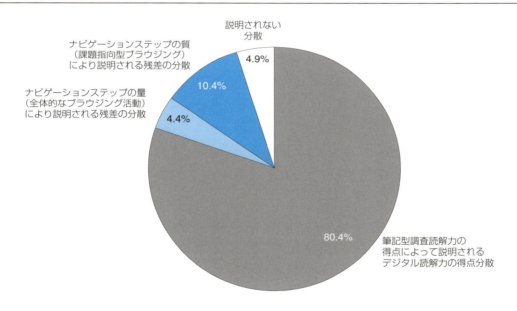

注：丸め誤差のため，割合（％）の合計は100ではない。
この図は，各国のデジタル読解力の平均得点の，筆記型調査読解力の平均得点と二つのナビゲーション指標の平均値による回帰分析の結果に基づく。
出典：OECD, PISA 2012 Database, Table 4.6b.
StatLink：http://dx.doi.org/10.1787/888933253119

　より正確に言えば，筆記型調査読解力の差をコントロールした後の残差の約5分の1（デジタル読解力の成績の分散全体の4.4％）を説明する要因が，ナビゲーションの量（**全体的なブラウジング活動指標**を通じて測定したもの）である。生徒のナビゲーションの質（**課題指向型ブラウジング指標**を通じて測定したもの）は，残差の半分以上（デジタル読解力の得点の分散全体の10.4％）を説明する。

第4章　デジタル読解力におけるナビゲーションの重要性：考えてからクリックする

　図4.10は，デジタル読解力の成績とナビゲーションとの関連性が実際にどのように機能するかを説明している。上段のグラフからは，生徒の平均的なナビゲーション行動がデジタル読解力の平均得点と強く関連していることが分かる。しかし，生徒のナビゲーション行動の大半は，生徒が優れた読み手であるかどうか，すなわち，筆記型調査読解力での得点によって，予測することができる。これは多くの場合，優れたナビゲーションが依拠する認知的技能と動機付けの側面が，読解力の筆記型調査における成功の必要条件でもあるためである。

　優れたナビゲーションは優れた読解力以上のものを必要とするのか。もしそうであるなら，優れたナビゲーションは読解力の得点の影響を除いた後に，各国間の得点の差を説明することができるのか。

　図4.10の下段のグラフからは，筆記型調査読解力の得点の影響を除いた後でも，デジタル読解力とナビゲーションの質（課題指向型ブラウジング）の間に強い関連性があることが分かる。生徒のナビゲーションが平均的な質を上回る国，すなわち，オーストラリア，カナダ，フランス，香港，アイルランド，日本，韓国，シンガポール及びアメリカでは，筆記型調査読解力の得点に基づく期待値よりも，デジタル読解力の方で得点が高い場合が多い。

　各国内でも生徒間に類似する関係性が存在する（表4.6a）。調査参加国にわたって，もしくは各国内において，筆記型調査読解力で同じレベルの成績を上げる生徒間で観察されるデジタル読解力の得点の差の大部分は，ナビゲーション行動における差によって説明することができる。平均すると，デジタル読解力の得点におけるすべての差のおよそ9%は，生徒のナビゲーション行動によって一意的に説明される[7]。

　ナビゲーション技能が極めて重要ならば，それはどのように伸ばされるのだろうか。統計分析によれば，印刷テキストにおける生徒の読解力技能からデジタルテキストでのナビゲーション行動が強く予測される（表4.6b，表4.7a）。これは，筆記型調査読解力技能の向上はナビゲーション技能の向上にも寄与する可能性があることを示している。確かに，一般的にはナビゲーションの量が読みの取組と関係している場合があり，その一方で，推測といった種類の技能に基づくナビゲーションの質は，まさに印刷テキストばかりではなくデジタルテキストにおいても磨かれ得る。

　問題解決能力も重要である。同じような読解力技能を持つ生徒の中で，PISA調査における問題解決能力の得点が高い生徒には，ナビゲーションでより忍耐力がある傾向がある（これは**全体的なブラウジング活動指標**における高い値によって示されるとおりである）。多くの場合，こうした生徒はページも上手にたどる（これは**課題指向型ブラウジング指標**における高い値によって示されているとおりである）。これは，オンラインでページをたどるために，生徒が全体的な問題解決能力や性質を用いることを示唆しており，そうした能力や性質には，生徒が不慣れな問題及びその解答方法について自発的に考える能力，並びに最初にそのような状況に取り組もうとする意欲が挙げられる（OECD, 2014）。

　したがって，優れたナビゲーションには優れた問題解決能力が必要となる。しかし，筆記型調査読解力及び問題解決能力において同じような技能を持つ生徒の間にすら，ナビゲーションの差はデジタル読解力の習熟度の差に依然として強く関連している。実際，PISA調査で測定された問題解決能力は，ナビゲーションの指標とデジタル読解力の成績の関連性を僅かばかり弱めるのみである（表4.8）。ほとんどの場合，複雑なデジタルテキストを読み進めるときに生徒が示す問題解決能力は特有なものであり，インターネットからの読解という文脈において最もよく学び取られる可能性がある。

■図4.10■
デジタル読解力：得点とナビゲーション行動の関係

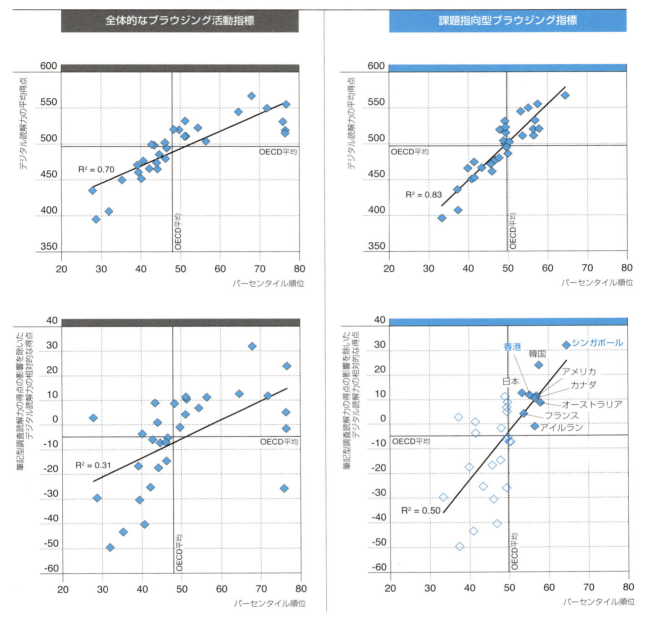

注：各国のデジタル読解力の相対的な得点は，生徒の測定された得点と予測される得点の差の平均を示す。各生徒の期待される得点は，回帰モデルを用いて，筆記型調査読解力の得点から求められるデジタル読解力の得点の期待値として推定される。
各菱形記号は，各国の平均値を示す。
出典：OECD, PISA 2012 Database, Tables 3.6 and 4.1.
StatLink：http://dx.doi.org/10.1787/888933253123

第4章 デジタル読解力におけるナビゲーションの重要性：考えてからクリックする

注記

1. 第7章で提示される大問「スラン」におけるページとナビゲーションステップの分類は，同じ大問（つまり同じウェブサイト）の中でさえ，各課題の目的に応じて関連するページは異なる可能性があることを示している。

2. 大問「スラン」の問題はオーストラリア教育研究所のウェブサイト（http://cbasq.acer.edu.au/index.php?cmd=toEra2012）で閲覧し，試すことができる。

3. 必要とされるナビゲーションが最小限である課題とは，必要とされるナビゲーションの難易度が，1から4の尺度において1.5以下の課題と定義される。

4. ナビゲーションがほとんど必要とされない課題において，こうした「軌道修正されないミスステップ」の多くは，（開始ページ自体に提示されていることがある）生徒が必要とする情報を見付けた後に観察される。

5. 各課題に関してナビゲーションシーケンスに含まれるステップ（異なるページへつながるタブやリンクをクリックすること）の数は課題を通して合計される。この数を**全体的なブラウジング活動指標**に変換するために，同じデジタル読解力の問題を与えられた全生徒の中における生徒の順位を示すパーセンタイル順位が計算される。すべての参加国からの生徒に関する重み付けなしのプールされた分布が使用される。

6. この指標を計算するために，関連するページで始まって終わるステップ数が最初に計算され（課題関連ステップ），次にこの合計から関連しないページで終わるページ移動数（ミスステップ及び無関連ステップ）が差し引かれる。さらに，異なる問題を与えられた生徒間で公正に比較するために，この結果は同じデジタル読解力の問題を与えられた全生徒の中における生徒の順位を示すパーセンタイル順位に変換される。

7. ナビゲーション指標はデジタル読解力に関する成績の個々の生徒の得点を出すための条件付けモデルでは使用されなかったため，ナビゲーション指標による分散の説明率は低く推定されている可能性がある。

オンラインデータ

第4章の表はインターネット上の http://dx.doi.org/10.1787/edu-data-en で入手できる。

表4.1 Students' navigation behaviour in the digital reading assessment
表4.2 Percentage of students at different levels of the index of overall browsing activity
表4.3 Percentage of students at different levels of the index of task-oriented browsing
表4.4 Students' reactions to navigation missteps
表4.5a Relationship between success in digital reading tasks and the length of navigation sequences
表4.5b Relationship between success in digital reading tasks and the quality of navigation steps
表4.6a Relationship between performance in digital reading and students' navigation behaviour
表4.6b Variation in countries'/economies' digital reading performance explained by students' mean navigation behaviour
表4.7a Relationship between students' overall browsing activity and their reading and problem-solving skills
表4.7b Relationship between students' task-oriented browsing and their reading and problem-solving skills
表4.8 Relationship between performance in digital reading, students' navigation behaviour and students' performance in problem solving

参考文献・資料

Mangen, A., B.R. Walgermo and K. Brønnick (2013), "Reading linear texts on paper versus computer screen: Effects on reading comprehension", *International Journal of Educational Research*, Vol. 58, pp. 61-68.

Naumann, J. (forthcoming), "A model of online reading engagement: Linking engagement, navigation and performance in digital reading", *Computers in Human Behavior*.（この文献は2015年に刊行された）

Noyes, J.M. and K.J. Garland (2003), "VDT versus paper-based text: Reply to Mayes, Sims and Koonce",

International Journal of Industrial Ergonomics, Vol. 31/6, pp. 411-423.

OECD（2014）, *PISA 2012 Results: Creative Problem Solving（Volume V）: Students' Skills in Tackling Real-Life Problems*, PISA, OECD Publishing, Paris, http://dx.doi.org/10.1787/9789264208070-en.

OECD（2011）, *PISA 2009 Results: Students On Line: Digital Technologies and Performance（Volume VI）*, PISA, OECD Publishing, Paris, http://dx.doi.org/10.1787/9789264112995-en.

■ 第5章 ■

デジタル技能の不平等：格差を埋める

第5章

　デジタルに関する不平等とは，情報通信技術（ICT）を有効に活用するのに必要な物的，文化的及び認知的リソースにおける違いを指す。本章では，ICTへのアクセスとその利用において，生徒の社会経済的背景，性別，居住地，子供が通う学校に関連する違いを検討する。また，コンピュータ使用型調査における得点が生徒の社会経済的背景とコンピュータへの馴染みと関係しているかどうかも調査する。

第5章　デジタル技能の不平等：格差を埋める

はじめに

　情報通信技術（ICT）へのアクセスとその習熟度における格差，特に社会経済的に恵まれた子供と恵まれない子供との間，郡部に住む子供と都市部に住む子供との間にある格差は，長い間，公共政策の焦点となってきた。「デジタル・ディバイド」という表現は，格差のアナログ側に取り残された集団の仕事への十分な参画を妨げ，政治的効力を弱めて，社会の結束及び国内の結束を揺るがす恐れがあるという現実を強調するために作り出された。実際，テクノロジーが，市民参加，ネットワーク又は仕事の生産性を向上させる多くの機会を与えていることから，こうした機会を捉えるための物的，文化的，認知的リソースの不平等な配分は，今ある格差を存続させ，悪化しさえする。

データから分かること

- 多くの国では，社会経済的に恵まれた生徒と恵まれない生徒の間にあるコンピュータへのアクセスにおける差は，2009年から2012年にかけて縮小しており，格差が広がった国はなかった。
- インターネットへのアクセスにおける社会経済的な格差が小さい国では，生徒がインターネットに費やす時間は，社会経済的グループ間で大きくは異なっていない。しかし，生徒がコンピュータで何を行うかは，Eメールを利用することからインターネット上でニュースを読むことまで，生徒の社会経済的背景と関係している。
- 数学的リテラシーでは，社会経済的背景とコンピュータ使用型調査の得点との関係は，コンピュータを使用する能力の差ではなく，筆記型調査の得点で観察される差を反映している。デジタル読解力では，この関係は社会経済的グループ間のナビゲーションと評価技能の差も反映している。

第1節 │ 一つの格差か，多くの格差か：デジタルアクセス，デジタル利用，デジタル生産

　デジタルに関する不平等とは，ICTを有効に使うために必要な物的，文化的，認知的リソースにおける格差を指す。従来，デジタルに関する不平等についての研究は，ICTツールへの物理的なアクセスとその所有における差に注目する一方で，アクセスはテクノロジーを有効活用するのに必要な多くの要因の一つに過ぎないことを強調してきた。物的リソースに大きく注目が集まるのは，これらの要因を測定するデータが，コミュニティにおけるICT利用の規範や，個人のデジタル知識や技能といった文化的，認知的リソースの差に関するデータと比較して，相対的に豊富であることと間違いなく関係している（Hargittai and Hsieh, 2013）。

　したがって，最初の中心的な「デジタル・ディバイド」は，物理的なアクセスの問題に関するも

デジタル技能の不平等：格差を埋める　第5章

のである。コンピュータは，身近にあり，利用可能で，最新式であるのか。最も新しく開発された
コンテンツへのアクセスが可能なインターネットの接続はあるのか。PISA 調査におけるデータの
経年比較は，2000 年代初めにアメリカで観察された状態を追認する（Compaine, 2001）。つまり，
かつては最も裕福な人々が独占的に利用できた情報通信技術が，時が経つにつれて，広く一般的に
利用できるようになるという傾向である。その結果，アクセスにおける多くの格差は埋まる。しか
し，より多くの人々が古いテクノロジーを利用できるようになる一方で，新しいデジタルテクノロ
ジー，ツール，サービスは，常に最も裕福な人々だけに売り込まれる。それゆえ，少なくとも初め
のうちは社会経済的に恵まれた人々の特権をより強化することになる（Hargittai and Hsieh,
2013）。

　しかし，平等なアクセスは平等な機会（公平さ）を意味しない。世界について学び，新しい技能
を磨き，オンラインコミュニティに参加し，キャリアプランを立てる機会がわずか数クリック先に
あるときですら，社会経済的に恵まれない生徒は，社会的背景を改善するためにテクノロジーがど
れほど役に立つか気付かない。また，彼らは，大規模公開オンライン講座（MOOCs），電子政府
のウェブサイト，オープンな教育リソースなどを利用するために必要な知識と技能を持っていない
可能性もある。

　ICT ツールを最大限に利用するための生徒の能力を左右する非物質的リソースに言及するため
に，「第二の」又は「二次的な」デジタル・ディバイドという用語が用いられた（Attewell, 2001;
Dimaggio *et al.*, 2004）。ごく最近では，「習熟度」と「機会」の格差が区別されており，コンピュ
ータなどのデジタルツールを利用する際に，人々ができることと実際に行うことの違いに言及して
いる（Stern *et al.*, 2009）。PISA 調査のデータは，こうした格差の幅を測定し，格差の縮小におい
て教育制度と学校がどの程度効果を上げているのかを分析する比類のない証拠となる。

第2節 | 社会経済的背景に関連したアクセスと経験の格差

　PISA 調査に参加した多くの国では，2012 年までに，社会経済的な違いが，もはやコンピュータ
へのアクセスにおける包括的な格差（いわゆる「一次的なデジタル・ディバイド」）と関連しなく
なった。しかし，利用可能な ICT ツールの量，種類，質においては，ICT ツールの習得と同様に，
かつて見られた格差は依然として残っている。

2.1　コンピュータとインターネットへのアクセスにおける社会経済的な違い

　PISA 調査参加国の多くでは，社会経済的に最も恵まれない生徒も含めた 90％以上の生徒が，家
庭に少なくとも 1 台以上のコンピュータを所有している。それでも，一部の中所得国と低所得国で
は，社会経済的に恵まれない生徒と恵まれた生徒の間にある基本的なアクセスに依然として大きな
差が見られる。実際，国内における社会経済的に恵まれた生徒と恵まれない生徒の間のデジタル・
ディバイドは，PISA 調査の参加国間で見られる格差よりも時に大きい（図 5.1）。

143

第5章　デジタル技能の不平等：格差を埋める

　図5.1は，生徒の社会経済的背景と家庭におけるコンピュータの利用機会との関係を示している。各国の**「生徒の社会経済文化的背景」指標**（ESCS）で「最上位25%」群に入る生徒は，相対的に社会経済的に恵まれた生徒として分類され，「最下位25%」群に入る生徒は相対的に社会経済的に恵まれない生徒として分類される。

　図5.1からは，3か国（インドネシア，ペルー，ベトナム）を除くすべての国において，社会経済的に恵まれた生徒の90%以上がコンピュータへアクセスできることが分かる。しかし，一部の国，すなわち，デンマーク，フィンランド，香港，オランダ，スロベニア，スウェーデンでは，社会経済的に恵まれない生徒の99%以上が家庭でコンピュータへアクセスできるのに対し，その他12か国において，家庭でコンピュータへアクセスできるのは，社会経済的に恵まれない生徒の半分以下である。換言すれば，PISA調査の参加国間におけるICTへのアクセスは，貧しい家庭の生徒よりも，裕福な家庭の生徒の間の方が似通っている。一方で，ほとんどの調査参加国において家庭でコンピュータへアクセスできるのは，社会経済的に恵まれた生徒よりも恵まれない生徒の方が少ない。二つのグループ間で少なくとも75ポイント以上の格差が見られるのはメキシコ，ペルー，チュニジア，ベトナムである。

　多くの国において，社会経済的に恵まれた生徒と恵まれない生徒の間にあるコンピュータへのアクセスの差は，2009年から2012年にかけて縮小しており（図5.3，表5.1c），格差が広がった国はなかった。2012年までにすべての国において，家庭でコンピュータへアクセスできる生徒は，少なくとも「最上位25%」群と「最下位25%」群の生徒で同程度となった。多くの国におけるこうした中心的なデジタル・ディバイドの縮小からは，この3年間にICTへのアクセスに関する公平さが図られたことを意味する。

　こうした格差の縮小にもかかわらず，家庭で利用できるコンピュータの台数は家庭の社会経済的背景に応じて異なる。例えば，ハンガリーとポーランドでは，社会経済的に恵まれた生徒の6人のうち5人（84%）が家庭に2台以上のコンピュータを所有するのに対し，社会経済的に恵まれない生徒で家庭に2台以上のコンピュータを所有するのは，4人のうちわずかに1人である。OECD平均では，社会経済的に恵まれた生徒の88%が家庭に2台以上のコンピュータを所有しているのに対して，社会経済的に恵まれない生徒の場合は55%である（図5.3，表5.1a）。

　インターネットへの接続が可能な場所の数と，携帯端末を使って「出先で」オンラインサービスにアクセスできるかどうかは，社会経済的背景により引き続き決定されている。さらに，利用できるICTリソースの量の差は，その質の差によって左右されるが，これはPISA調査では測定されない。2台以上のコンピュータを所有する家庭では，少なくとも1台は新モデルであり，その一方でコンピュータが1台しかない家庭は旧モデルか，あまり性能が良くないモデルを所有している可能性が高い。

　コンピュータの量的な差と生徒が利用可能なICTサービスの差との間に密接な関連があることは，インターネットへの不均等なアクセスに関する分析により裏付けられている。図5.2に示されているように，ほとんどの調査参加国において，社会経済的に恵まれない生徒の方が恵まれた生徒よりもインターネットへのアクセスが少ない。全体的に見て，インターネットへのアクセスが相対的に少ない国では，より社会経済的に恵まれた生徒のみ家庭でインターネットへ接続する傾向がある。40か国においては，社会経済的背景の「最上位25%」群のうち99%以上の生徒が家庭でイン

デジタル技能の不平等：格差を埋める　第5章

■ 図 5.1 ■
家庭におけるコンピュータへのアクセスと生徒の社会経済的背景

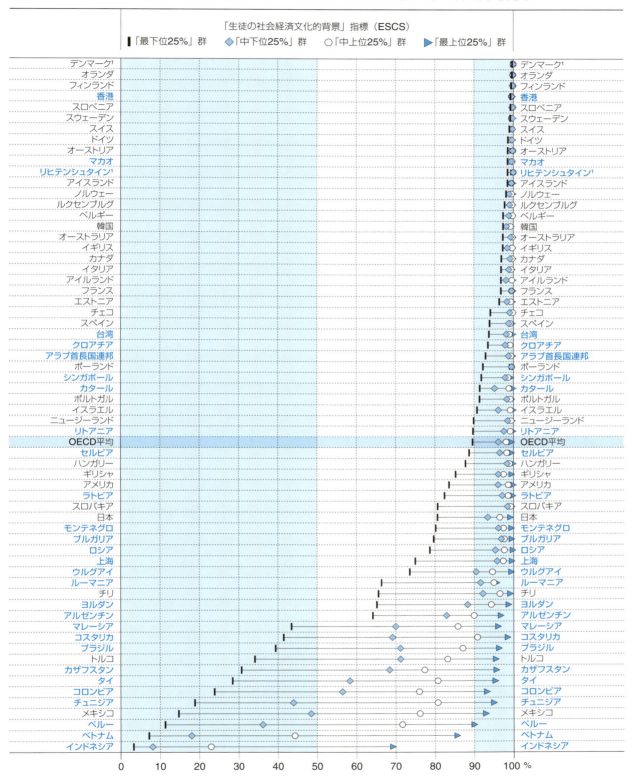

1. ESCS の「最上位25%」群と「最下位25%」群には，統計的に有意差がない。
注：家庭でコンピュータを所有するESCSの「最下位25%」群の生徒の割合が多い順に上から国を並べている。
出典：OECD, PISA 2012 Database, Table 5.1a.
StatLink：http://dx.doi.org/10.1787/888933253134

145

第5章　デジタル技能の不平等：格差を埋める

■ 図 5.2 ■
家庭におけるインターネットへのアクセスと生徒の社会経済的背景

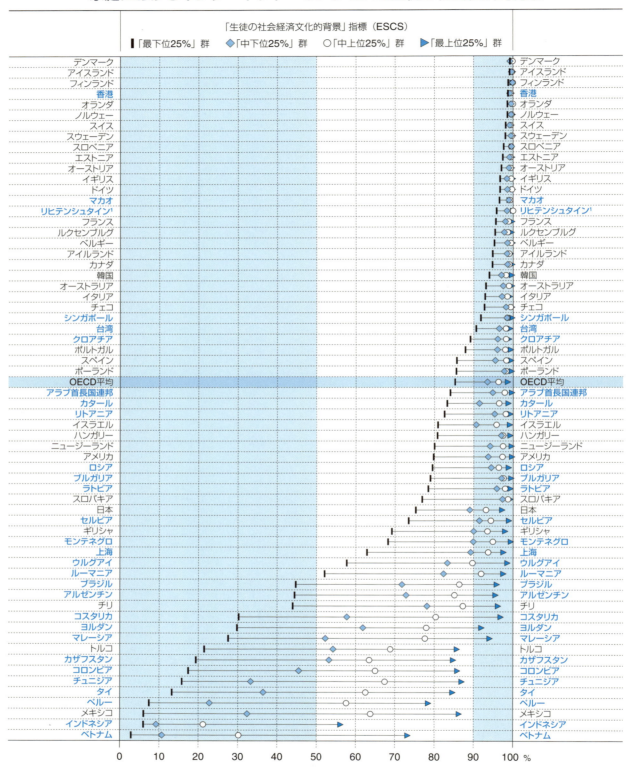

1. ESCS の「最上位 25%」群と「最下位 25%」群には，統計的に有意差がない。
注：家庭でインターネットに接続ができる ESCS の「最下位 25%」群の生徒の割合が多い順に上から国を並べている。
出典：OECD, PISA 2012 Database, Table 5.1a.
StatLink：http://dx.doi.org/10.1787/888933253149

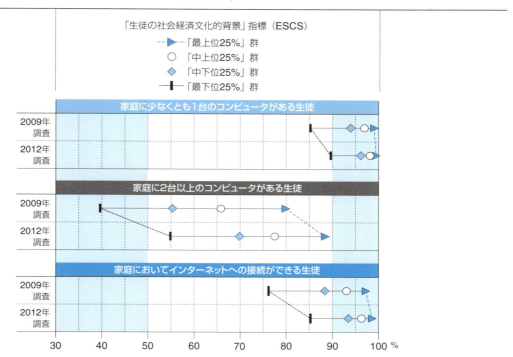

■ 図 5.3 ■
2009 年と 2012 年の社会経済的背景別，
家庭におけるコンピュータ及びインターネットへのアクセスの差
OECD 平均

出典：OECD, PISA 2012 Database, Tables 5.1a and 5.1b.
StatLink：http://dx.doi.org/10.1787/888933253153

ターネットにアクセスすることができる。一方で，15 か国では，社会経済的背景の「最下位 25%」群の生徒のうち，家庭においてインターネットへアクセスできるのは 2 人のうち 1 人未満である。

それでもやはりインターネットへのアクセスにおける社会経済的に恵まれた生徒と社会経済的に恵まれない生徒の間の格差は，概して，2009 年から 2012 年にかけて縮小した（図 5.3）。こうした格差は，2009 年から 2012 年にかけて，インドネシア，カザフスタン，メキシコ，ペルー，チュニジアでのみ拡大し，主に社会経済的に恵まれた生徒がインターネットのアクセス拡大から恩恵を受けた。2009 年には，これらの国における社会経済的に恵まれた生徒のうち 80％未満が，家庭でインターネットへアクセスしていた（表 5.1a，表 5.1b，表 5.1c）。したがって，こうした例外は，イノベーションの典型的な普及パターンにおいて，これらの国が異なる段階にいるという結果かもしれない（Rogers, 2010）。

2.2　早期のコンピュータ利用経験における社会経済的な違いと男女差

2012 年調査においては，最も社会経済的に恵まれない生徒の間でさえ，コンピュータの利用経験がない生徒はほとんどいなかった。しかし，多くの国でアクセスにおける格差が縮小したのは最近であるため，社会経済的に恵まれない生徒は，より社会経済的に恵まれた生徒に比べてコンピュータの利用経験が少ない。

OECD 平均では，社会経済的に恵まれない生徒の 23％のみが 6 歳以下でコンピュータを使い始めたのに比べ，社会経済的に恵まれた生徒の場合は 43％であった。二つの社会経済的グループ間の同じような（時に大きいこともある）差は，国際オプションである ICT 質問紙に参加したすべての国で見られる。しかし，デンマークにおいてのみ，社会経済的背景の「最下位 25％」群に入る生徒のうち 2 人に 1 人以上が就学前にコンピュータを使い始めている（図 5.4）。

同様に，インターネットの利用経験は，最も社会経済的に恵まれない生徒の間ですら一般的である。2012 年の OECD 平均では，社会経済的に恵まれない生徒の 1.3％のみ，インターネットを利用した経験がまったくなかった（表 5.2）。

それでもなお，一部の国ではコンピュータの基本的な利用とその経験において，社会経済的な格差が大きい。OECD 加盟国のメキシコでは，コンピュータへのアクセスにおいて最も大きな不均等があり，社会経済的に恵まれない生徒の 15％はインターネットの利用経験がなかった。また，このうちの大部分（社会経済的に恵まれない生徒の 9％）は，コンピュータを利用した経験がまったくない。メキシコにおいては，社会経済的に恵まれない生徒の僅か 3％のみが 6 歳以下で初めてコンピュータを使った（それゆえ，コンピュータの利用経験は 10 年以上と考えられる）と回答したが，社会経済的に恵まれた生徒の場合は 32％がそのように回答している（表 5.2）。しかし，メキシコで最も社会経済的に恵まれない 15 歳児の多くが学校に通っていないことを踏まえると，社会経済的な格差はもっと大きくなる可能性がある。

コンピュータとインターネットの利用開始年齢も，男子と女子の間で著しく異なる（図 5.5）。4 か国を除くすべての国において，男子は女子よりも早くコンピュータを使い始める傾向が統計的に有意に高い。それ以外の 4 か国，つまりコスタリカ，香港，日本，ニュージーランドでは，性別による差はそれほど大きなものではない。

コンピュータの利用経験において性別による差が存在することは，デジタル学習の機会を考える際に，非物質的な障害を検討する必要性を強調する。インターネットの利用経験と技能が等しく行き渡るようにするためには，物的な制約を取り除くだけでは不十分であり，文化的な規範など，無形の要因もまた重要となる。

実際，（少なくとも 15 歳児の学校教育への参加が一般的な国において）男子も女子も様々な背景で育ち，様々な種類の学校に通っていることを踏まえると，コンピュータの利用について自己申告された経験は，物的な制約というよりも，生徒の関心や，保護者と教育者が生徒にとって適切だと考えることを反映している（OECD, 2015 も参照）。例えば，保護者は安全に対する懸念から，女子のインターネット利用に対して男子よりも多くの制限を加える場合がある。

性別による差は，こうした無形の要因の長期的な影響も示す。例えば，保護者が男子よりも女子に対してインターネットの利用を制限するとき，保護者は女子の有能感を傷つけている恐れがある。国際教育到達度評価学会（IEA）の国際コンピュータ・情報リテラシー調査（ICILS）によれば，調査参加国のほとんどすべてにおいて，第 8 学年の女子は男子に比べて，ウェブページの作成など高度な ICT 課題をこなす自分の能力にあまり自信を持っていない（Fraillon *et al.*, 2014, 表 5.17）。そうした無能力感（低い自己効力感）は，同様に高等教育レベルのコンピュータを学ぶ者の中（OECD, 2014），又はウィキペディアへ積極的に寄稿する者の中（Hargittai and Shaw, 2015; Hill and Shaw, 2013）で，男子が女子よりも 5 倍ほど多い理由を説明するのに役立つ。

デジタル技能の不平等：格差を埋める　第5章

■図5.4■
生徒の社会経済的背景別，コンピュータの利用経験
6歳以下で初めてコンピュータを使った生徒の割合

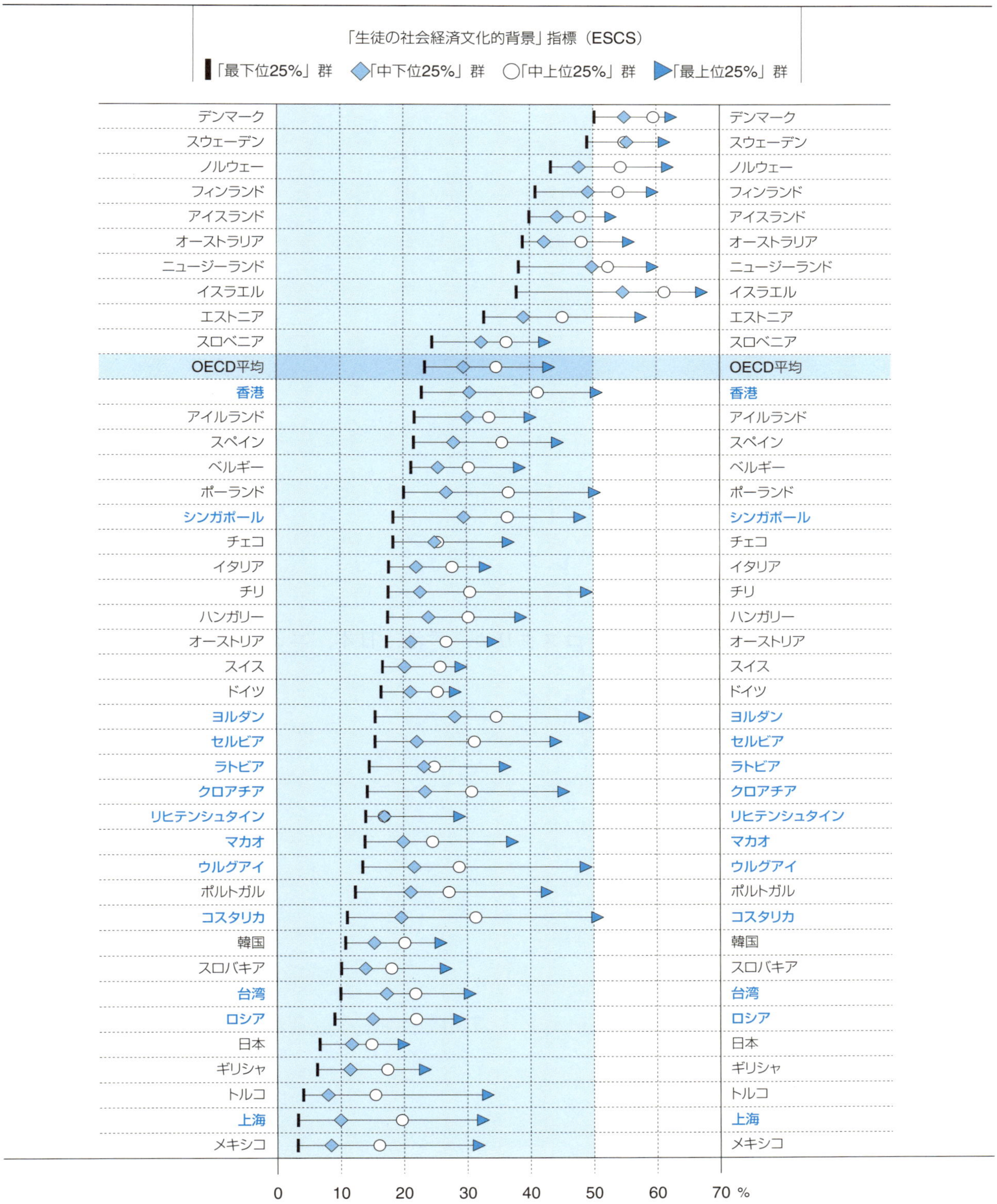

第5章

「生徒の社会経済文化的背景」指標（ESCS）

■「最下位25%」群　◆「中下位25%」群　○「中上位25%」群　▶「最上位25%」群

注：ESCSの「最上位25%」群及び「最下位25%」群には，統計的に有意差がある。
6歳以下で初めてコンピュータを使ったESCSの「最下位25%」群における生徒の割合が多い順に上から国を並べている。
出典：OECD, PISA 2012 Database, Table 5.2.
StatLink：http://dx.doi.org/10.1787/888933253168

第5章　デジタル技能の不平等：格差を埋める

■ 図 5.5 ■
男女別のコンピュータの利用経験
6 歳以下で初めてコンピュータを使った生徒の割合

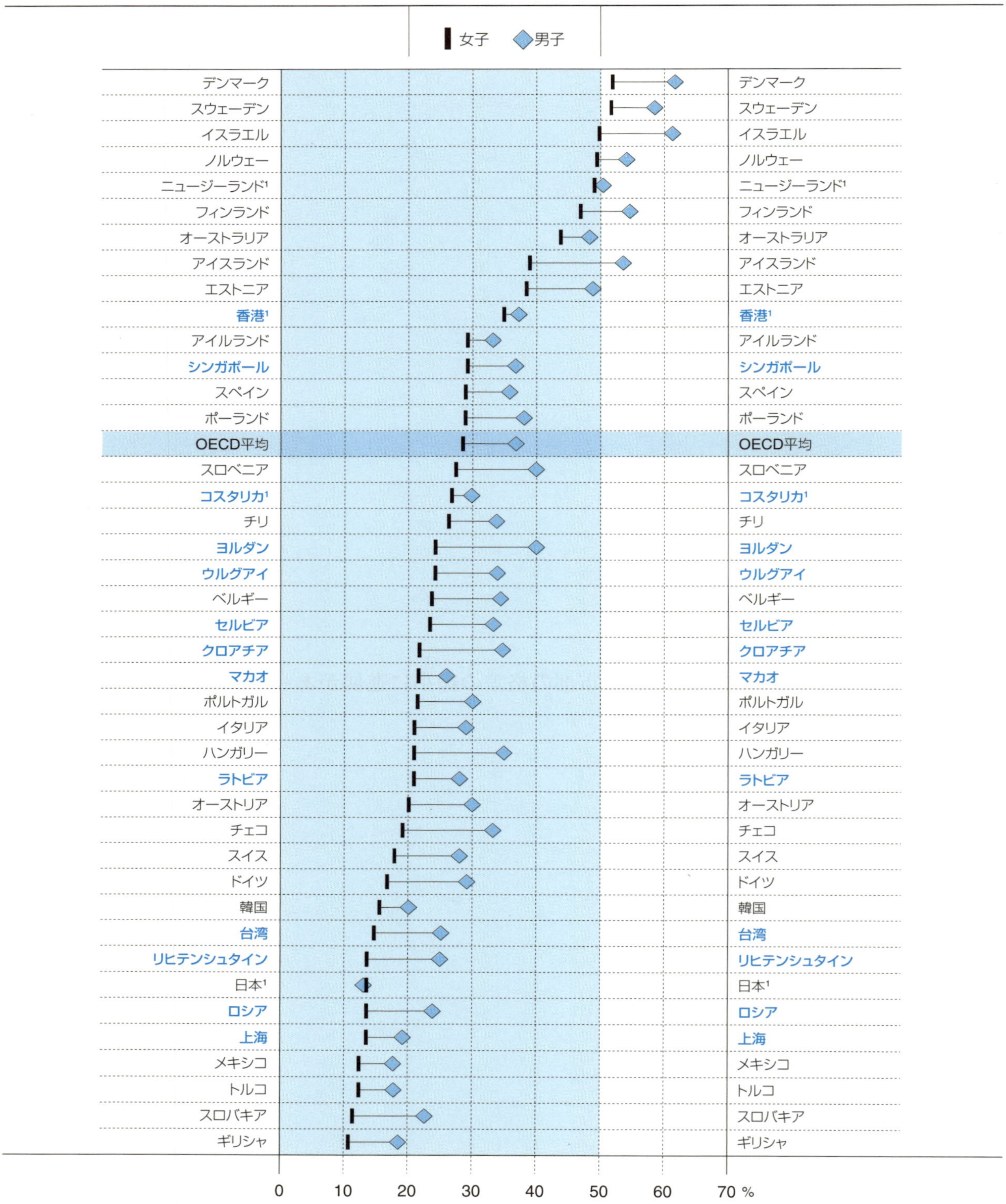

凡例：■ 女子　◆ 男子

デンマーク
スウェーデン
イスラエル
ノルウェー
ニュージーランド[1]
フィンランド
オーストラリア
アイスランド
エストニア
香港[1]
アイルランド
シンガポール
スペイン
ポーランド
OECD平均
スロベニア
コスタリカ[1]
チリ
ヨルダン
ウルグアイ
ベルギー
セルビア
クロアチア
マカオ
ポルトガル
イタリア
ハンガリー
ラトビア
オーストリア
チェコ
スイス
ドイツ
韓国
台湾
リヒテンシュタイン
日本[1]
ロシア
上海
メキシコ
トルコ
スロバキア
ギリシャ

横軸：0　10　20　30　40　50　60　70 %

1. 男子と女子の間に，統計的な有意差はない。
注：6 歳以下で初めてコンピュータを使った女子の割合が多い順に上から国を並べている。
出典：OECD, PISA 2012 Database, Table 5.2.
StatLink：http://dx.doi.org/10.1787/888933253173

デジタル技能の不平等：格差を埋める　第5章

2.3　インターネットへのアクセスにおける郡部と都市部の差

　PISA 調査では生徒の自宅の所在地ではなく，生徒が通っている学校の所在地に関する情報を得ているため，ICT へのアクセスとその利用における郡部／都市部の差について漠然とした状況しか伝えることはできない。それにもかかわらず，PISA 調査のデータからは，低所得国と中所得国において，郡部の学校に通っている生徒の家庭における ICT リソースへのアクセス，特にインターネットへの接続が統計的に有意に低いことが分かる（表 5.7a，表 5.8）。これは固定とモバイル，あるいはナローバンド（狭帯域）とブロードバンド（広帯域）の通信インフラが貧弱なことにもよる。インフラの格差は社会経済的背景と直接関係しないが，特に貧困層が郡部の隔絶された地域により集中している国では，社会経済的な格差の一因となっていることがある。

　学校質問紙から収集したデータは，いくつかの国において接続性（インターネットで提供されるサービスを利用する可能性）の点から，郡部と都市部で格差があることを裏付けている。コロンビア，インドネシア，メキシコ，ペルーにおいては，生徒数に比例して郡部の学校は多くの場合，都市部の学校と同じ台数のコンピュータを所有している。しかし，郡部の学校や小さな町の学校に通う生徒の 4 人のうち 1 人以上は，学校にインターネットへ接続されたコンピュータがない。これとは対照的に，都市部の学校に通う生徒で学校においてインターネットに接続されたコンピュータへアクセスできないのは，10 人のうち 1 人未満である。しかし，これらの国の郡部にある学校にコンピュータがある場合，平均するとインターネットに接続されているコンピュータは，半分以下である（表 5.9a）。

　2009 年調査との比較から，郡部と都市部の格差の縮小に進展があった国が確認されている。アルバニア，インドネシア，ウルグアイでは，郡部地域の経済発展を支援する政策の結果，2009 年から 2012 年にかけて郡部にある学校の多くがコンピュータをインターネットへアクセスさせることができた。その結果，インターネットに接続されたコンピュータのない郡部の学校に在籍する生徒の割合は，急速に低下した（表 5.9c）。

2.4　コンピュータとインターネットの利用機会と学校の役割

　家庭におけるコンピュータとインターネットへのアクセスが社会経済的背景と強く関連している国では，すべての生徒の ICT リソースへのアクセスを可能にする上で学校が重要な役割を果たすことが多い。実際，高い水準で所得の不均衡がある国において，ICT リソースへのアクセスをすべての者に与えることは，教育における ICT 政策の主要目的の一つである。

　多くの国において，ICT リソースは社会経済的に恵まれない生徒が多く在籍する学校と社会経済的に恵まれた生徒が多く在籍する学校で同程度に整っている傾向がある[1]。しかし，コスタリカ，インドネシア，メキシコでは，社会経済的に恵まれない学校は，概して，社会経済的に恵まれた学校よりも ICT リソースが少ない。こうした社会経済的に恵まれない学校の多くは，ICT リソースがまったくなく，コンピュータ 1 台当たりの生徒数は高めで，インターネットに接続された学校のコンピュータの割合は低い。その他の国では，学校にある ICT リソースの水準で差がある場

151

第5章　デジタル技能の不平等：格差を埋める

■図5.6■
学校の社会経済的プロフィール別，学校における生徒用コンピュータ比率

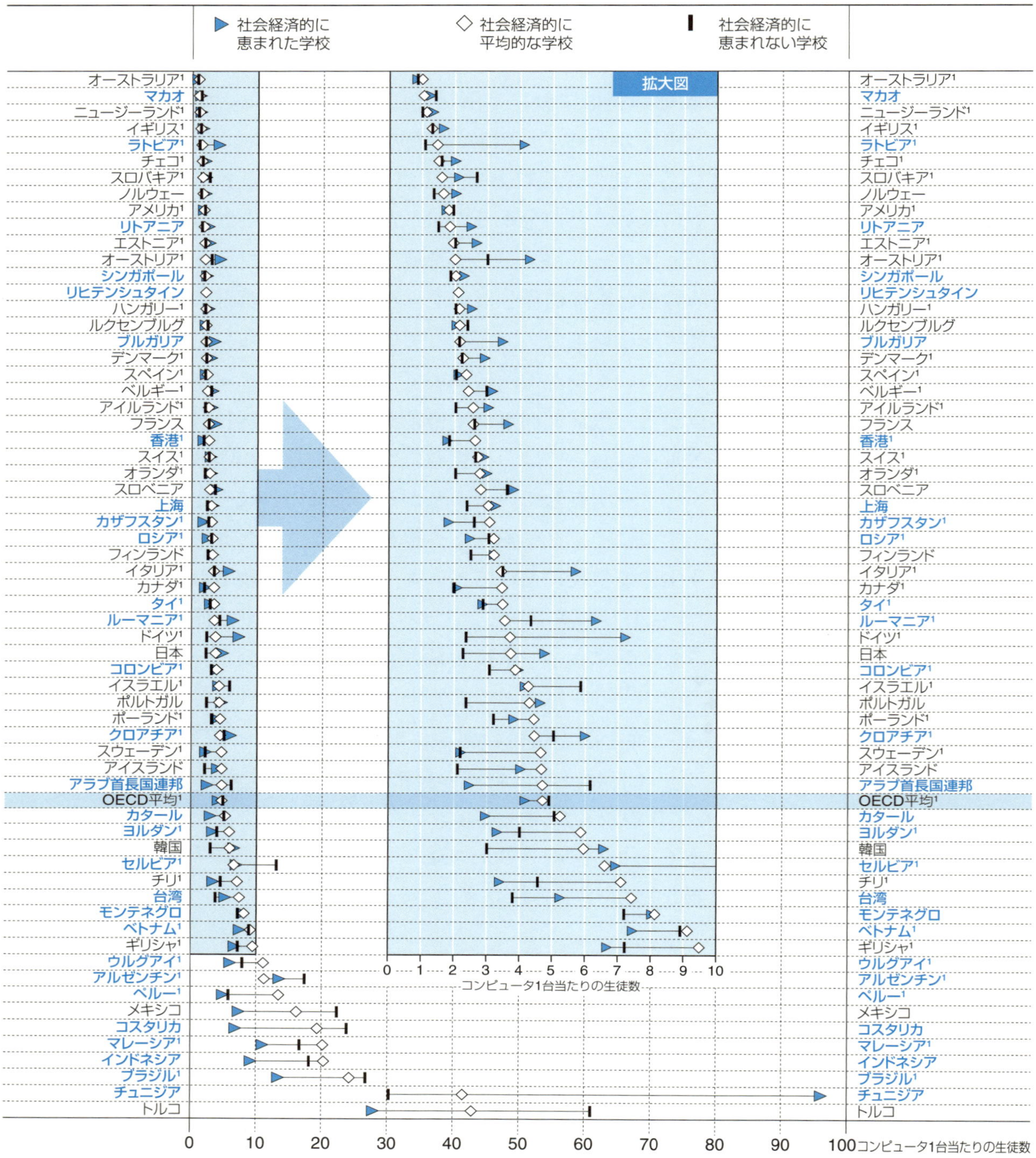

▶ 社会経済的に恵まれた学校　　◇ 社会経済的に平均的な学校　　▮ 社会経済的に恵まれない学校

1. 社会経済的に恵まれた学校と恵まれない学校の間に，統計的な有意差はない。

注：社会経済的に恵まれない学校と恵まれた学校の定義については，本章末の注1を参照のこと。

各国における15歳の生徒が一番集中している学年で少なくとも10人以上の生徒が在籍する学校のみを含めている。

コンピュータ1台当たりの生徒数は，各国における15歳の生徒が一番集中している学年の生徒数と，生徒が利用できるコンピュータの台数に関する学校質問紙の回答を基にしている。生徒が利用できるコンピュータがないと回答した学校においては，コンピュータ1台当たりの生徒数は学校質問紙で回答された生徒数に1を加えたものとして設定している。

社会経済的プロフィールの平均的な学校におけるコンピュータ1台当たりの生徒数が少ない順に上から国を並べている。

出典：OECD, PISA 2012 Database, Table 5.5a.

StatLink：http://dx.doi.org/10.1787/888933253186

デジタル技能の不平等：格差を埋める　第5章

■ 図 5.7 ■
学校ではインターネットへアクセスするが，家庭ではアクセスしない生徒の割合

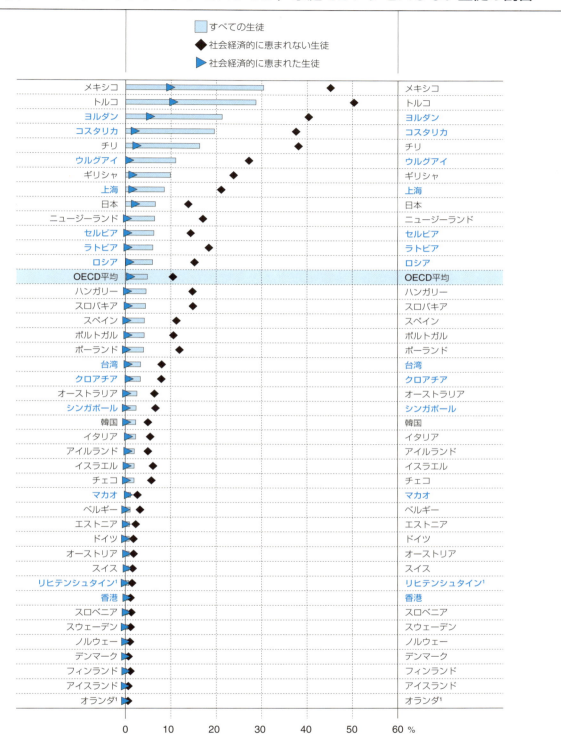

1. 社会経済的に恵まれた生徒と恵まれない生徒の間に，統計的な有意差はない。
注：社会経済的に恵まれない／恵まれた生徒は，「生徒の社会経済文化的背景」指標の「最下位 25％／最上位 25％」群の生徒を指す。
学校ではインターネットへアクセスするが，家庭ではアクセスしないと回答した生徒の割合が多い順に上から国を並べている。
出典：OECD, PISA 2012 Database, Table 5.4a.
StatLink：http://dx.doi.org/10.1787/888933253199

第5章　デジタル技能の不平等：格差を埋める

合，社会経済的に恵まれない学校が恵まれた学校よりも優遇される場合が多い。例えば，日本，韓国，ポルトガル，チュニジアでは，社会経済的に恵まれない学校におけるコンピュータ 1 台当たりの生徒数は，社会経済的に恵まれた学校におけるコンピュータ 1 台当たりの生徒数の約半数かそれ以下である（図 5.6，表 5.5a）。

　社会経済的に恵まれない生徒の多くは，学校でのみコンピュータとインターネットへアクセスすることができる。特にコスタリカ，メキシコ，トルコでは，最も社会経済的に恵まれない生徒（社会経済的背景の「最下位 25％」群に入る生徒）の 3 分の 1 以上が，学校でコンピュータへアクセスできるが，家庭ではアクセスできない。同様に，最も社会経済的に恵まれない生徒の中で，トルコの 50％，メキシコの 45％，ヨルダンの 40％，チリとコスタリカの 38％の生徒が，学校でのみインターネットへアクセスできる（図 5.7，表 5.4a）。

　それでも多くの国で家庭における ICT リソースの急速な充実が観察されており，公平なアクセスを実現する上で学校が果たす役割は，もはや 2009 年ほど重要ではない。2009 年調査の際は，チリ，ヨルダン，ロシア，トルコ，ウルグアイで最も社会経済的に恵まれない生徒の半数以上が学校でインターネットへアクセスでき，家庭ではアクセスできなかった（表 5.4b）。

第 3 節　社会経済的背景と関連したコンピュータ利用の差

　この節では，社会経済的グループ間における生徒のコンピュータ利用の差を検討する。デジタルメディアとデジタルリソースへのアクセスにおける格差が，少なくとも高所得国で急速に縮小するにつれ，研究はデジタルな不平等の他の側面に注目し始めた（例えば Attewell, 2001; Natriello, 2001; Dimaggio *et al.*, 2004; Van Dijk 2005 を参照）。Gui（2007）が言及しているように，利用可能な技術との接続性よりも人々がメディアで何を行うかが重要であり，それはより変化しにくい。実際に，新しいメディアへのアクセスを阻むすべての障害が取り払われるとき，人々がどのように新しいメディアを利用するかは，基本的な読み書き技能といった個人レベルの技能や社会的な支援に依然として左右され，これらは社会経済的グループ間で異なる。

3.1　家庭におけるコンピュータの利用

　生徒によるコンピュータの利用は，生徒がオンラインに費やす時間によってまず特徴付けられる。PISA 調査のデータによれば，OECD 平均において，週末に生徒がオンラインに費やす時間は，社会経済的グループ間で違いがない。興味深いことに逆の格差，つまり，貧しい家庭の生徒が裕福な家庭の生徒よりもオンラインに多くの時間を費やすことが，OECD 加盟 29 か国のうち 16 か国で観察されている。ベルギー，ドイツ，韓国，上海，スイス，台湾では，社会経済的に恵まれない生徒は社会経済的に恵まれた生徒に比べて，週末に 1 日当たり少なくとも 15 分長くオンラインに費やす（表 5.12）。

　同様に，学校以外の場所における余暇のためのコンピュータ利用の頻度と種類を指標にするとき，その差はアクセスに大きな格差がある国にほぼ限定される。コスタリカ，ヨルダン，メキシコ

154

デジタル技能の不平等：格差を埋める　第5章

■ 図 5.8 ■
生徒の社会経済的背景別，学校以外の場所における一般的なコンピュータの余暇活動
OECD 平均と主要国の値

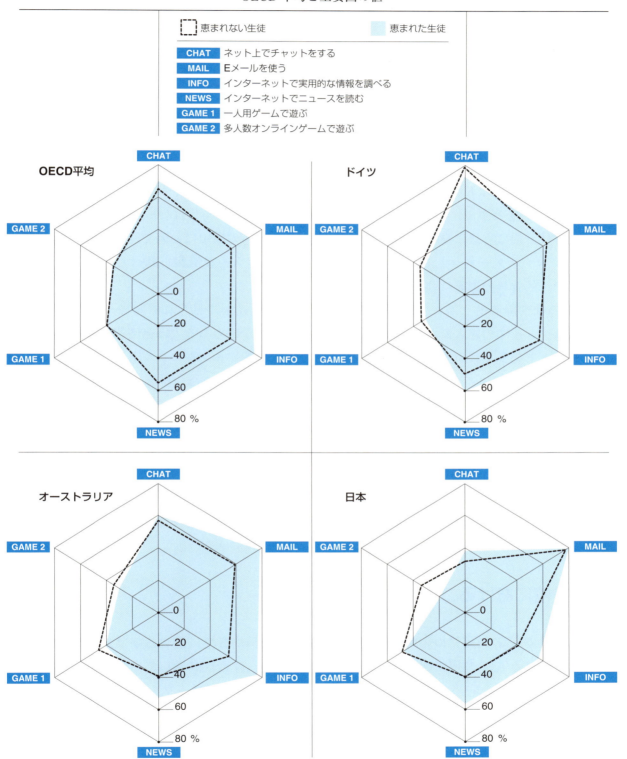

注：図は少なくとも週に1回は選ばれた各活動をする生徒の割合を示す。
社会経済的に恵まれない／恵まれた生徒は，「生徒の社会経済文化的背景」指標（ESCS）の「最下位25％／最上位25％」群の生徒を指す。
出典：OECD, PISA 2012 Database, Table 5.11.
StatLink：http://dx.doi.org/10.1787/888933253203

第5章　デジタル技能の不平等：格差を埋める

では，最も社会経済的に恵まれた生徒（社会経済的背景の「最上位 25%」群に入る生徒）は，OECD 平均よりも長く余暇でコンピュータを利用するが，一方で，「最下位 25%」群の生徒は OECD 平均よりも利用時間が短く，指標値が 1 以上離れている。同時に，ベルギー，フィンランド，ドイツ，スウェーデン，スイス，台湾では，**学校以外の場所における余暇での ICT 利用指標**の平均値に，社会経済的グループの間で統計的に有意差はない（表 5.10）。

しかし，自由な時間に生徒がコンピュータを利用して行う特定の活動は，社会経済的グループ間で異なる。一般的に，社会経済的に恵まれない生徒はインターネットでニュースを読んだり，実用的な情報を調べることよりも，E メールでチャットをしたり，ビデオゲームをしたりすることを好む傾向にある（図 5.8）。

OECD 加盟国の間では，社会経済的に恵まれた生徒の中で同様の割合（70%）が，平均すると週に少なくとも一度は E メールを使うか，又はネット上でチャットをする。一方で，社会経済的に恵まれない生徒の中で，ネット上でチャットをする割合（65%）は，E メールを使う割合（56%）よりも統計的に有意に高い。多くの国ではビデオゲームの利用において社会経済的背景による差はないが，インターネットでニュースを読むことや，実用的な情報を調べることに関して言えば，社会経済的背景の影響は強い（図 5.8）。

15 歳児の社会経済的グループによる ICT 利用の差は，成人で見られる同様の差と関係している。例えば，スイスの成人に関する初期の調査によれば，学歴のある人ほど情報を見つけるためにインターネットを多く利用するが，学歴があまりない人は特にインターネットの娯楽性に関心を持つようである（Bonfadelli, 2002）。ごく最近のオランダのある調査は，学歴のあまりないインターネット利用者は自分の空き時間の多くをインターネットに費やすが，社会経済的背景の高い者はより有益な方法でインターネットを利用することを明らかにした。一方で，より学歴のある人は情報と自己啓発の機会を探すが，学歴のあまりない人はゲームやチャットに多くの時間を費す（Van Deursen and Van Dijk, 2014）。異なる年齢グループで得られた知見が似ていることは，インターネットの利用とそこにある多くのリソースから利益を得る能力における社会経済的な差，いわゆる二次的なデジタル・ディバイドが，より広範な社会的不平等と密接な関係があることを示唆している。

3.2　学校におけるコンピュータの利用

学校における ICT 利用について言えば，生徒の社会経済的背景に関する差は，たいてい学校以外の場所における ICT 利用で観察される差よりも小さい。11 か国において，社会経済的に恵まれない生徒は，最も社会経済的に恵まれた生徒よりも学校でコンピュータを利用する。10 か国では最も社会経済的に恵まれた生徒の方が多く利用するが，一方で，21 か国と OECD 平均においては，コンピュータ利用における二つのグループ間に統計的な有意差はない（表 5.10）。

数学の授業においては，多くの場合，社会経済的に恵まれた生徒よりも恵まれない生徒の方がコンピュータに触れる機会が多い。数学の指導と学習（及び他の主要教科）のためのコンピュータ利用は，最初に最も困難を抱える教室に導入される。これは教育的に不利な状態がコンピュータなどの導入に伴う追加費用を正当化するか，あるいは教育的に不利な状況の方が教師と保護者はこうし

デジタル技能の不平等：格差を埋める　第5章

たツールを試すことに熱心であるという理由のどちらかによる。しかし，5か国では，数学の授業において，社会経済的に恵まれた生徒の方が社会経済的に恵まれない生徒に比べICTをより頻繁に利用する。これらの国にはデンマークとノルウェーがあるが，どちらの国も数学の授業においてコンピュータの利用が比較的一般的である（表5.10）。

第4節 | コンピュータ使用型調査の得点は，どの程度社会経済的背景と生徒のコンピュータへの馴染みに関連するか

第5章

PISA調査のすべての分野にわたって，社会経済的背景は生徒の得点に強い影響を及ぼす。また，上記のとおり，一部の国では社会経済的に恵まれない生徒はICT機器へのアクセスが限られるか，又はそれを利用する経験が少ない。コンピュータ使用型調査と筆記型調査で，**「生徒の社会経済文化的背景」指標**（ESCS）と得点の関係の強さはどのように変化するのか。また，これはデジタル技能，及びコンピュータとその利用への馴染みの関係に何を意味するのか。

4.1　社会経済的背景に関連する得点の格差

デジタル読解力及びコンピュータ使用型数学的リテラシーとも，OECD平均において，**「生徒の社会経済文化的背景」指標**（ESCS）における差は，得点における変動の12%を説明している。これは筆記型調査読解力における差より若干小さく（13%），筆記型調査数学的リテラシーにおける差より統計的に有意に小さい（15%）。そのため，筆記型調査よりもコンピュータ使用型調査の方が，社会経済的背景の得点に及ぼす影響は弱い（図5.9）。

さらに，図5.10からは，社会経済的背景とコンピュータ使用型調査の得点との関係は，筆記型調査の得点で見られる差を主に反映していることが分かる。平均すると，PISA調査の数学的リテラシーである程度の得点を取る生徒は，社会経済的背景にかかわらず，筆記型調査とコンピュータ使用型調査で同じように良い得点を取る。デジタル読解力では，筆記型調査読解力で同じような得点を取る生徒の間にも依然として得点にわずかな差があるが，これは異なる社会経済的背景に由来している。

特に，コンピュータ使用型数学的リテラシーにおいては，社会経済的背景と得点の間に明らかな関連を示す証拠はほとんどない。実際の関係は，社会経済的背景と関連する筆記型調査数学的リテラシーにおける生徒の得点差によって説明される。そのような差を説明した後に，**「生徒の社会経済文化的背景」指標**との関係は，32か国のうち4か国でのみ統計的に有意である（表5.15）。このことは，コンピュータ使用型数学的リテラシーの社会経済的背景と関連した得点の差は，コンピュータを利用する能力の差ではなく，数学的リテラシーの習熟度の差から生じることを意味する。

これに対して，デジタル読解力では，社会経済的グループ間における読解力の習熟度の差が，デジタル読解力の得点差を部分的に説明する。社会経済的背景とデジタル読解力の得点との間には，わずかだが直接的な関連が観察される。この直接的な関連はナビゲーションと評価技能，つまり，印刷物を読むときよりもオンライン上で読むときに強調される読解力の構成要素の差からおそらく

157

第5章　デジタル技能の不平等：格差を埋める

■図5.9■
デジタル読解力・コンピュータ使用型数学的リテラシーの得点と
社会経済的背景の関連性の強さ
社会経済的背景による変動の説明率

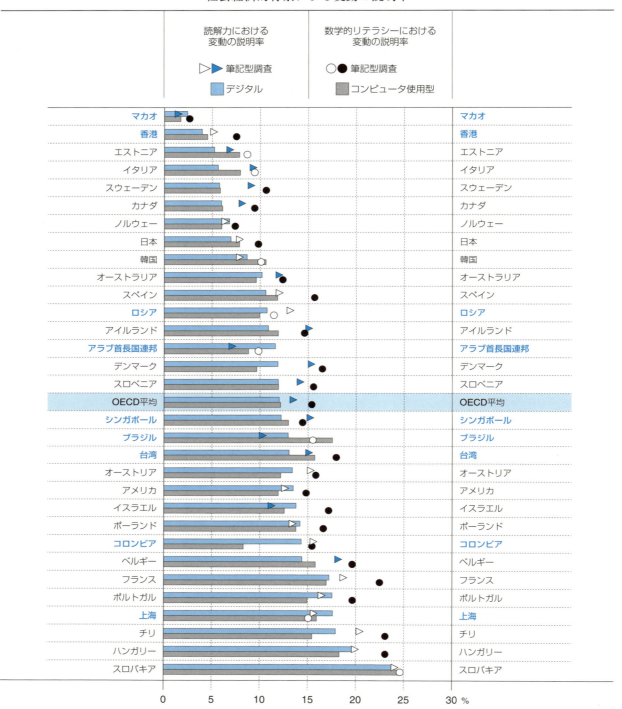

注：白抜きの記号は，各国における「生徒の社会経済文化的背景」指標（ESCS）と得点の関連性の強さを表し，各分野のコンピュータ型調査と筆記型調査の間には統計的な有意差がないことを示す。
デジタル読解力得点と「生徒の社会経済文化的背景」指標（ESCS）との関連性が弱い順に上から国を並べている。
出典：OECD, PISA 2012 Database, Table 5.14.
StatLink：http://dx.doi.org/10.1787/888933253212

■ 図5.10 ■
コンピュータ使用型調査の得点・アナログスキル・社会経済的背景間の関連
直接的・間接的な効果としての社会経済的背景による変動の説明率（OECD平均）

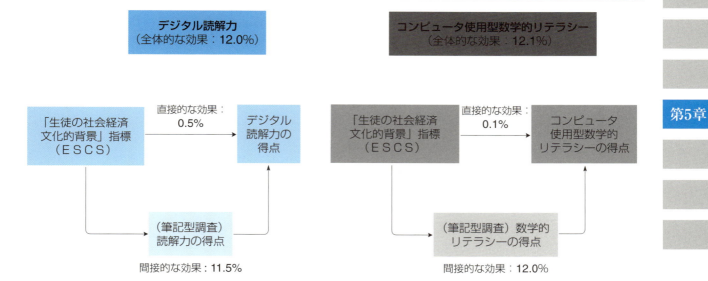

注：図は、デジタル読解力得点における変動の12.0％が社会経済的背景により説明されることを示す。これは主に社会経済的背景と筆記型調査読解力の得点との関連の結果によるところが大きい。デジタル読解力得点の0.5％の変動のみ、社会経済的背景と独自の関連がある。
出典：OECD, PISA 2012 Database, Table 5.15.

生じている。しかし、デジタル読解力においてさえ、この直接的な関連は得点の変動の0.5％しか説明しておらず、（印刷物を読むことの技能に対する社会経済的背景の影響を通じた）間接的な関連は変動の11.5％を説明する。

前節では、社会経済的に恵まれた生徒と恵まれない生徒がインターネットに同じ時間を費やす国においてでさえ、社会経済的背景の「最上位25％」群に入る生徒は、社会経済的に恵まれない生徒に比べ、空き時間にオンライン上で読んだり、実用的な情報を調べたりするためにインターネットを利用することが示された。PISA調査のデータからは、オンライン上で多く読むことが、オンライン上の読解技能の向上をもたらすのか、あるいはその逆なのかは分からない。しかし、PISA調査のデータが示しているのは、インターネット利用の差は生徒が持つ技能の差と非常に関係があるということである。

4.2　デジタル読解力の得点と社会経済的背景との関連性の経年変化

デジタル読解力の得点と社会経済的背景との関連が、時間の経過とともにどのように変化するのかを分析することで、いわゆる一次的なデジタル・ディバイドを埋めること――ICTへのアクセスは今やほぼ普及しているという事実――が、二次的なデジタル・ディバイド――社会経済的背景は生徒がどの程度上手く新しいツールを使いこなせるかについて、今もなお影響を及ぼしているという事実――の縮小にもつながるかどうかを評価することできる。

第5章　デジタル技能の不平等：格差を埋める

■ 図5.11 ■
デジタル読解力の得点と社会経済的背景の関連性の経年変化
社会経済的背景によるデジタル読解力得点の変動の説明率（2009年調査から2012年調査）

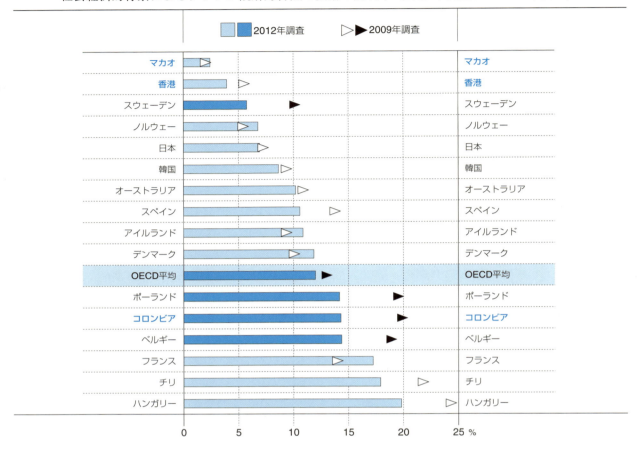

注：濃い色は，2009年と2012年の間の「生徒の社会経済的文化背景」指標（ESCS）によるデジタル読解力得点の分散の説明率における差が統計的に有意なことを示す。OECD平均は，この図において表されるOECD加盟国のみを参照している。
デジタル読解力の得点と「生徒の社会経済文化的背景」指標（ESCS）の関連性が弱い順に上から国を並べている。
出典：OECD, PISA 2012 Database, Table 5.16.
StatLink：http://dx.doi.org/10.1787/888933253226

　図5.11は，デジタル読解力における公平さの経年変化を示している。2009年においては，ベルギー，コロンビア，ポーランドで社会経済的背景がデジタル読解力の得点に強い影響を及ぼしていたが，スウェーデンにおいては2012年までにその関連は相当弱まった。これらの国の中で，筆記型調査読解力について同様の傾向が見られた国はない（表5.16）。その一方で，2009年から2012年にかけてデジタル読解力の得点の公平さが改善した4か国すべてにおいて，家庭におけるICTへのアクセスの公平さも改善した（図5.12）。
　このことは，デジタル読解力の公平さが，読解力の得点に対する社会経済的背景の一般的な影響よりも，主にデジタル技能に対する社会経済的背景の影響を弱めることにより，達成されたことを示唆している。

図 5.12
2009 年と 2012 年における「デジタル・アクセス・ディバイド」及び「デジタル読解力格差」の変化

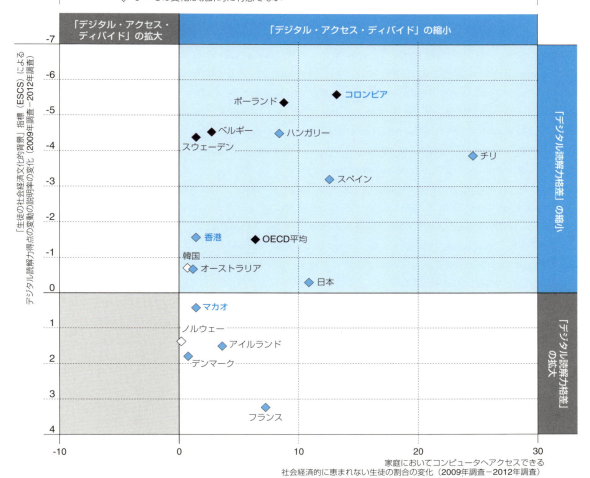

注：「社会経済的に恵まれない生徒」とは「生徒の社会経済文化的背景」指標（ESCS）の「最下位 25％」群の生徒を指す。OECD 平均は，この図において示されている OECD 加盟国のみを指す。
出典：OECD, PISA 2012 Database, Table 5.16.
StatLink：http://dx.doi.org/10.1787/888933253235

注記

1. 社会経済的に恵まれない学校と社会経済的に恵まれた学校は，**「生徒の社会経済文化的背景」指標**（ESCS）を用いて，それぞれの学校制度における生徒の平均的な社会経済的背景と，各学校に在籍する生徒の平均的な社会経済的背景を比較することで，それぞれの学校制度内で位置付けられる。社会経済的に恵まれない学校とは，学校のESCSの平均がその国のESCSの平均よりも統計的に有意に低い学校である（OECD, 2013, Box IV.3.1 参照）。

オンラインデータ

第5章の表はオンライン上の http://dx.doi.org/10.1787/edu-data-en で入手できる。

表 5.1a　Access to computers and to the Internet at home, by socio-economic status（PISA 2012）

表 5.1b　Access to computers and to the Internet at home, by socio-economic status（PISA 2009）

表 5.1c　Change between 2009 and 2012 in access to computers and to the Internet at home, by socio-economic status

表 5.2　Age at first use of computers and first access to the Internet, by socio-economic status（PISA 2012）

表 5.3a　Access to computers and the Internet at school, by socio-economic status（PISA 2012）

表 5.3b　Access to computers and the Internet at school, by socio-economic status（PISA 2009）

表 5.3c　Change between 2009 and 2012 in access to computers and the Internet at school, by socio-economic status

表 5.4a　Access to computers at school and at home, by socio-economic status（2012）

表 5.4b　Access to computers at school and at home, by socio-economic status（2009）

表 5.4c　Change between 2009 and 2012 in access to computers at school and at home, by socio-economic status

表 5.5a　School ICT resources, by schools' socio-economic profile（PISA 2012）

表 5.5b　School ICT resources, by schools' socio-economic profile（PISA 2009）

表 5.5c　Change between 2009 and 2012 in school ICT resources, by schools' socio-economic profile

表 5.6　Rural and urban schools

表 5.7a　Number of computers and access to the Internet at home, by school location（PISA 2012）

表 5.7b　Number of computers and access to the Internet at home, by school location（PISA 2009）

表 5.7c　Change between 2009 and 2012 in number of computers and access to the Internet at home, by school location

表 5.8　Age at first use of computers and first access to the Internet, by school location（PISA 2012）

表 5.9a　School ICT resources, by school location（PISA 2012）

表 5.9b　School ICT resources, by school location（PISA 2009）

表 5.9c　Change between 2009 and 2012 in school ICT resources, by school location

表 5.10　Use of computers at school and outside of school, by socio-economic status（PISA 2012）

表 5.11　Leisure activities using computers, by socio-economic status（PISA 2012）

表 5.12　Time spent on line at school and outside of school, by socio-economic status（PISA 2012）

表 5.13　Performance in digital reading and computer-based mathematics, by socio-economic status

表 5.14　Strength of the relationship between socio-economic status and performance in digital reading and computer-based mathematics

表 5.15　Strength of the relationship between socio-economic status and performance in computer-based assessments, after accounting for performance in paper-based assessments

表 5.16　Trends in the relationship between digital reading performance and socio-economic status

参考文献・資料

Attewell, P.（2001）, "The first and second digital divides", *Sociology of Education*, Vol. 74/3, pp. 252-259.

Bonfadelli, H.（2002）, "The Internet and knowledge gaps a theoretical and empirical investigation", *European Journal of Communication,* Vol. 17/1, pp. 65-84.

Compaine, B.M.（2001）, *The Digital Divide: Facing a Crisis Or Creating a Myth?*, MIT Press.

Dimaggio, P., E. Hargittai, C. Celeste and S. Shafer (2004), "From unequal access to differentiated use: A literature review and agenda for research on digital inequality", in Neckerman, K. (ed.), *Social Inequality*, Russell Sage Foundation, pp. 355-400.

Fraillon, J., J. Ainley, W. Schulz, T. Friedman, and E. Gebhardt (2014), "Students' use of and engagement with ICT at home and school", in *Preparing for Life in a Digital Age*, Springer International Publishing, pp. 125-166.

Gui, M. (2007), "Formal and substantial internet information skills: The role of socio-demographic differences on the possession of different components of digital literacy", *First Monday, Vol.* 12/9.

Hargittai, E. and Y.P. Hsieh (2013), "Digital inequality", in W.H. Dutton (ed.), *Oxford Handbook of Internet Studies*, Oxford University Press, pp. 129-150.

Hargittai, E. and A. Shaw (2015), "Mind the skills gap: The role of internet know-how and gender in differentiated contributions to Wikipedia", *Information, Communication & Society,* Vol. 18/4, pp. 424-442.

Hill, B.M. and A. Shaw (2013), "The Wikipedia gender gap revisited: Characterizing survey response bias with propensity score estimation", *PLoS one*, Vol. 8/6.

Natriello, G. (2001), "Bridging the second digital divide: What can sociologists of education contribute?", *Sociology of Education,* Vol. 74/4, pp. 260-265.

OECD (2015), *The ABC of Gender Equality in Education: Aptitude, Behaviour, Confidence*, PISA, OECD Publishing, Paris, http://dx.doi.org/10.1787/9789264229945-en.

OECD (2014), "Indicator C3 How many students are expected to enter tertiary education?", in OECD, *Education at a Glance 2014: OECD Indicators*, OECD Publishing, Paris, http://dx.doi.org/10.1787/eag-2014-24-en. (『図表でみる教育 OECD インディケータ (2014 年版)』経済協力開発機構 (OECD) 編著, 徳永優子ほか訳, 明石書店, 2014 年)

OECD (2013), *PISA 2012 Results: What Makes Schools Successful* (*Volume IV*): *Resources, Policies and Practices*, PISA, OECD Publishing, Paris, http://dx.doi.org/10.1787/9789264201156-en.

OECD (2001), "Understanding the Digital Divide", *OECD Digital Economy Papers*, No. 49, OECD Publishing, Paris, http://dx.doi.org/10.1787/236405667766.

Rogers, E.M. (2010), *Diffusion of Innovations,* 4th edition, Simon ans Schuster, New York.

Stern, M.J., A.E. Adams, and S. Elsasser (2009), "Digital inequality and place: The effects of technological diffusion on internet proficiency and usage across rural, suburban, and urban counties", *Sociological Inquiry,* Vol. 79/4, pp. 391-417.

Van Deursen, A.J.A.M. and J.A.G.M., Van Dijk (2014), "The digital divide shifts to differences in usage", *New Media & Society*, Vol. 16/3, pp. 507-526.

Van Dijk, J.A.G.M. (2005), *The Deepening Divide: Inequality in the Information Society*, SAGE Publications.

■ 第6章 ■

コンピュータは生徒の能力とどのように
関係しているのか

第6章

コンピュータ，インターネット接続及び教育用ソフトウェアへの多額の投資にもかかわらず，生徒のコンピュータ利用の増加が数学的リテラシーと読解力での得点の向上につながっているという確かな証拠はほとんどない。本章では，学校でのコンピュータアクセス，教室でのコンピュータ利用と，PISA 調査の得点との間の関係を分析する。

はじめに

　過去15年で，世界中の学校と家庭は，コンピュータ，インターネット接続及び教育用ソフトウェアに相当な金銭を費やした。しかし，子供の学習に対するそうした投資の便益は明確ではない。教育用コンピュータへの公的投資が教育の成果にもたらす影響を評価する研究は比較的豊富だが，こうした評価がコンピュータ利用の増加と，数学や読解におけるテストの得点の向上との間に正の相関があることを特定できない場合が多い（最近の文献レビューに関しては Bulman and Fairlie, 近刊予定（訳者注：この文献は2016年に刊行された）を参照）。

　したがって，コンピュータがどのように教育の成果に影響するかについて理解を深めることは，教育テクノロジーへの投資にとって極めて重要である。本章では，学校でのコンピュータアクセス，教室でのコンピュータ利用と，PISA調査での得点との関係を検討する。

データから分かること

● 教育用ICTに投資されるリソースは，読解力，数学的リテラシー又は科学的リテラシーにおける生徒の習熟度レベルの改善に結び付いていない。

● 概して，生徒の読解力の得点は，生徒が学校の勉強のために学校でインターネットを利用している国よりも，利用しない国で大きく向上した。

● 全体として，学校におけるコンピュータの利用と得点との関係は，グラフにおいて丘状に描かれる。これは，おそらく学校でコンピュータを限定的に利用する（「週1～2回」）方がまったく利用しないよりも良いが，現在のOECD平均を超えた水準でコンピュータを利用することは，統計的に有意に低い得点と相関していることを示唆する。

　PISA調査によって生徒間と学校間，教育制度（国）内ばかりではなく各国間においても，得点とコンピュータアクセスやその利用との関係を分析することができる。PISA調査のデータが持つ強みは，対象となる問題の文脈が広範にわたっていることにある。しかし，調査対象に対して意図的な操作を行わない中で，PISA調査を通じて収集されるような，ある一時点において多数の項目を取り扱うようなデータ（クロスセクション・データ）は，高度な統計技法であっても，コンピュータアクセスやコンピュータ利用と得点との間にある因果関係を探り出すことはできない。このデータを用いると，相関関係の類型は特定できるがそれは慎重に解釈されなければならない。というのも，それぞれの別の説明が複数の類似した類型を生じさせるからである。コラム6.1では，コンピュータ投資と教育の成果との因果関係を特定することについての論点をさらに詳しく考察する。

　本章では，広範な文献の知見を踏まえて，PISA調査のデータ分析の結果を解釈する。考察ではコンピュータアクセスや利用と，学力との間にある因果関係を明確に特定できる研究成果が取り上げられる。

コンピュータは生徒の能力とどのように関係しているのか　第6章

コラム 6.1　制度（国），学校，生徒レベルにおける得点，コンピュータアクセス及びコンピュータ利用との間にある関係を解釈すること

生徒自身あるいは学校長によって回答されたように，PISA 調査のデータを使用して，生徒の得点を生徒のコンピュータへの接触に関連付けることが可能である。また，制度（国）レベルでは，国内での生徒のコンピュータへの平均的な接触の程度を教育の成果に関する複数の指標を組み合わせた集計指標に関連付けることも可能であり，これは各国での教育に情報通信技術（ICT）を融合させる取組を評価する代理尺度である。

生徒の得点とコンピュータへの接触との強い関係を観察するための説明が複数存在する場合がある。これらの関係は得点とコンピュータアクセス又はその利用との因果関係を示す可能性があるが，それは反比例関係を示す場合もある。それによって（期待された）得点がコンピュータへの投資を推し進める。例えば，生徒の得点に満足していない国々，学校及び家庭は，得点の向上を期待して新しいツールへさらに投資することを選択するか，又は新しいツールを試すことに，より熱心であるかもしれない。因果関係がない場合であっても，これらの例のような得点と ICT 投資との関係はコンピュータアクセスやその利用と他の変数との関連を示していると考えられる。他の変数としては利用できるリソースや優れた教師を惹き付ける難しさなどがあり，リソースや優れた教師といった変数自体が生徒の得点と関連している。

生徒，学校，校種及び学校体系に対するコンピュータの選択的配分は，学校制度（国）内において，生徒の得点と ICT 投資の因果関係を解釈する際の主要な障害である。コンピュータに頻繁に接触する生徒としない生徒とを比較できるということや，観察された得点の差異がコンピュータへの接触における差異に原因があるということを保証するものは何もない。同じような社会経済的背景の生徒を比べるときでさえ，いくつかの観察可能な，あるいは観察不可能な点において，多くのコンピュータを所有し，利用している学校や生徒は，コンピュータへのアクセスが限られ，それをあまり利用しない学校や生徒とは異なっている。例えば，学校におけるコンピュータの利用可能性の拡大は，学校長の資金を調達する能力，教師の変化を導く意欲，あるいは，非実験的な分析では説明され得ない学校長や教師のその他の特性を反映している可能性がある。生徒がコンピュータを利用することも，生徒ができること，すなわち生徒の技能水準に左右される。したがって，無作為でない選択と逆の因果関係とは，生徒と学校とにわたって観察される差異の影響を取り除いた後であっても，国別の分析を困難にする。

学校制度（国）の全体的な得点をコンピュータと通信能力への投資，あるいは学校でのコンピュータ利用の度合いに関連させる分析も類似の問題に直面する。各国間の相関関係は二つの変数が相互に関連している度合いの一つの単純な尺度であるが，二つの変数間の因果関係を示さず，因果の方向も示さない。一人当たりの所得の差異の影響を取り除いた後に相関関係を分析しても，各国の所得水準以上に影響力を持つ別の変数が，得点と ICT への投資や ICT 利用と相関するならば，相関関係を説明する変数となる。

第6章 コンピュータは生徒の能力とどのように関係しているのか

第1節 テクノロジー投資とトレードオフ

　情報通信技術（ICT）のリソースが学校によって異なるような国々を比較する場合に，各国は関連する点において，他の次元も頻繁に異なっていることに留意しておくことが重要である。国内の場合と同様，学校間のICTリソースにおける差異は，他の差異と関連している可能性がある。

　とりわけ，ICTリソースは学校が利用可能なリソースに関係している。教育支出が低く，一人当たりの所得も低い国は，教育支出が高い国よりも，学校における生徒一人当たりのコンピュータの台数が少ない傾向にある（図6.1）。

　コンピュータのハードウェア，ソフトウェア及び通信能力への投資は，教育に費やされるリソースとともに増加するように見えるが，ICTへの投資が他の優先すべき事項と競合することも明らかである。国レベルにおける一定程度のリソースに関して，学校にICTを整備するために費やされる金銭は，教師の加配，教師の給与改善もしくは職能開発に向けた投資に使用されるか，教科書などその他の教育リソースに用いられてきたと考えられる。費用と便益の観点からICT投資と生徒の得点との関係を解釈する場合には，ICTに投資することで放棄した便益（経済学者が機会費用と呼ぶもの）をICT投資の費用の中に含めて考えることが重要である。

■図6.1■
生徒が利用できるコンピュータの台数と教育支出

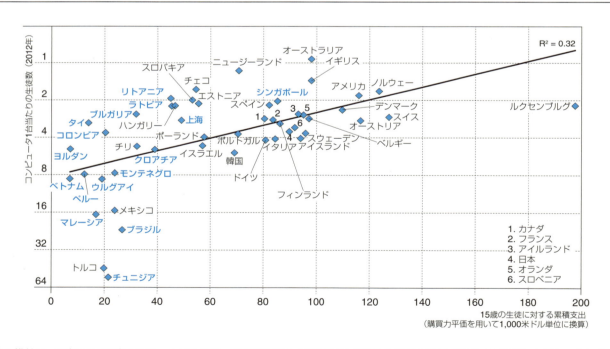

注：横軸は，6歳から15歳の生徒一人当たりの，教育機関による累積支出（GDPの購買力平価で米ドルに換算）を示す。大部分の国のデータは2010年のもの。
出典：OECD, PISA 2012 Database, Table IV.3.1（OECD, 2013）and Table 2.11.
StatLink：http://dx.doi.org/10.1787/888933253247

同様に，教室や家庭でのコンピュータ利用は，学習につながる他の活動に置き換わることがあり，また，娯楽の時間や授業時間中の生産的ではない部分を減らすことで，相対的に学習時間を増やす場合がある。教室と家庭でのコンピュータ利用に関する実質的な影響は，コンピュータが他の学習活動に置き換わるかどうかや，学習や学習プロセスに費やす時間を実質的に増やすかどうかによって決まる可能性が高い。

第2節 | 学習の成果は各国の学校のICTリソースへの投資とどのように関係しているのか

図6.2では，PISA調査における各国の得点と，学校でのコンピュータアクセスや利用の平均的な水準との関係をめぐる複雑な実態が描かれている。正の相関がいくつかあるが，特に各国の所得水準の影響を取り除いた分析では，多くが負の相関となる。

各国を通じて，生徒が利用できるICTリソースの量は，生徒の得点と正の相関がある。しかし，こうした相関関係の大半は，過去の学校制度（国）の得点水準だけでなく，生徒が利用できる教育リソースの総量を反映している。その相関関係の強さは，各国を越えて一人当たり所得の変動にICTリソースの水準を調整する場合に非常に弱くなり，過去のPISA調査における学校制度（国）の平均得点によって調整した後も弱い負の相関となる（図6.2）。

実際に，PISA調査のデータによると，一人当たりGDPの所得水準と過去の得点水準の影響を取り除いた後では，概して，学校へのコンピュータの導入にさほど投資してこなかった国は，投資してきた国よりも大きく得点が上昇していることが分かる。読解力，数学的リテラシー及び科学的リテラシーのすべてで，結果は類似している（図6.2）。

例えば，図6.3は，2003年調査と2012年調査の間で生徒の数学的リテラシーの得点が悪化した大半の国では，一人当たりGDPの影響を取り除いた後に同時期に生徒一人当たりのコンピュータ台数の比率が低下したことを示している。

これらの結果をもたらす一つの可能性は，実際のところ，コンピュータのような学校のリソースが学習に使われなかったことである。しかし，全体としては，教室と学校でのICT利用に関する尺度でさえも，生徒の得点と負の相関を示す場合が多い。例えば，平均的な読解力の習熟度レベルは，学校で生徒が学校の勉強のために，インターネット上のサイトを見る頻度が高い国で，高くなるというわけではない。図6.4からは，概して，生徒が学校の勉強のために学校でインターネットを利用することが一般的な国においては，生徒の読解力の得点が低下したことが分かる。同様に，数学的リテラシーの習熟度レベルは，数学の授業でコンピュータを利用する生徒の割合が高い国で低くなる傾向にある（図6.2）。

別の可能性としては，学校にデジタルテクノロジーを備え付けるために投資されたリソースは，「デジタル」技能，労働市場への移行，あるいは読解力，数学的リテラシー及び科学的リテラシーとは異なるその他の技能に見られる他の学習の成果に役立った可能性があるという点が指摘される。

しかし，筆記型調査の結果ではなく，デジタル読解力又はコンピュータ使用型数学的リテラシーにおける結果が分析される場合ですら，ICTへのアクセス又は利用と得点の相関は弱く，負の相関

■図 6.2■
生徒の得点と学校でのコンピュータのアクセス又は利用との関係

調査参加国

	2012 年調査での生徒の平均得点				生徒の得点の傾向（年換算の変化）		ナビゲーションの質（課題指向型ブラウジング指標の平均値）
	筆記型調査数学的リテラシー	筆記型調査読解力	コンピュータ使用型数学的リテラシー	デジタル読解力	筆記型調査数学的リテラシー	筆記型調査読解力	
A　相関係数[1]							
生徒一人当たりのコンピュータの平均台数[2]	**0.57**	**0.56**	**0.41**	0.36	-0.15	-0.38	**0.41**
学校における ICT 利用指標の平均値	-0.30	-0.30	-0.47	-0.42	-0.45	-0.51	-0.20
数学の授業におけるコンピュータ利用指標の平均値	-0.34	-0.38	-0.07	-0.09	-0.02	0.09	-0.05
少なくとも週に 1 回学校で学校の勉強のためにインターネットを見る生徒の割合	-0.23	-0.17	-0.42	-0.31	-0.49	-0.55	-0.06
B　一人当たり GDP[2] の影響を取り除いた後の偏相関係数[3]							
生徒一人当たりのコンピュータの平均台数[2]	0.35	0.32	0.17	0.10	-0.13	-0.29	0.09
学校における ICT 利用指標の平均値	-0.61	-0.62	-0.67	-0.66	-0.44	-0.50	-0.50
数学の授業におけるコンピュータ利用指標の平均値	-0.26	-0.31	-0.18	-0.23	-0.07	0.05	-0.24
少なくとも週に 1 回学校で学校の勉強のためにインターネットを見る生徒の割合	-0.55	-0.49	-0.61	-0.54	-0.47	-0.53	-0.31
C　一人当たり GDP[2] と 2003 年調査での数学的リテラシーの尺度における平均得点の影響を取り除いた後の偏相関係数[3]							
生徒一人当たりのコンピュータの平均台数[2]	-0.26	-0.23	-0.40	-0.51	-0.34	-0.29	-0.35
学校における ICT 利用指標の平均値	-0.65	-0.50	-0.66	-0.57	-0.47	-0.66	-0.32
数学の授業におけるコンピュータ利用指標の平均値	-0.09	-0.15	-0.01	-0.15	0.08	-0.11	-0.26
少なくとも週に 1 回学校で学校の勉強のためにインターネットを見る生徒の割合	-0.65	-0.38	-0.71	-0.43	-0.51	-0.66	-0.07

1. 相関係数とは二つの変数間にある関連の単純な尺度である。それは－1 から 1 の値をとり，0 は関係がないことを示す。
2. 生徒一人当たりのコンピュータの平均台数と一人当たり GDP は対数で測定。
3. 偏相関係数とは相関係数の発展であり，影響を取り除く必要のある交絡変数を説明変数とした二つの変数それぞれの回帰から生じる残差間の相関に相当する。

注：太字は強い正の相関（0.4 を上回る値）示し，青色の太字は強い負の相関（－0.4 を下回る値）を示す。

各相関係数は利用できるすべてのデータに基づいている。しかし，調査参加国にわたってすべての変数が得られるわけではないので，サンプルサイズはセルの間で異なっている。

出典：OECD, PISA 2012 Database, Table 6.1.

StatLink：http://dx.doi.org/10.1787/888933253256

■図6.3■
数学的リテラシーの得点と学校におけるコンピュータ台数の傾向

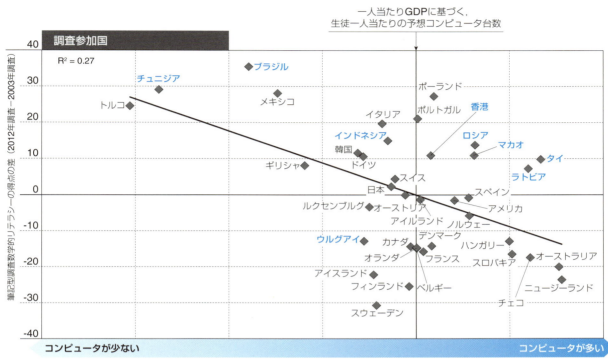

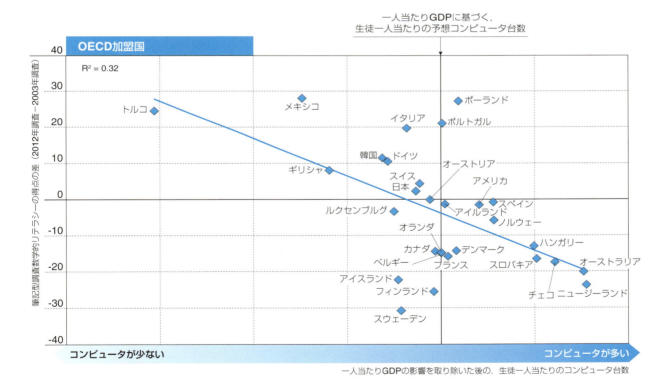

注：横軸は一人当たりGDPを説明変数としたときの生徒一人当たりのコンピュータ台数の回帰から生じる残差を示す（両変数とも対数で測定）。
出典：OECD, PISA 2012 Database, Table I.2.3b（OECD, 2014）, Table IV.3.2（OECD, 2013）and Table 2.11.
StatLink：http://dx.doi.org/10.1787/888933253262

第6章 コンピュータは生徒の能力とどのように関係しているのか

■ 図6.4 ■
読解力の得点と学校で頻繁に
学校の勉強のためにインターネットを見る生徒の割合における傾向

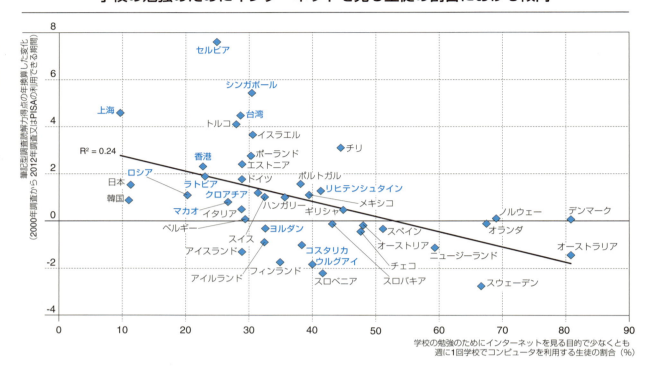

注：年換算した変化はPISA調査の得点の平均年間変化である。これは，PISA調査における各国のすべての結果を考慮して計算されている。
出典：OECD, PISA 2012 Database, Table I.4.3b（OECD, 2014）and Table 2.1.
StatLink：http://dx.doi.org/10.1787/888933253271

の場合もある（図6.2）。さらに，特定のデジタル読解力でさえ，学校の勉強のためにインターネットを見る機会が多い国の方で高いとは考えられない。

課題指向型ブラウジング指標を通じて測定されるような生徒のオンラインでのナビゲーションの平均的な質は，学校でインターネットを頻繁に利用する生徒の割合とは相関がない（図6.2）。**課題指向型ブラウジング指標**は，オンラインでのナビゲーション行動を計画し統制する生徒の能力と，利用可能な情報に基づいて推論することによって，目的のリンクが課題に関係しているのか否かを予測する能力を示している。

第4章において，この**課題指向型ブラウジング指標**は，筆記型調査読解力が近い得点だった各国の間で，デジタル読解力に有意差があった部分を説明するために示された。生徒のオンラインでのナビゲーションの質が最も高い国の中で，オーストラリアは学校の勉強のために，学校でインターネット上のサイトを頻繁に見る生徒の割合が最も高い国の一つであり，韓国は最も低く，シンガポールは平均的な割合である（表2.1，表4.1）。

コンピュータは生徒の能力とどのように関係しているのか　第6章

第3節 ｜ 生徒による学校のための ICT 利用は得点とどのように関係しているのか

　本節では，理論的にはコンピュータの接触との強い関係が予想され得るデジタル読解力とコンピュータ使用型数学的リテラシーにおける得点に特に焦点を当てて，国内の生徒を比較する。学校の勉強のために頻繁にインターネット上で読む場合に，生徒はデジタル読解力でより高い得点を上げるのか。数学の授業中に生徒がコンピュータを利用することと数学的問題を解くためにコンピュータを利用する生徒の能力との関係はどのようなものか。

　こうした関係を解釈するとき，PISA 調査のデータが持つ二つの側面に留意することは重要である（コラム 6.1 参照）。第一に，生徒は現在の学年におけるコンピュータ利用について回答したが，生徒の得点は過年度における学習機会とコンピュータへの接触にも大きく左右されるだろう。PISA 調査を受ける生徒が現在の学校に入学，進級してから 3 か月に満たない国もある。したがって，PISA 調査のデータでは学校においてコンピュータを頻繁に利用していても短期間しか触れていないことだけを意味している可能性がある。

　第二に，現在の得点及びコンピュータ利用の水準のいずれもが，過去の得点水準の帰結であるかもしれない。ほとんどの制度（国）において，15 歳の生徒はもはやコンプリヘンシブ・スクール（教育目的や能力差による学校の種別化，分類をしない学校）に在籍しないか，又は数学の授業で学習習熟度別に編成されたりグループ分けされたりしている。コンピュータ利用における差異は学校体系や学習習熟度別グループ編成に関係している場合がある。換言すれば，コンピュータ利用者と非利用者は，学習と学校に対する適性，行動及び性向の観点で初めからお互いに極めて異なっている可能性がある。

　本節で議論される分析は生徒と学校を通じた社会経済的背景における差異を説明するが，過去の得点水準と，学校での生徒のコンピュータへの接触に関する他の重要な決定要因を説明することはできない。

3.1　学校でのコンピュータ利用

　学校における ICT 利用指標は，学校でインターネットを見ること，学校で E メールを使うこと，学校でインターネットのチャットをすること，外国語のドリルや勉強することなど，様々な活動に生徒が取り組む頻度を測定する。この指標の値が高ければ，利用頻度が高く，利用方法もより多彩である。

　図 6.5 の左図は，**学校における ICT 利用指標**が平均を若干下回っている生徒がデジタル読解力において最も高い得点を上げていることを示している。全体として，学校におけるコンピュータの利用と得点との関係は，グラフにおいて丘状に描かれる。これは，おそらく学校でコンピュータを限定的に利用する（「週 1 〜 2 回」）方がまったく利用しないよりも良いが，現在の OECD 平均を超えた水準でコンピュータを利用することは，統計的に有意に低い得点と相関していることを示唆する。

第6章

173

第6章　コンピュータは生徒の能力とどのように関係しているのか

■ 図 6.5 ■
学校における ICT 利用指標別，生徒の読解力における技能
生徒と学校の社会経済的背景の影響を取り除いた後の関係（OECD 平均）

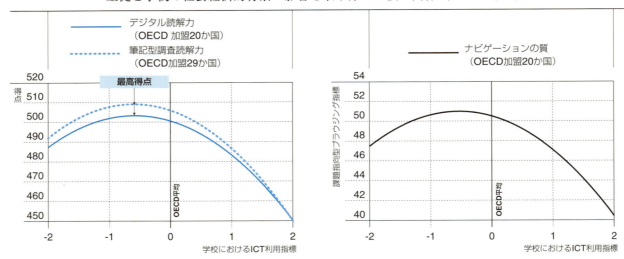

注：線は，「生徒の社会経済文化的背景」指標（ESCS）の平均値が 0 である学校で，ESCS が 0 の値をとる生徒に関する，学校における ICT 利用指標の様々なレベルにおける，各結果変数の予想値を示す。
ナビゲーションの質とは，生徒が持つインターネット上で自分のナビゲーション行動を計画し統制する能力を指す。これは課題指向型ブラウジング指標によって測定される（第 4 章参照）。
出典：OECD, PISA 2012 Database, Table 6.2.
StatLink：http://dx.doi.org/10.1787/888933253280

　図 6.5 からは，コンピュータ利用と得点との関係がデジタル読解力と筆記型調査読解力の間で類似していることも示しているが，このことは，学校でのコンピュータ利用が高い水準にあっても，特定のオンラインで読む技能でさえ，恩恵を受けないことを示唆している。これは図 6.5 の右図から明らかであるが，**課題指向型ブラウジング指標**つまりオンラインテキストに対して生徒が持つナビゲーションと評価の技能に関する指標を，**学校における ICT 利用の指標**に関連付けている。そのような特定のオンラインで読む技能でさえ，学校でのコンピュータ利用を徹底しても恩恵を受けるようには見えない。

　全体として，学校でのコンピュータ利用がオンラインでの読みに特別に有益な点をもたらしているとは考えられない。しかしながら，詳細に見れば，得点と利用頻度との関係は活動によって異なっている。

　学校でインターネットのチャットをすることや，ドリルや勉強をすることなど，特定の活動で頻度が高いと得点の低下は特に大きい（図 6.6）。こうした活動に頻繁に取り組む生徒は，他のもっと有効な学習活動の機会を逃がしている可能性がある。こうした活動にまったく取り組まないか，ごく稀にしか取り組まない生徒は最も高い得点を上げている。

　対照的に，インターネットを見ることや E メールを使うことと読解力との関係は，利用頻度が「週に 1～2 回」より高いときにのみ負の効果をもたらす（図 6.6）。したがって，生徒に対してオンラインで読むことを適度に勧めることは，より一般的には読解力に正の効果をもたらす。様々な読みものを提供する教師は，特に男子に，読解への取組を促すことができる（OECD, 2015）。データが入手できる 25 か国のうちの 16 か国では，学校でインターネットを月に 1～2 回見る生徒は，ま

■ 図 6.6 ■
学校でのコンピュータ利用の頻度とデジタル読解力技能
生徒と学校の社会経済的背景の影響を取り除いた後の関係（OECD 平均）

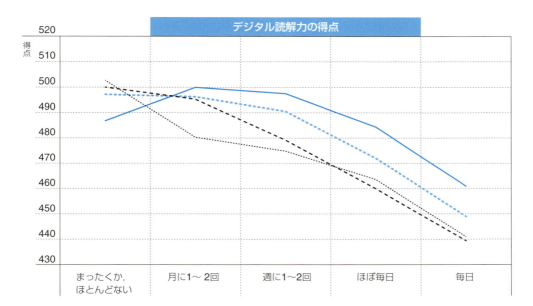

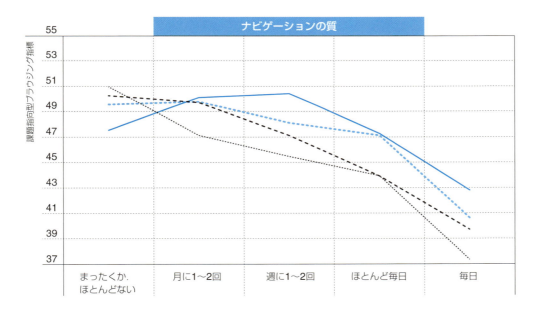

注：グラフは「生徒の社会経済文化的背景」指標（ESCS）の平均値が 0 である学校で，ESCS が 0 の値をとる生徒に関する，各結果変数の予想値を描いている。
ナビゲーションの質とは，生徒が持つインターネット上で自分のナビゲーション行動を計画し統制する能力を指す。これは課題指向型ブラウジング指標によって測定される（第 4 章参照）。
出典：OECD, PISA 2012 Database, Tables 6.3a, b, c and g.
StatLink：http://dx.doi.org/10.1787/888933253296

ったく見ない生徒よりも PISA 調査のデジタル読解力での得点が高い。さらに，最も質の高いナビゲーションを達成するのは学校でインターネットを「週に 1 ～ 2 回」見ると回答した生徒であり，これは学校という環境においてオンラインでナビゲーションの練習をすることは，オンラインでの読みに関連する特定の技能に関しては特に重要な場合があるということを示唆している（表 6.3c）。

各国の間で有意差もある（表 6.2，表 6.3a ～表 6.3i）。特にオーストラリアでは，学校で頻繁にインターネットを見ることは——たとえ最も頻度が高くても——デジタル読解力の獲得と関連している。オーストラリアは生徒が学校でコンピュータを最も利用する国である。

3.2　数学の授業におけるコンピュータ利用

数学の授業におけるコンピュータ利用指標は，教師又は生徒が数学の授業中にコンピュータを利用するかどうかや，どの課題で利用するのかを評価する。この指標の値が高ければ，特に生徒によってより多くの数学の課題がコンピュータで実行される。

OECD 加盟国を通じて，数学の授業でコンピュータを利用しない生徒は，数学的リテラシーの筆記型調査及びコンピュータ使用型調査で高い得点を上げる傾向にある（図 6.7，図 6.8）。これは，大方の場合，高等数学の授業が応用数学の授業よりもコンピュータをあまり当てにしないという事実を反映している可能性がある。しかし，図 6.7 の右図に示されているように，数学的なツールとしてコンピュータを利用する能力——コンピュータ使用型数学的リテラシーでのみ評価される技能——にとって，数学の授業でのコンピュータ利用の拡大はほとんど有効でないと考えられる。

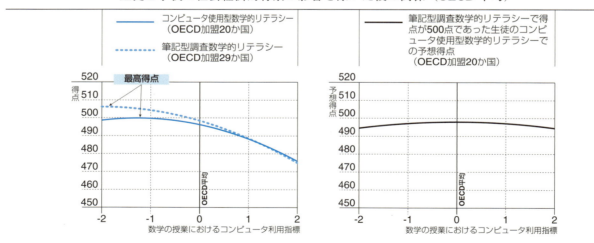

■図 6.7■
数学の授業におけるコンピュータ利用指標別，
コンピュータ使用型調査と筆記型調査の数学的リテラシーの得点
生徒と学校の社会経済的背景の影響を除いた後の関係（OECD 平均）

注：線は，「生徒の社会経済文化的背景」指標（ESCS）の平均値が 0 である学校で，ESCS が 0 の値をとる生徒に関する，数学の授業におけるコンピュータ利用指標の様々なレベルにおける，各結果変数の予想値を示す。
出典：OECD, PISA 2012 Database, Table 6.4.
StatLink：http://dx.doi.org/10.1787/888933253302

■ 図 6.8 ■
数学の授業におけるコンピュータの利用とコンピュータ使用型数学的リテラシーの得点
生徒と学校の社会経済的背景の影響を取り除いた後の関係（OECD 平均）

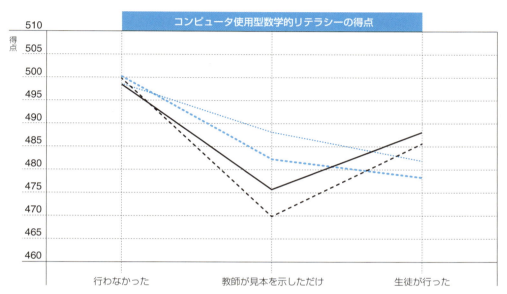

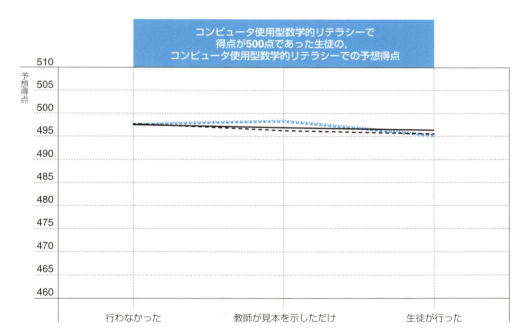

注：上のグラフは，「生徒の社会経済文化的背景」指標（ESCS）の平均値が 0 である学校で，ESCS が 0 の値をとる生徒に関する，コンピュータ使用型数学的リテラシーでの得点の予想値を描いている。下のグラフは，筆記型調査数学的リテラシーの得点が 500 点で，指標では 0 の値をとり，ESCS の平均値が 0 である学校に在籍している生徒に関して，コンピュータ使用型数学的リテラシーでの得点の予想値を描いている。
出典：OECD, PISA 2012 Database, Tables 6.5a, b, c and d.
StatLink：http://dx.doi.org/10.1787/888933253318

関連する具体的な課題にかかわらず，社会経済的背景の差の影響を取り除いた後では，数学の授業でコンピュータを利用しない生徒は，数学の授業でコンピュータを利用する生徒よりも数学的リテラシーの調査で高い得点を上げる（図6.8）。

しかし，この負の相関関係には例外がある。ベルギー，デンマーク，ノルウェーでは，特に，生徒の社会経済的背景の差と学校の社会経済的な側面の差を考慮する比較の場合，数学の授業におけるコンピュータ利用とコンピュータ使用型数学的リテラシーの得点との間には正の相関がある。数学の授業中にコンピュータを利用する生徒は，利用しない生徒よりも高い得点を上げる傾向がある（表6.4，表6.5a～表6.5g）。デンマークとノルウェーは生徒が学校でコンピュータを最も利用する国の中にも入っている。

3.3　学校以外の場所における学校の勉強のためのコンピュータ利用

一見したところでは，読解力と学校の勉強のための学校以外の場所でのコンピュータ利用との関係は，読解力と学校の勉強のための学校におけるコンピュータ利用との関係と類似している。**学校以外の場所における学校の勉強のためのICT利用指標**は，生徒がコンピュータで宿題をする，学校の勉強のために，インターネット上のサイトを見る，Eメールを使って学校の勉強について他の生徒と連絡を取る，校内のウェブサイトを見たり，そこからファイルやプログラムをダウンロードやアップロードする頻度を測定する。この指標の値が高ければ，利用頻度が高く，利用方法もより多彩である。

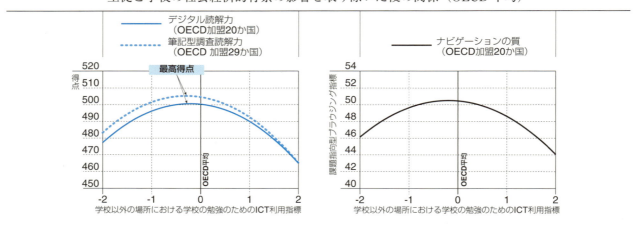

■図6.9■
学校以外の場所における学校の勉強のための
ICT利用指標別，読解力における生徒の技能
生徒と学校の社会経済的背景の影響を取り除いた後の関係（OECD平均）

注：線は，「生徒の社会経済文化的背景」指標（ESCS）の平均値が0である学校で，ESCSが0の値をとる生徒についての，学校以外の場所における学校の勉強のためのICT利用指標の様々なレベルにおける，各結果変数の予想値を示す。
ナビゲーションの質とは，生徒が持つインターネット上で自分のナビゲーション行動を計画し調整する能力を指す。これは課題指向型ブラウジング指標によって測定される（第4章参照）。
出典：OECD, PISA 2012 Database, Table 6.6.
StatLink：http://dx.doi.org/10.1787/888933253329

■図6.10■
学校の勉強のために学校以外の場所でコンピュータを利用する頻度とデジタル読解力技能
生徒と学校の社会経済的背景の影響を取り除いた後の関係（OECD平均）

凡例：
- コンピュータで宿題をする
- Eメールを使って学校の勉強について，ほかの生徒と連絡をとる
- 学校の勉強のために，インターネット上のサイトを見る
- ほかの生徒と学校の教材を共有する

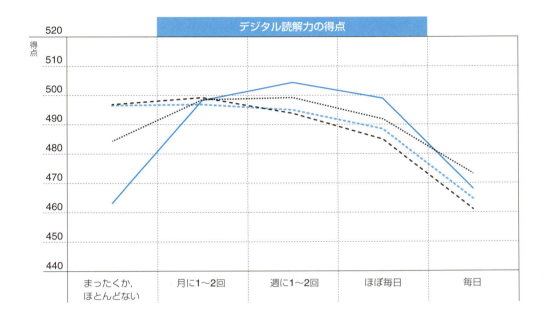

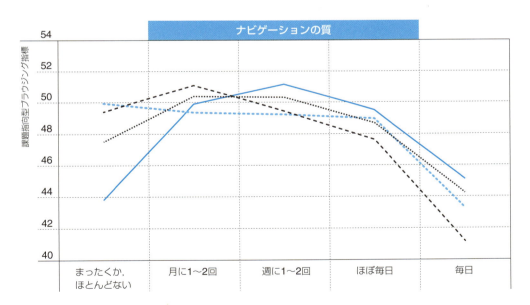

注：グラフは「生徒の社会経済文化的背景」指標（ESCS）の平均値が0である学校で，ESCSが0の値をとる生徒に関する，各結果変数の予想値を描いている。
ナビゲーションの質とは，生徒が持つインターネット上で自分のナビゲーション行動を計画し統制する能力を指す。これは課題指向型ブラウジング指標によって測定される（第4章参照）。
出典：OECD, PISA 2012 Database, Tables 6.7a, b, f and g.
StatLink：http://dx.doi.org/10.1787/888933253338

第6章　コンピュータは生徒の能力とどのように関係しているのか

学校の勉強のために学校以外の場所でコンピュータを適度に利用する生徒は，デジタル使用型読解力でも筆記型調査読解力でも最も高い得点を上げ，コンピュータをまったく利用しない生徒よりも高得点である。しかし，コンピュータの利用がOECD平均を超えると，その関係は負に転じる。生徒によるナビゲーションの質（**課題指向型ブラウジング指標**）を考慮するときにも，こうした丘状の相関が見られる（図6.9）。

ICT質問紙に載っている二つの宿題の活動（コンピュータで宿題をする，学校の勉強のために，インターネット上のサイトを見る）では，得点に関して同じような丘状の関係が示されている。こうした活動をコンピュータでまったくしない生徒と，毎日する生徒とは，デジタル読解力の得点が最も低い二つのグループである。Eメールを使って学校の勉強について他の生徒と連絡を取るなど，生徒間や教師とのコミュニケーションを考えるとき，平均的な得点において，コンピュータをまったく利用しない生徒と週に1〜2回そのような活動をする生徒との差はない（図6.10）。

こうした結果を解釈する際，自分の時間の過ごし方を自由に選べるときに生徒が取る行動は，より一般的には生徒の技能（生徒ができること）と学習に対する性向に左右されるという点に留意することが重要である。例えば，学校以外の場所で宿題をするためにコンピュータをほとんど利用しない生徒のグループには，コンピュータを利用するかしないかを問わず，学校以外の場所でどのような宿題もほとんどしない生徒が含まれている。

一般的に，コンピュータで宿題をすることと得点との関係は，特に生徒による学校のコンピュータ利用ではなく，生徒の学校への関わり方を反映している可能性がある。

第4節 ┃ 家庭における余暇でのコンピュータ利用とデジタル読解力

生徒は友人と交流を維持するために，家庭でコンピュータを使ってゲームをするほか，音楽をダウンロードしたり，ニュースを読む，又は遊びでインターネットを単純に閲覧するなど，あらゆる種類の余暇活動を行う。家庭でコンピュータを利用するときに生徒が取り組む余暇活動の頻度と種類は，**学校以外の場所における余暇でのICT利用指標**にまとめられる。

図6.11は，家庭における余暇でのコンピュータ利用とデジタル読解力の得点との，丘状の関係を示している。適度に利用する生徒は，熱心に利用する生徒やあまり利用しない生徒より高い得点を上げる傾向にある。この図では筆記型調査読解力に関して，同じような丘状の関係も示している。しかし，筆記型調査読解力の場合，コンピュータをあまり利用しない生徒の方が熱心に利用する（この指標で値が最も高い）生徒よりも得点が高い。

コンピュータを最も利用する生徒は，コンピュータを利用するとしても滅多に利用しない生徒と多くの点で異なっている。コンピュータの利用自体は，デジタル読解力のレベルが異なる原因というよりはむしろ結果かもしれない。こうした理由から，これらの関係を単純な因果効果の関係として解釈することはできない。それにもかかわらず，こうした類型は，デジタル読解力で高い得点を上げるためにコンピュータを頻繁に利用することが必ずしも必要ではないことを示唆している。

実際に，図6.12からはコンピュータ上での娯楽活動とデジタル読解力の得点との関係は，特定

■ 図 6.11 ■
学校以外の場所における余暇での ICT 利用指標別，読解力における生徒の技能
生徒と学校の社会経済的背景の影響を取り除いた後の関係（OECD 平均）

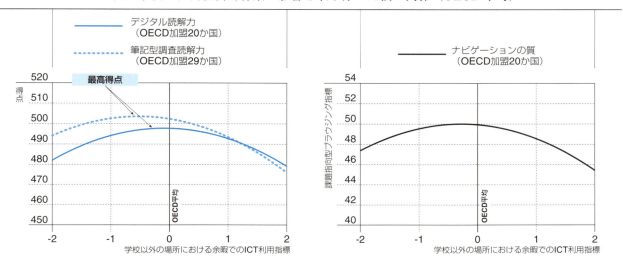

注：線は，「生徒の社会経済文化的背景」指標（ESCS）の平均値が 0 である学校で，ESCS が 0 の値をとる生徒についての，学校以外の場所における余暇での ICT 利用指標の様々なレベルにおける，各結果変数の予想値を示す。
ナビゲーションの質とは，生徒が持つインターネット上で自分のナビゲーション行動を計画し統制する能力を指す。これは課題指向型ブラウジング指標によって測定される（第 4 章参照）。
出典：OECD, PISA 2012 Database, Table 6.8.
StatLink：http://dx.doi.org/10.1787/888933253343

　の活動に応じて異なることが分かる。インターネットを見て楽しむ，E メールを使うなど一部の活動の方が，多人数オンラインゲームで遊ぶ，インターネットで音楽や映画をダウンロードするといった他の活動よりもデジタル読解力の習熟度と正の相関が強い。より優れたインターネット上での読み手は前者の行動を盛んに行い，後者にはあまり取り組まない。
　異なる活動におけるこれらの違いは，ある程度，生徒が何を最も楽しむかに基づいて余暇活動を選択するという事実を踏まえて解釈されなければならない。同様にこれはどのように生徒が課題を上手にこなすことができるかという点に左右される。優れた読み手になる傾向があるのは沢山読む生徒であり，優れた読み手は沢山読むことによって報われたと感じる可能性が高い。読みの取組と読解力の習熟度は相互関係の中で互いを支えている。

第 6 章　コンピュータは生徒の能力とどのように関係しているのか

■ 図 6.12 ■
学校以外の場所における余暇での ICT を利用する頻度とデジタル読解力技能
生徒と学校の社会経済的背景の影響を取り除いた後の関係（OECD 平均）

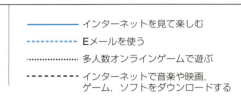

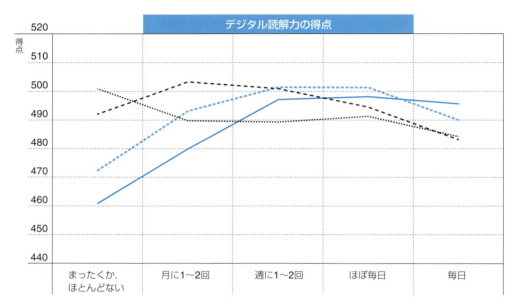

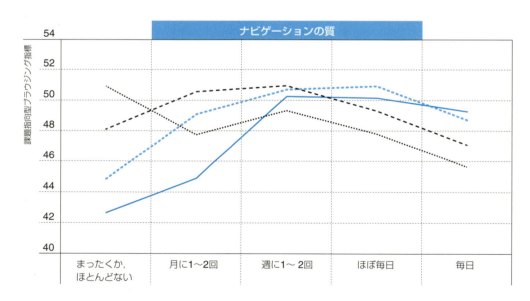

注：グラフは「生徒の社会経済文化的背景」指標（ESCS）の平均値が 0 である学校で，ESCS が 0 の値をとる生徒に関する，各結果変数の予想値を描いている。
ナビゲーションの質とは，生徒が持つインターネット上で自分のナビゲーション行動を計画し統制する能力を指す。これは課題指向型ブラウジング指標によって測定される（第 4 章参照）。
出典：OECD, PISA 2012 Database, Tables 6.9b, c, f and i.
StatLink：http://dx.doi.org/10.1787/888933253359

第5節 コンピュータ利用が生徒の得点へ及ぼす影響についての研究上の証拠

　全体として，コンピュータ利用が生徒の技能と関係している場合にPISA調査のデータに現れる最も頻度の高い類型は，ICTへの投資と得点との間にある弱い，又は負になるときもある相関である。この知見の相関性はそこから政策のための指針を描くことを困難にさせるが，より厳密に設計された評価を用いる研究に基づく研究文献にある新たな共通見解と非常に似ている。

　複数の研究が，学校にICTのためのリソースをより多く配分することが教育の成果に与える影響を評価している。この分野における最近の調査は，「自然実験」によって実施されており，この場合，「処置」群に相当する追加のリソースを受け入れる学校，比較対象としてリソースを受け入れない学校をコントロール群としている。これら研究の大部分によれば，ICTへの追加投資政策の結果は「処置」群でのコンピュータ利用の増加をもたらすことが分かるが，教育の成果に対する正の効果を見出す研究は，追加リソースが他の投資に使われなかった場合であってもわずかであった（Bulman and Fairlie, 近刊予定）。イスラエル（Angrist and Lavy, 2002），オランダ（Leuven et al., 2007），カリフォルニア（Goolsbee and Guryan, 2006）及びペルー（Cristia, Czerwonko and Garofalo, 2014）における「自然実験」から得られる証拠は，テストの得点，全国学力テストの評価，及び中途退学の発生率といった従来型の学力指標に対する負になることもある限定的な効果という知見と一致する。

　処置群とコントロール群が無作為抽出によって作られる対照実験に基づく研究はほとんどない。コロンビアにおける「教育用コンピュータ」プログラムの無作為評価（Barrera-Osorio and Linden, 2009）では，学習への限定的な効果が見出されたほか，追加されたコンピュータは指導用コンピュータの利用拡大にはつながらなかったということが分かっている。

　これら研究結果の例外ではあるが，Machin, McNally and Silva（2007）の報告によると，イングランドの小学校ではICT機器向け予算措置の拡大を受けて児童の学力が向上している。筆者らは2000年頃における地方教育当局間の予算配分に適用される規則の変化を捉えて，新たな規則に基づいて追加予算を得た学校（より厳密に述べれば地方教育当局）と，リソースが減少したか，又は一定のままであった学校とを比較した。

　他の研究は教育の成果にICTの特定の用途が及ぼす影響を調査している。教育用ソフトウェアなど，指導目的のコンピュータの特定の用途に関する実験的評価は，より高い頻度で正の結果を報告する傾向にある（Bulman and Fairlie, 近刊予定）。しかし，こうした知見を解釈する上で，コンピュータを用いた指導の導入が学習時間を全体として増加させるのか，又は他の学習活動に取って代わるのかを確定することは極めて重要である。

　過去30年間に公表された81本のメタ分析による研究に基づいた，コンピュータを用いた指導の有効性についての文献レビューにおいて，Hattie（2013）は，概して，コンピュータを利用した指導の学習への効果は他の適切な指導で見られる典型的な効果に比べて，大きくも小さくもないことを見出した。結果として，もしコンピュータ利用が同様に効果的な教育活動に取って代わるとして

第6章　コンピュータは生徒の能力とどのように関係しているのか

も，その実質的な影響は皆無になるだろう。

　さらに，実験的評価研究の文脈で促された特定の用途は，「普通の」教師が教室で推進する平均的な利用よりも優れている可能性がある。TIMSS のデータ分析——これは同じ児童・生徒に関して科目（算数・数学と理科）間におけるコンピュータ利用の差異を教育到達度の差異に関連付けている——において，Falck, Mang and Woessmann（2015）は，算数・数学の結果はコンピュータ利用と関係していないが，理科の結果は一定の利用（「考えや情報を調べること」）と正の相関があり，その他の利用（「技能や手順を練習すること」）とは負の相関があることを見出している。

　確かに，効果は文脈と特定の用途に応じて変化する可能性が高い。コンピュータを用いた指導に関する文献の評価において，Hattie and Yates（2013）は，コンピュータが従来型の教育と別のものとして見られる場合より，従来型の教育を補完していたときに，より強い効果があると報告している。筆者らによれば，従来型の教育にも適用される，同じ学習の指針に従う指導で正の効果がもたらされた。コンピュータが特に効果的であったのは，学習時間と練習を増やすために利用された場合，生徒が学習状況をコントロールできるようにするために（例えば，新しい教材が導入されるペースを生徒に合わせることによって）利用された場合，そして協調的学習を支援するために利用された場合である。

　家庭でのコンピュータの利用が生徒の学校の得点に及ぼす効果に関する，厳密な実験的証拠はさらに限られている。最近公表された三つの実験は相反する証拠を報告している。Malamud and Pop-Eleches（2011）は，ルーマニアにおける学齢児童がいる家庭に対するコンピュータ・バウチャー・プログラムの受給資格規則における明確な不連続性を用いて，効果に関する相反する証拠を見出しており，学力など一部の結果は，プログラムの資格を満たす生徒については悪化し，コンピュータの技能やレーヴン漸進的マトリックスで測定した認知的技能といった他の結果は改善した。カリフォルニアにおいて，コンピュータを所有していなかった 6 〜 10 学年の生徒に，無料でコンピュータを配り，実施された無作為化比較試験では，評点，テストの得点，取得単位，又は学校への関わりについて効果は見られなかった（Fairlie and Robinson, 2013）。最後に，ペルーでの無作為化比較試験においては，抽選で選ばれた約 1,000 人の小学生が家庭用ノートパソコン 1 台を無料で受け取った。コンピュータを受け取った 5 か月後，当該小学生は全体としてコンピュータを利用することが増えたと回答し，受け取っていない小学生よりもコンピュータ利用に習熟した。しかし，読解力や数学の得点，認知的技能，及びより一般的な ICT 習熟度に関して効果は見出されなかった。その一方で教師は，無料のコンピュータを受け取った生徒は，受け取らなかった生徒に比べて学校であまり努力しなかったと回答した（Beuermann *et al.*, 2015）。

　全体として，より厳格に設計された評価だけではなく，PISA 調査で得られた証拠も示唆しているのは，家庭又は学校で，単に生徒のコンピュータアクセスが増えても，教育の成果で著しい向上がもたらされる可能性は低いということである。さらに，PISA 調査のデータも他の調査の証拠も，コンピュータ利用における正の効果は，特定の成果やコンピュータ利用に限られるという知見で一致している。

コンピュータは生徒の能力とどのように関係しているのか　第6章

オンラインデータ

第6章の表はインターネット上 http://dx.doi.org/10.1787/edu-data-en で入手できる。

表 6.1　Relationship between students' performance and computer access /use at school

表 6.2　Students' skills in reading, by index of computer use at school

表 6.3a　Students' skills in reading, by frequency of chatting on line at school

表 6.3b　Students' skills in reading, by frequency of using e-mail at school

表 6.3c　Students' skills in reading, by frequency of browsing the Internet for schoolwork at school

表 6.3d　Students' skills in reading, by frequency of downloading, uploading or browsing material from the school's website at school

表 6.3e　Students' skills in reading, by frequency of posting work on the school's website at school

表 6.3f　Students' skills in reading, by frequency of playing computer simulations at school

表 6.3g　Students' skills in reading, by frequency of practicing and drilling on a computer at school

表 6.3h　Students' skills in reading, by frequency of doing homework on a school computer

表 6.3i　Students' skills in reading, by frequency of using school computers for group work and to communicate with other students

表 6.4　Performance in computer-based and paper-based mathematics, by index of computer use in mathematics lessons

表 6.5a　Students' performance in mathematics, by use of computers in class to draw the graph of a function

表 6.5b　Students' performance in mathematics, by use of computers in class to calculate with numbers

表 6.5c　Students' performance in mathematics, by use of computers in class to construct geometrical figures

表 6.5d　Students' performance in mathematics, by use of computers in class to enter data on a spreadsheet

表 6.5e　Students' performance in mathematics, by use of computers in class to rewrite algebraic expressions and solve equations

表 6.5f　Students' performance in mathematics, by use of computers in class to draw histograms

表 6.5g　Students' performance in mathematics, by use of computers in class to find out how the graph of a function changes depending on its parameters

表 6.5h　Students' performance in mathematics, by use of computers in class for at least one mathematics related task

表 6.6　Students' skills in reading, by index of ICT use outside of school for schoolwork

表 6.7a　Students' skills in reading, by frequency of browsing the Internet for schoolwork outside of school

表 6.7b　Students' skills in reading, by frequency of using e-mail to communicate with other students about schoolwork outside of school

表 6.7c　Students' skills in reading, by frequency of using e-mail to communicate with teachers and submit homework or other schoolwork outside of school

表 6.7d　Students' skills in reading, by frequency of downloading, uploading or browsing material from the school's website outside of school

表 6.7e　Students' skills in reading, by frequency of checking the school's website for announcements outside of school

表 6.7f　Students' skills in reading, by frequency of doing homework on the computer outside of school

表 6.7g　Students' skills in reading, by frequency of using computer to share school-related materials with other students outside of school

表 6.8　Students' skills in reading, by index of ICT use outside of school for leisure

表 6.9a　Students' skills in reading, by frequency of playing one-player computer games outside of school

表 6.9b　Students' skills in reading, by frequency of playing collaborative online games outside of school

表 6.9c　Students' skills in reading, by frequency of using e-mail outside of school

表 6.9d　Students' skills in reading, by frequency of chatting on line outside of school

表 6.9e　Students' skills in reading, by frequency of using computers to participate in social networks outside of school

表 6.9f　Students' skills in reading, by frequency of browsing the Internet for fun outside of school

表 6.9g　Students' skills in reading, by frequency of reading news on the Internet outside of school

第6章　コンピュータは生徒の能力とどのように関係しているのか

表 6.9h　Students' skills in reading, by frequency of obtaining practical information from the Internet outside of school

表 6.9i　Students' skills in reading, by frequency of downloading music, films, games or software from the Internet outside of school

表 6.9j　Students' skills in reading, by frequency of using computers to upload and share own created content outside of school

参考文献・資料

Angrist, J. and V. Lavy (2002), "New evidence on classroom computers and pupil learning", *Economic Journal,* Vol. 112/482, pp. 735-765.

Barrera-Osorio, F. and L.L. Linden (2009), "The use and misuse of computers in education : Evidence from a randomized experiment in Colombia", *World Bank Policy Research Working Paper Series*, No. 4836.

Beuermann, D.W., J. Cristia, S. Cueto, O. Malamud and Y. Cruz-Aguayo (2015), "One laptop per child at home: Short-term impacts from a randomized experiment in Peru", *American Economic Journal: Applied Economics,* Vol. 7/2, pp. 53-80.

Bulman, G. and R.W. Fairlie (forthcoming), "Technology and education: Computers, software, and the Internet", in Hanushek, R., S. Machin and L. Woessmann (eds.), *Handbook of the Economics of Education*, Vol. 5, North Holland, Amsterdam.（この文献は 2016 年に刊行された）

Cristia, J., A. Czerwonko and P. Garofalo (2014), "Does technology in schools affect repetition, dropout and enrollment? Evidence from Peru", *IDB Working Paper Series*, No. IDB-WP-477, Inter-American Development Bank, Research Department.

Fairlie, R.W. and J. Robinson (2013), "Experimental evidence on the effects of home computers on academic achievement among schoolchildren", *American Economic Journal: Applied Economics,* Vol. 5/3, pp. 211-240.

Falck, O., C. Mang and L. Woessmann (2015), "Virtually no effect? Different uses of classroom computers and their effect on student achievement", *IZA Discussion Paper*, No. 8939.

Goolsbee, A. and J. Guryan (2006), "The impact of internet subsidies in public schools", *The Review of Economics and Statistics*, Vol. 88/2, pp. 336-347.

Hattie, J. (2013), *Visible Learning: A Synthesis of Over 800 Meta-Analyses Relating to Achievement*, Routledge, United Kingdom.

Hattie, J. and G.C.R. Yates (2013), *Visible Learning and the Science of How We Learn*, Routledge, United Kingdom.

Leuven, E., M. Lindahl, H. Oosterbeek and D. Webbink (2007), "The effect of extra funding for disadvantaged pupils on achievement", *The Review of Economics and Statistics,* Vol. 89/4, pp. 721-736.

Machin, S., S. McNally and O. Silva (2007), "New technology in schools: Is there a payoff?", *Economic Journal*, Vol. 117/522, pp. 1145-1167.

Malamud, O. and C. Pop-Eleches (2011), "Home computer use and the development of human capital", *The Quarterly Journal of Economics*, Vol. 126/2, pp. 987-1027.

OECD (2015), *The ABC of Gender Equality in Education: Aptitude, Behaviour, Confidence*, PISA,

OECD Publishing, Paris, http://dx.doi.org/10.1787/9789264229945-en.

OECD（2013）, *PISA 2012 Results: What Makes Schools Successful（Volume IV）: Resources, Policies and Practices*, PISA, OECD Publishing, Paris, http://dx.doi.org/10.1787/9789264201156-en.

■ 第 7 章 ■

ログファイルデータを用いて，
何が PISA 調査の成績を左右するのかを
理解する（事例研究）

第7章

　コンピュータ使用型調査では，生徒が問題の解答を探すためにたどったすべての
ステップと行動をコンピュータが（ログファイルに）記録し──そしてもし指示が
あれば──分析することができる。本章では，2012 年コンピュータ使用型調査か
ら三つの課題を記録したプロセスデータを用いて，生徒の受検行動をモニターし，
生徒の技能を測定する教育者の能力をどのように高めることができるのかを示す
（訳者注：本章において「課題（task）」とは実際に使われた大問「スラン」を解く
作業を指す）。

はじめに

　情報通信技術（ICT）ツールには，いくつかの点で教育と指導を向上させる可能性がある。評価の分野では，そうしたツールは測定の正確さと能率性を高め，調査できる知識と技能の種類を広げることができる（例えば，問題解決能力［OECD, 2014］）。おそらく最も重要なのは，ICTツールによって，生徒が調査に参加するときに彼らの学習ニーズを確認することが容易になることである。確かに，コンピュータの双方向性，迅速なフィードバックループ及び高い分析可能性は，普遍的な学習原理のために利用される場合がある。デジタルツールの助けを得て，時間と作業を要する難しい教材に生徒が取り組めるようになる場合や，生徒のペースに合わせながら，教材を新しく導入したり，生徒に対し迅速にフィードバックを与えることによって，生徒が学習状況を管理できる場合は，生徒はより多くのことを学ぶだろう。

　Bunderson, Inouye and Olsen（1988）は「inteligent measurement（知識の測定）」の可能性を記述した最初の者たちであった。彼らの構想では，これまで熟練者のみが学習者に与えられる類の助言で，かつ学習者の進捗（非常に時間のかかる活動）を注意深く観察したときにのみ与えられる助言をコンピュータが提供することができる。コンピュータで管理される課題においては，コンピュータが解決に向けたすべてのステップと行動を（ログファイルに）記録する。適切な指示があれば，コンピュータは課題に対する生徒の成績とともに行動を分析することもできる。したがって，コンピュータは最終的には静的なテストの得点ばかりではなく，得点の解釈（プロフィール）と学習者や指導者に向けた個別のフィードバックも生み出すことができる。

　しかし，25年以上経っても，依然として「inteligent measurement（知識の測定）」のこうした構想が大規模に実施されているとは言い難い。そうした遅い進展の一つの理由は，生徒の学習を分析するためのプロセスデータ（ログファイルデータ）の活用を調べる研究が不足していることにある。Csapóら（2012, p.216）が言及しているように，「生徒が複雑な調査に取り組んでいるときに生み出す何百もの情報を解明すること」は極めて難しい。

データから分かること

● コンピュータ使用型調査では，ログファイルは生徒が課題を解こうとする間に取る行動のタイミングと種類に関する情報を記録する。ログファイルの分析によって，生徒がどの程度速く，正確に読んでいるのか，生徒は難しい問題を解くのにどの程度粘り強いのかを調べ，もっと一般的には生徒が課題を解く方法における違いを分析することができる。

● 簡単な調査の問題を読んで理解するのに長い時間を要する生徒は，他の基本的な読解力の技能ばかりではなく，読みの速さ・正確さを欠いている可能性が高い。デジタル読解力調査の一つの課題で選択されたデータによると，ブラジル，チリ，コロンビア，ハンガリー，アラブ首長国連邦の生徒は，他の国の生徒よりもゆっくり読む可能性が極めて高いことが分かる。これとは対照的に，日本や韓国など，読解力の成績下位層の割合が小さい国では，ゆっくり読む生徒はほとんどいない。

ログファイルデータを用いて，何がPISA調査の成績を左右するのかを理解する（事例研究）　第7章

> ● 正答するのに通常必要な7分よりも短い時間で複雑なデジタル読解力の課題を解く可能性を持つ生徒の大部分は，オーストラリア，カナダ，フランス，アメリカで見られた。しかし，問題を正しく解くのに7分を超えて粘った生徒を考慮すると，他の国，特に香港，アイルランド，日本，マカオ，上海，シンガポールの成績は，前者の諸国グループと同等か，又は良い場合もあった。

　本章では三つの調査問題，つまり課題を用いて，コンピュータ使用型調査で記録されたプロセスデータが，生徒の行動と技能を測定する能力をどのように高めているのかを示す。ここで分析する三つの問いはすべて同じ調査の大問「スラン」に入っており，それらが課題文として共通の教材から出題されていることを意味する（訳者注：大問「スラン」の各問いを解く作業を「課題（task）」とする。実際の調査問題では大問「スラン」の中で問1，問2，問3が出題されているが，ここではそれぞれの問いに関する作業を課題1，課題2，課題3として示している）。

　事例研究は次のように構成されている。第一に，大問「スラン」に関する大まかな特徴が紹介される。後述する分析のために文脈を規定することに加えて，この大問は2012年調査でデジタル読解力における生徒の技能がどのように調査されたかを示す。次に，生徒の読みの速さ・正確さ，粘り強さ，及びナビゲーション行動が分析され，これは各国間と成績レベル間における生徒の比較に利用する。

　本節での知見は限られた数の課題——時には一つの課題——に基づいている。このため，そうした知見は慎重に解釈されなければならない。その結果を一般化し裏付けるためにはさらなる研究が必要である。

第1節　大問「スラン」に関する説明

　本章において詳細に分析される三つの問いは，PISA調査における必要とされるナビゲーションを広範囲に持つ事例として取り上げられた。図7.1は，大問「スラン」の課題がナビゲーションの難易度の低いものから高いものまで及んでいることを示している。

　この問題は以下で簡単に説明するが，オーストラリア教育研究所のウェブサイトで見ることができる（http://cbasq.acer.edu.au/index.php?cmd=toEra2012［2015年4月30日にアクセス済み］）。各問いで必要となるテキスト処理技能やナビゲーションの程度と性質は，この課題を解こうとすればよく理解できるだろう。

　大問「スラン」は，スランというベルギーの都市の架空のウェブサイトを中心に作られている（図7.2）。大問は三つの課題からなる。コラム7.1では，各課題の主な特徴をまとめている。最初の二つの課題では，情報の「探求・取り出し」における生徒の習熟度を測定する。オンラインの環境においてこれに含まれるのは，利用できるナビゲーションツールとのやり取りを通じて情報を探すことや，インターネット上で出会う典型的な構造に関する知識と途中で参考のために受け取るフィードバックを使うことである。検索の難易度を制限するために，両方の課題は生徒を導いて正しく判断させるための指示を与える（「スランのホームページを見てください」「……のページを探してください」）。3番目の課題は，この問いを解くためにいくつかの認知プロセスが一緒に含まれているため

191

■ 図7.1 ■
大問「スラン」各課題の必要とされるテキスト処理と必要とされるナビゲーションの難易度

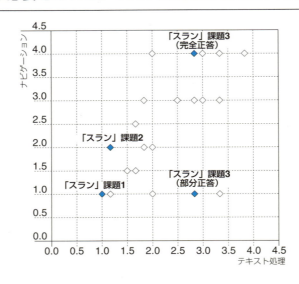

注：横軸は必要とされるテキスト処理の難易度を示す。縦軸は必要とされるナビゲーションの難易度を示す（両評価は1〜4段階で表し，4は最も難易度が高いことを表す）。
各菱形記号は，2012年調査においてデジタル読解力の一つ以上の課題を表す。
出典：OECD（2011），*PISA 2009 Results: Students on Line: Digital Technologies and Performance*（Volume VI），p. 43, http://dx.doi.org/10.1787/9789264112995-en.
StatLink：http://dx.doi.org/10.1787/888933253361

に，「複雑な」課題として分類される。先の課題と同様，生徒は情報を検索して見つけ出す必要があり，彼らを支援するための明確な指示が与えられる。また，生徒は二つのコンサートの説明を対比しながら，見つけた情報を「統合・解釈」し，いずれか一方のコンサートを選んだことを正当化するために，個人的な好みの観点からこうした説明をよく検討する必要がある。これを「複雑な」課題にするために，読解力の枠組みに関するすべての側面（「探求・取り出し」「統合・解釈」「熟考・評価」）は重要である。この最後の問いに対する解答は，訓練を受けた採点者によって採点される。

デジタル読解力の調査に参加している32か国の38,000人を上回る生徒にこうした課題が出された。最初の課題では38,506人の生徒，2番目の課題では38,370人の生徒，3番目の課題では37,474人の生徒のプロセスデータがある。この大問は二つの調査問題群の終わりに出されたが，生徒のうち半分は40分の調査セッションの中間に達する前にこの大問が出題され，生徒の残り半分は最後の最後に出題されたことを意味する。

OECD平均では，この大問に達しなかった生徒を除いて，プロセスデータを利用できる生徒のうち，生徒の38％がこの大問にある三つの課題すべてで完全正答し，43％が三つの課題のうち二つに正答し，16％は一つの課題のみに正答して，生徒の4％が課題を一つも正答することができなかった（表7.6）。概して，各国の正答率は，デジタル読解力の尺度における平均成績別の国の順位と一致している[1]。

事例研究では，この上位層と下位層の行動は，三つの課題のうち三つとも正答した生徒と多くとも一つしか正答できなかった生徒を比較することで，対比される。ここでの定義に従えば，上位層グループと下位層グループはそれぞれ生徒母集団の38％と20％を占める。

■ 図 7.2 ■
大問「スラン」に関する問題の画面

出典：Australian Council for Educational Research（2015），"PISA examples of computer-based items: Digital Reading 2012: *SERAING*", http://cbasq.acer.edu.au/index.php?cmd=toEra2012（accessed 30 April 2015）．

第 7 章　ログファイルデータを用いて，何が PISA 調査の成績を左右するのかを理解する（事例研究）

コラム 7.1　大問「スラン」における課題の概要

課題 1

　　設問：スランのホームページを見てください。「伝統文化の日」は何日ですか。

　　解答形式：選択肢形式（4 択）

　　枠組みの側面：探求・取り出し

　　デジタル読解力の尺度上の難易度：248 点（レベル 1b 未満）

　　ナビゲーションに利用できるページ数：21

　　必要な情報を見つけ出すのに必要なナビゲーションステップの最低回数：0（ただしスクロールは必要）

課題 2

　　設問：スラン市のコミュニティ文化センターのページを探してください。11 月の第一週に上映される映画は次のうちどれですか。

　　解答形式：選択肢形式（4 択）

　　枠組みの側面：探求・取り出し

　　デジタル読解力の尺度上の難易度：382 点（レベル 1a）

　　ナビゲーションに利用できるページ数：21

　　必要な情報を見つけ出すのに必要なナビゲーションステップの最低回数：3

課題 3

　　設問：メールの受信箱を開き，健二が勝に出したメールをよく読んで，「返信する」をクリックし，勝から健二への返信を書いてください。

　　返信には，どちらのコンサート（12 月 5 日か 12 月 12 日）のチケットを買ったほうがいいかを書いてください。そのコンサートのほうがより楽しそうだと思われる理由を，コンサートの内容にふれながら説明してください。

　　「メッセージを送信する」をクリックして返信メッセージを送信してください。

　　解答形式：求答形式，専門家によるコード化が必要

　　枠組みの側面：複雑な課題

　　デジタル読解力の尺度上の難易度：完全正答については 570 点（レベル 4），部分正答については 547 点（レベル 3）。部分正答は，自分の好みを示して説明を加えることができるが，その説明がコンサートの説明とは関係がない生徒に与えられる。好みを示さず，いかなる説明もしない生徒は誤答となる。

　　ナビゲーションに利用できるページ数：25

　　必要な情報を見つけ出すのに必要なナビゲーションステップの最低回数：11

第2節　生徒はどれだけ速く，正確に読むことができるか

　優れた読み手は，単語や文章を速く，しかも正確に読むことができ（Catts et al., 2002），それはまるで文章を読むというよりは人の生の声を聴いているかのようである。課題文の中に短い明確な指示がある簡単な課題では，**初期反応時間**を用いて読みの速さ・正確さを測ることができる。初期反応時間とは，生徒が問題を見た瞬間から最初の行動を取るまでの時間を秒単位で測定することである[2]。この測定値は，調査実施プログラムによって自動的に記録されるプロセスデータから抽出できる。

　大問「スラン」の課題2はこの目的のために作られたわけではないが，生徒の読みの速さ・正確さを測定し，比較するには良い題材となっている。生徒が大問の課題2まで進むとき，生徒はスランのホームページ——課題文——に慣れる機会を課題1で既に得ている。生徒にとって新しい唯一の材料は画面の一番下にある質問であり，それは「スラン市のコミュニティ文化センターのページを探してください。11月第一週に上映される映画は次のうちどれですか」と述べている。「コミュニティ文化センター」という語句は，ホームページの中央に目立つように出ている。この課題の初期反応時間は，生徒がこのリンクをクリックするのに要する時間に相当する。したがって，それは質問を読んで理解するのに要する時間にほぼ関係しており，他のプロセス（情報を見つけ出すことや計画を立てることなど）との関係は限定的なものに過ぎない。

　図7.3を見ると，（デジタル）読解力では生徒の習熟度によって，この初期反応時間がどのように異なるかが分かる。「スラン」の三つの課題のうち，多くとも一つしか正答できなかった下位層の生徒は初期反応時間が最も長く，これは，こうした生徒の多くには言葉や文章を速く読解する力が不足していることを示している。

　OECD平均では，生徒の10%で反応時間は6秒より短く，その一方で生徒の別の10%は反応するのに28秒以上かかる（表7.1）。さらに分析すると，反応時間はこうした簡単な課題での成功と負の関係があることが分かる。課題2に最も速く反応した生徒（6秒未満）の約83%は正答してお

■図7.3■
大問「スラン」正答数別，課題2における初期反応時間
課題の開始と最初のマウスクリックまでの時間の中央値（OECD平均）

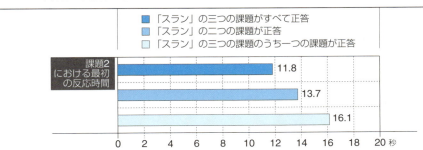

注：時間指標は通常，歪曲分布と非常に大きな外れ値があるため，この図は中央値（50%値）を示す。
出典：OECD, PISA 2012 Database, Table 7.1.
StatLink：http://dx.doi.org/10.1787/888933253377

第7章　ログファイルデータを用いて，何が PISA 調査の成績を左右するのかを理解する（事例研究）

■ 図 7.4 ■
筆記型調査読解力における成績下位層と大問「スラン」課題 2 の反応時間の長さとの関係
国別比較

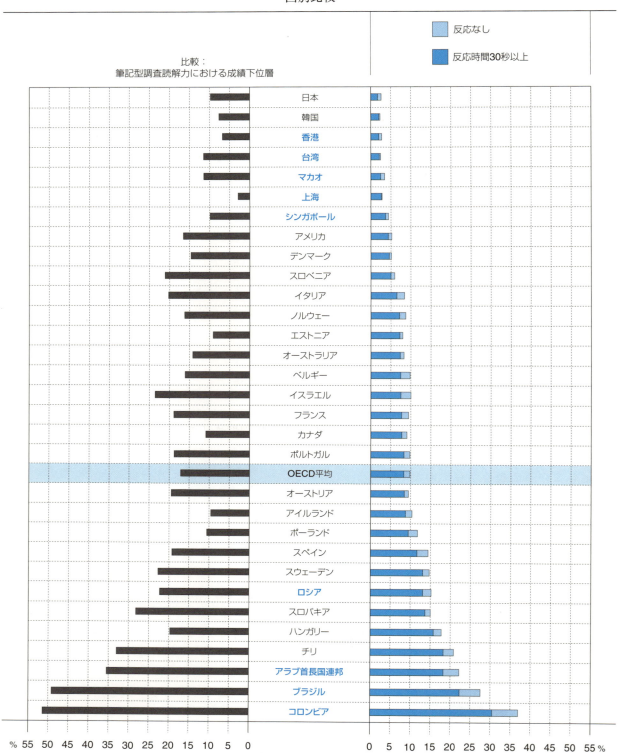

注：反応時間が 30 秒以上の生徒の割合が少ない順に国を並べている。
出典：OECD, PISA 2012 Database, Table 7.1.
StatLink：http://dx.doi.org/10.1787/888933253389

り，その一方で最も遅く反応した生徒（28秒以上）は46%のみが正答した[3]。そのため，後者のグループは読みの速さ・正確さの能力が低く，基本的な読解力の技能に関して問題を抱えている可能性が高い。しかし，こうした生徒は各国間でどのように分布しているのか。

ブラジル，チリ，コロンビア，ハンガリー，アラブ首長国連邦などの一部の国では，日本，韓国といった東アジア諸国よりも，生徒はゆっくり読む可能性が極めて高い。これらの国々の差異が（筆記型調査）読解力における成績下位層の割合と強く関連しているという事実は，生徒が抱える読解力の問題として文章を不自由なく読む基本的な技能が不足しているということが理由の一つとして解釈できる（図7.4）。

成績下位層において読みの速さ・正確さの能力が不足していることを大きな理由として特定することで，デジタル読解力のログファイルの分析は，成績下位層の読解力の各技能を高める方法や，成績下位層のニーズに対応する指導方法を示すことができる。各国間で見られる，筆記型調査読解力の成績がレベル2を下回る生徒の割合と，初期反応時間が30秒を超える生徒の割合との高い相関（0.90）からは，反応時間が読解力の各技能の習得に関する優れた予測材料であることが分かる（表7.1）。しかし，反応時間に基づく，読みの速さ・正確さの測定を言語間で比較できるようにするには，さらなる研究が必要になると考えられる[4]。

第3節 | 生徒は課題に対して努力と時間をどのように配分するのか

反応時間の計測は，生徒がどのようにして特定の認知的課題を上手に処理するのかという指標としての役割だけでなく，生徒の課題に対してどの程度努力と意欲があるのかを示す可能性がある。このため，多くの場合，反応時間による解釈は難しい。

課題の所要時間は，課題に費やされた初めから終わりまでの総時間として計算される。課題の所要時間は成績とどのように関係するのか。長い時間が課題の達成に対して細心の注意をより払うことを示すならば，成績上位層は課題により多くの時間を費やすことになるかもしれない。それと同時に，より習熟した生徒は一層速く正確に読みかつ迅速に課題に取り組み，これが課題の成功と所要時間との負の相関を説明することもある（Goldhammer *et al.*, 2014）。

細心の注意を一層払うことと，速く正確に読むこと，これらのうちどちらの効果が優勢なのかは，実証調査の課題であり，外部からの時間的制約ばかりではなく，課題要求に応じて変わる可能性がある[5]。選択肢を選ぶような簡単な課題は，課題の所要時間と成績との間で負の相関が生じている。その代わりに認知的処理をもっと調整するよう生徒に求め，かつ生徒の積極的な取組がなければ解けないような課題は，正の相関を生じさせることになる。

大問「スラン」において3番目の，かつ最も難しい課題は，課題の所要時間と成績との複雑な関係を示している（図7.5）。この大問の課題1と課題2において，成績上位層，すなわち「スラン」の課題を三つすべて正答できる生徒は，平均すると，成績下位層よりも速く作業を進める。これは，こうした課題が比較的簡単であるという見方と一致する。課題2でさえ選択肢を選ぶような簡単な問いであるといえる。解答を見つけるためにはいくつかのステップが必要となるが，生徒が予

第7章　ログファイルデータを用いて，何がPISA調査の成績を左右するのかを理解する（事例研究）

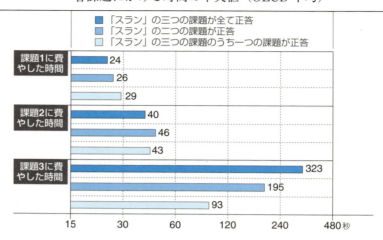

■図7.5■
大問「スラン」正答数別，課題の所要時間
各課題にかける時間の中央値（OECD平均）

注：横軸は対数目盛を示す。目盛りごとに値は倍増する。
出典：OECD, PISA 2012 Database, Table 7.2.
StatLink : http://dx.doi.org/10.1787/888933253392

想してページをクリックする際に行き詰まることなく，生徒が実行するよう求められるナビゲーションの種類，つまり，解答に向けて進めるようにナビゲーションを絞り込むことは，インターネット上でよく知られた比較的直線的な構成と対応している。

　これとは対照的に，いくつかの特徴が課題3をより難しくしている。まず，生徒は二つのウェブサイト（ウェブメールとスランのウェブサイト）に同時に取り組む必要がある。生徒は複数のナビゲーションツール（タブとリンク）を用いなければならず，ページ間を前後しながらたどる必要がある。さらに，生徒は自分の短期記憶を使って二つの説明を対比させ，自分の好みを示す論拠の中でこれら説明に見られる違いの一つを要約する必要がある。当然のことながら，成績上位層の生徒は，解答に達するのに最も長い時間をかける。実際，この課題では方略を選択し，各ステップで適切な認知プロセスを用い，課題を通して努力を続けるために，高い水準のメタ認知的調整が必要となる。

　課題3の成功率は国によって大きく異なる。大部分に関しては，こうした差異は各国間の全般的な成績の相違と一致している。主な例外は韓国であり，課題に正答した生徒はOECD平均よりも少なかった（表3.1，表7.3）。

　この課題の解答にかかった時間を分析することで，成績の各国間の違いは，生徒が持つ，難しい課題において努力を続けて規則的に行う意欲と能力が主な原因であることが明らかになった。OECD平均では，生徒の41％が課題3で完全正答しており，生徒の32％が7分足らずで課題に正答することができた。さらに9％が7分以上かけてこの課題に正答した（表7.3）。後者の生徒グループは，課題において，自分の能力の上限にあると考えられる目覚ましい粘り強さを示している[6]。

　図7.6によれば，オーストラリア，カナダ，フランス及びアメリカでは，生徒10人のうち4人以上が7分足らずで課題3を正しく解くことができており，これはOECD平均よりも高い割合である。しかし，課題3に正答するのに7分より多くかかった，解答が遅く粘り強い生徒を含めると，他の国の成績がこのグループの国と同等か上回っている。シンガポールでは，生徒の38％が

第7章 ログファイルデータを用いて、何がPISA調査の成績を左右するのかを理解する（事例研究）

■ 図 7.6 ■
生徒の粘り強さと成功
大問「スラン」課題3における所要時間ごとの成功の割合

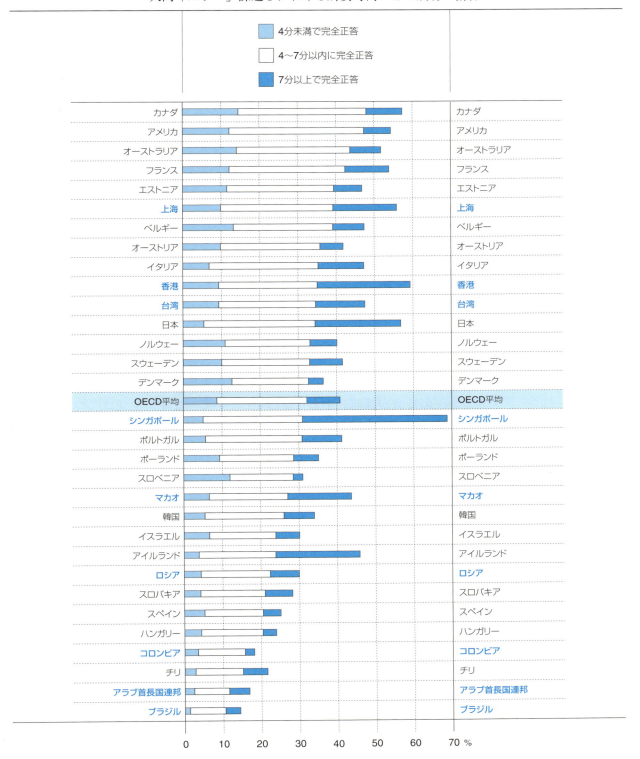

注：7分未満で課題3を解答し、完全正答を得た生徒の割合が多い順に国を並べている。
出典：OECD, PISA 2012 Database, Table 7.3.
StatLink：http://dx.doi.org/10.1787/888933253404

第7章　ログファイルデータを用いて，何がPISA調査の成績を左右するのかを理解する（事例研究）

この課題への取組に7分より多くを費やして成功しており，これによってシンガポールはこの課題に最も成功した国となっている。香港，アイルランド，日本，マカオ，上海では，生徒6人のうち2人以上が，こうした比較的遅いが非常に粘り強い生徒のグループに属している[7]。

　ログファイルに基づくこうした最初の結果は，PISA調査中における生徒の時間使用の計測が，成績分布の両端にある生徒の成績に関する認知的側面と非認知的側面にどのように関連付けられるのかを示している。その結果は，生徒の反応時間と課題の所要時間を異なる課題を終える際の容易さと意欲に関連付けている。事例研究に基づく結果の強固さを調べるためには，さらなる研究が必要となる。また，そうした研究はログファイルに記録されたタイミングデータの分析を，課題への依存性や順序効果といった他の側面に広げる可能性もある。前の課題を解くのに要した時間は，生徒の次の課題を解く意欲と能力に影響するのか。生徒は調査の初めと終わりで，時間と労力を異なる形で割り当てるのか。生徒は課題への時間を戦略的に割り当て，「難しくて解けない」と見極めた問題を飛ばすのか。

第4節　簡単なウェブサイトを生徒はどのようにページをたどるのか

　大問「スラン」は，ある都市（スラン）の架空のウェブサイトを中心にして作られている。「スラン」のウェブサイトは，インターネット上で比較的よく見かける構造である，階層型のハイパーテキストに対応している（図7.7）。階層型のハイパーテキストは樹木と類似した分枝構造となっており，直線型やネットワーク型の構造と比較して，情報検索を容易にすることが分かっている（Mohageg, 1992）。こうしたウェブサイトの典型的なナビゲーションシーケンスは一つの始まり（「ホームページ」）を持つが，読み手が下した決定に応じて，多くの終わりが考えられている。階層型のサイトで情報を探す読み手は，各ステップで次のレベルに移動し，それによって検索を絞り込むのが一般的である。「枝」に沿ってレベル間を移動することに加えて，「スラン」のウェブサイトでは，生徒はナビゲーションメニューを用いて同じ階層レベルにあるページ間も移動することができ，これは実際のウェブサイト上にもあることが多い特徴である。

　図7.8はナビゲーションに利用できるページと各課題に関連するコードが示されている。ページは内容を説明するタイトルと，分析の目的のために用いられる（生徒には見えない）固有コードによって特定される。大問「スラン」の最初の課題と2番目の課題はホームページから始まり，これはウェブサイトの開始ページである。いくつかのテーマに関するポータルはレベル1で見ることができ，詳細な情報はレベル2とレベル3で与えられる。3番目の課題はウェブメールから始まり，Eメールに埋め込まれたリンクをクリックすることで生徒は「スラン」のウェブサイトに達することができる。図示されているとおり，課題1には関連するページが1ページしかないが，課題2には関連するページは6ページあり，これは二つの効率の高いナビゲーション経路を形成している。課題3には課題に関連するページが12ページあり，そのうち7ページは「スラン」のウェブサイトに現れ，5ページはウェブメールに出てくる。

　ウェブサイト上のいくつかのリンクは意図的に「壊れて」おり，それらをクリックした生徒は

ログファイルデータを用いて，何がPISA調査の成績を左右するのかを理解する（事例研究）　第7章

■図7.7■
「スラン」に関する問題のウェブサイト構造

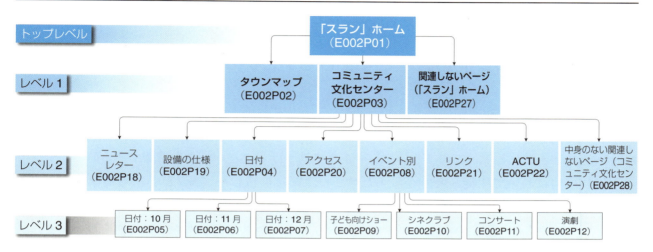

注：「トップレベル」「レベル1」「レベル2」「レベル3」は各階層レベルを示している。「レベル3」のページは「トップレベル」から「レベル1」と「レベル2」を通過することでアクセスすることができる。
出典：Australian Council for Educational Research（2015），"PISA examples of computer-based items: Digital Reading 2012: SERAING"，http://cbasq.acer.edu.au/index.php?cmd=toEra2012（accessed 30 April 2015）.

■図7.8■
大問「スラン」のページコードと関連ページの一覧

ページタイプ
- S 開始ページ
- R 関連するページ
- N 関連しないページ
- （空白）この課題には使用できない

ページコード	ページ名	課題1 (CR002Q01)	課題2 (CR002Q03)	課題3 (CR002Q05)
E002P01	「スラン」ホーム	S	S	N
E002P02	タウンマップ	N	N	N
E002P03	コミュニティ文化センター	N	R	R
E002P04	コミュニティ文化センター：日付	N	R	R
E002P05	コミュニティ文化センター：日付－10月	N	N	N
E002P06	コミュニティ文化センター：日付－11月	N	R	N
E002P07	コミュニティ文化センター：日付－12月	N	N	R
E002P08	コミュニティ文化センター：イベント別	N	R	R
E002P09	コミュニティ文化センター：イベント別－子ども向けショー	N	R	N
E002P10	コミュニティ文化センター：イベント別－シネクラブ	N	R	
E002P11	コミュニティ文化センター：イベント別－コンサート	N	N	R
E002P12	コミュニティ文化センター：イベント別－演劇	N	N	N
E002P13	メールを読む			R
E002P14	コミュニティ文化センター：イベント別－マドレデウス1	N	N	R
E002P15	コミュニティ文化センター：コンサート－マドレデウス2	N	N	R
E002P16	メールを送る			R
E002P17	メールフレーム			R
E002P18	コミュニティ文化センター：ニュースレター	N	N	N
E002P19	コミュニティ文化センター：設備の仕様	N	N	N
E002P20	コミュニティ文化センター：アクセス	N	N	N
E002P21	コミュニティ文化センター：リンク	N	N	N
E002P22	コミュニティ文化センター：ACTU	N	N	N
E002P27	中身のない関連しないページ（「スラン」ホーム）	N	N	N
E002P28	中身のない関連しないページ（コミュニティ文化センター）	N	N	N
E002P29	返信メールを送るための確認			R
E002P30	メールホーム			S
	各課題に関連するページの番号	1	6	12

注：デジタル読解力大問「スラン」は下記のウェブサイトで参照可能。http://cbasq.acer.edu.au/index.php?cmd=toEra2012（accessed 30 April 2015）

201

第7章　ログファイルデータを用いて，何がPISA調査の成績を左右するのかを理解する（事例研究）

「準備中です」と書いてあるページに入り，前のページに戻るように指示する案内を見つける。そうしたものは2ページあり，一つは階層のレベル1，もう一つはレベル2にある。これらのページは生徒によって同じページであると認識されないかもしれないが，本章では同じページとして数えた。

4.1　大問「スラン」の課題2におけるナビゲーションの成功と失敗

大問「スラン」の課題2は，簡単なものだとしても，比較的よく見られるオンラインの検索課題である。課題において，生徒は11月の第一週にコミュニティ文化センターで上映される予定の映画を特定する必要があり，これは階層のレベル3で見つけることができる情報である。

OECD平均において生徒5人のうち4人がこの課題に正答した（表7.5）。最も能率的なナビゲーションシーケンスに含まれるのは，スタートページを越えて3ページにアクセスすること（三つのステップ）である（図7.9）。生徒がナビゲーション中一つ以上のポイントで判断を誤ったか，又は調査時間内にナビゲーションを終えることができなかった結果，この大問で生徒が解答・正答できなかった可能性はある（訳者注：調査は二つの問題群を40分で解答する形式で行われた。本章で取り扱っている大問「スラン」は一つの問題群の中で最後に出題される問題であり，その結果40分の調査時間内に終えられなかった生徒がいた可能性をここでは指摘している）。

図7.9は成功した生徒と失敗した生徒の行動を対比している。図はこの課題における主なナビゲーション経路を示している（すべての経路が示されているわけではない）。矢印はこうした経路に沿って考えられるステップを表している。青い矢印は課題関連ステップ（関連するページから関連するページへ）を示し，黒い点線の矢印はその他の種類のステップ（ミスステップ，軌道修正，無関連ステップ）を表している。これら図に示されている各ステップに関して，数字は生徒のログファイルに記録されている頻度を合計している。生徒はどのようなポイントにおいてもナビゲーションを終えて解答するか，次の課題に移ることもでき，そうした決定は灰色の矢印で示される。

図7.9は二つの能率的なナビゲーションシーケンスを示している。最初は「日付」ページを通過するものであり，2番目は「イベント別」を通過するものである。この図のパネルAは，コミュニティ文化センターのポータルに着いた後，成功した生徒は「イベント別」のページよりも「日付」ページにアクセスする傾向がより強かったことを示している。このことは，ナビゲーションメニューの中で，前者のリンク（日付）が，後者のリンク（イベント別）より上部にあるため，先に目に留まったという事実に関係がある可能性がある。また，この課題を解いた生徒が，設問と課題文との間について，後者のリンク（「映画（設問）」-「イベント別（リンク）」）よりも前者のリンク（「11月（設問）」-「日付（リンク）」）により密接な組み合わせを認識した可能性もある。実際，当初は「イベントタイプ」経路をたどった生徒の一部は，次のステップで「日付」経路に戻ったが，そのまま「イベント別」の分岐を進み続けると，生徒は設問（「映画」）と12の可能性のありそうな事柄（「その他」や「子ども向けショー」といった，ある程度重なる可能性のあるカテゴリーを含む）のリストにある「シネクラブ」を組み合わせるよう求められたであろう。

図7.9の左上部からは，この問いに正答した全生徒の5％に相当する約1,571（30,974 − 29,403）人の生徒は，実際にはナビゲーションの間に「スラン」のウェブサイトのレベル3に達しなかったが，それにもかかわらず正答したことが分かる。正答した30,974人の生徒のうち29,403人がレベ

■ 図 7.9 ■
大問「スラン」課題2における行動のナビゲーション

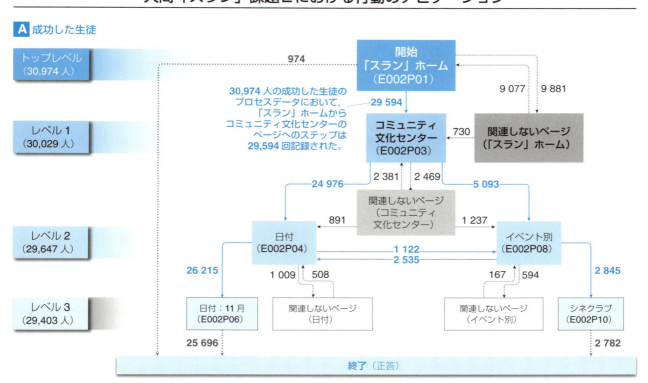

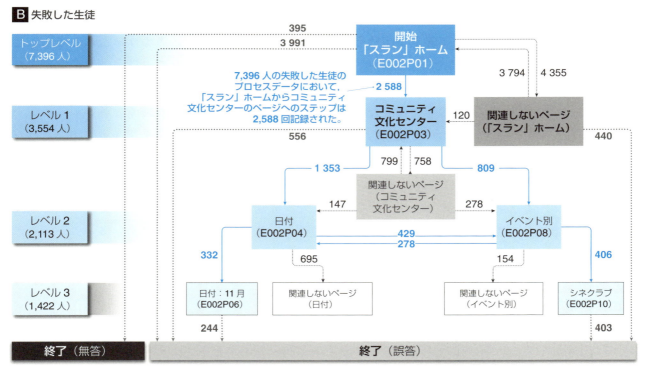

注：図はこの課題における表示可能なメインページと主なナビゲーションパスを示す（すべてのパスを示してはいない）。
青と黒の点線矢印は，ページ間の可能なステップを示す。青の矢印は，課題関連ステップを示す（関連するページから関連するページへ）。それに対し，黒の矢印は他の種類のステップを示す（ミスステップ，軌道修正及び無関連ステップ）。グレーの矢印は，ナビゲーションを終了する前に訪問した最後のページを示す。この図で示す各ステップにおいて，ログファイルに記録されたケースの数は矢印の横に示す（数字の重み付けは行わない）。
階層レベルに基づいて図中にページを配置している。関連するページは青で示す。階層内の同じ位置にある関連しないページは解説を簡単にするためにグループ化して示す。
出典：OECD, PISA 2012 Database, Table 7.4.

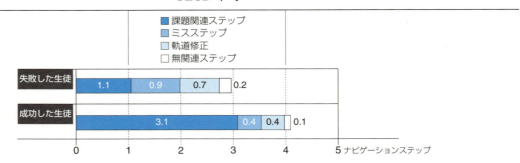

■ 図7.10 ■
大問「スラン」課題2の成績による、ナビゲーションステップの質と量
OECD平均

出典：OECD, PISA 2012 Database, Table 7.5.
StatLink：http://dx.doi.org/10.1787/888933253410

ル3に達した。生徒のログファイルが完全なものであるなら、これは生徒の一部が答えを推測して出したことを意味する。これが、四つの選択肢の中から生徒が選択しなければならない多肢選択形式の問いであるという点を踏まえると、正答と推測されるもののそれぞれに関して、誤った推測が約3倍もあると推定され得る。実際に、さらなる分析によれば、失敗した生徒の71％に相当する5,251人の生徒は、彼らが「スラン」のウェブサイトのレベル3に達していなかったにもかかわらず、同じように答えを出そうとしていた。

　なぜ生徒はこの問題で正答できなかったのか。図7.9のパネルBは、失敗した生徒の大部分（3,991人の生徒）が、推測して答えを出そうとする以外、何も行動を起こさなかったことを示している。また、パネルBによると、残りの生徒の中では、ウェブサイトのページをたどらなかった生徒は平均すると比較的焦点の定まらないブラウジング行動を取っていたことが分かる。関連しないページへのアクセスは、課題をこなせなかった生徒の中で見られる傾向が非常に強い。

　ナビゲーションの量と質において成功した生徒と失敗した生徒との差異は、第4章で用いられたナビゲーションの指標によって確認される。図7.10は、平均すると、成功した生徒のナビゲーションシーケンス（四つのナビゲーションステップ）の方が失敗した生徒のそれ（三つのナビゲーションステップ）より長かったことを示している。また、成功した生徒よりも失敗した生徒は課題関連ステップではないステップ（ミスステップ、軌道修正、無関連ステップ）の数が多く、正答した生徒の典型的なナビゲーションシーケンスには三つの必要な課題関連ステップが含まれていたことも分かる。つまり、成功した生徒のナビゲーションの特徴は、より長いシーケンスとアクセスするページの厳選にある。

　概して、この課題を解けなかった四つの理由を考慮することができ、そのうち三つはナビゲーションに関連している。第一に、生徒はウェブサイトのページをたどらず、ただ「スラン」のホームページに止まっていたに過ぎない可能性がある。第二に、課題を解くための極めて重要な情報が含まれるページに達する前に、生徒は課題に関連した経路上のあるポイントでナビゲーションを終えてしまった可能性がある。第三に、生徒は問いに関連したナビゲーション経路からそれてしまい、関連しないページでナビゲーションを終えた――ミスステップの後に生徒は迷った――可能性がある。最後に、一部の生徒は「11月」又は「シネクラブ」のどちらかのページにアクセスすること

ログファイルデータを用いて，何がPISA調査の成績を左右するのかを理解する（事例研究） 第7章

■ 図7.11 ■
大問「スラン」課題2で失敗した生徒のナビゲーション行動

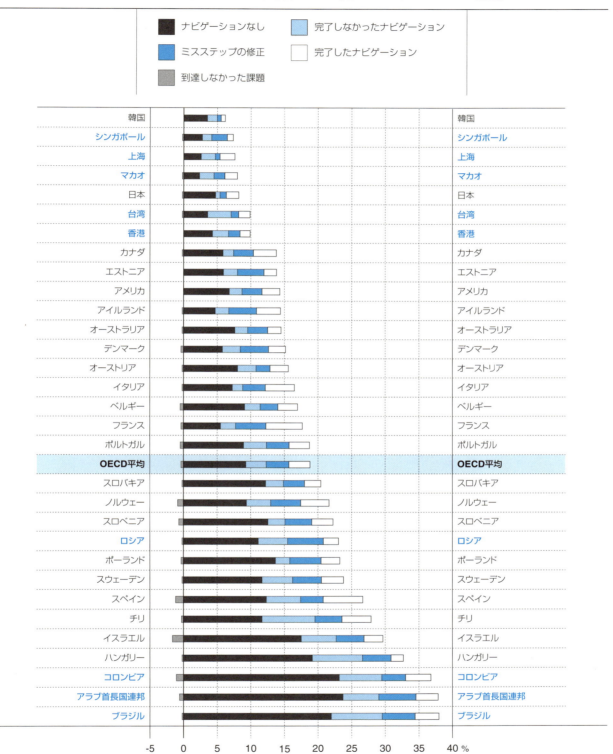

注：大問「スラン」における課題2の誤答生徒の割合の少ない順に国を並べている。
出典：OECD, PISA 2012 Database, Table 7.5.
StatLink：http://dx.doi.org/10.1787/888933253420

第7章　ログファイルデータを用いて，何がPISA調査の成績を左右するのかを理解する（事例研究）

で，予想通りにナビゲーションを完了した可能性はあるが，それにもかかわらず正答を出すことができなかった。

調査参加国において，この問いで失敗した大部分の生徒は，ナビゲーションに関連した誤りがログファイルに記録されている。具体的には，OECD平均で，生徒の9％がこの問いでナビゲーションステップを一切試みなかった。しかし，韓国，マカオ，上海，シンガポール，台湾では，生徒の4％未満がこの問いでページをたどろうとしなかった。これとは対照的に，生徒の平均3％はナビゲーションを完了したが，それでも正答を選ぶことはできなかった。スペインとフランスにおいては，生徒の5％以上にこれが当てはまった（図7.11）。

第5節 ┃ コンピュータ使用型調査に対して事例研究が意味するもの

デジタル読解力の単一大問に関してログファイルに記録されたデータに基づく，生徒のナビゲーション行動についての詳細な説明ばかりではなく，反応時間と課題の所要時間に係わる分析は，コンピュータ使用型調査の利点を示している。

第一に，失敗した生徒と調査問題との相互作用に関する詳細なデータは，成績下位層の習熟度を測定する能力を高めるために用いられるかもしれない。特に，単独で観察される一定の基本プロセスの共通成果（課題成功）に対して得点を与えることに加えて，そうしたプロセスへ部分正答を与えるために採点基準を拡大することができる。例えば，「コミュニティ文化センターのページを探してください」という簡単な指示を理解し，対応するリンクをクリックする生徒に対して部分正答が与えられることもあり得る。

第二に，生徒の解答だけよりもログファイルの方が，最も頻繁に生じる誤りは何であるのかを非常にはっきりと明らかにして，その背後にある理由を調べることを可能にする場合が多い。次に，この情報は学習者のプロフィールを確認し，指導方法を向上させるために用いられる。数学においては，生徒の思い違いや弱点を究明するために，調査問題で共通する誤りを特定する長い伝統がある。教師はこれを使って指導を活気付け，学習体験を設計する（OECD, 2005; Wiliam, 2010）。さらに，国内レベルの既存の研究も同様にPISA調査の筆記型調査のブックレットに生徒が残した跡を分析している（OECD, 2013b; DEPP, 2007）。しかし，自分の論拠の跡を実際に筆記型のブックレットに残す生徒はほとんどいない（フランスの事例で約10％）という事実から，そうした分析は限定的なものとなっている。コンピュータシステムによって入手されたデータは，そうした分析の可能性をより低コストで広げることができる。

さらに，上記の分析は，問題の答えを推測するといった，いくつかの根拠のない行動が画面上の調査で検知できることを示している。次いでこれによって調査解答から生み出された成績指標の正確性が大幅に向上する場合がある。例えば，PISA調査の問題解決能力に関するコンピュータ使用型調査では，いくつかの多肢選択形式問題は正答に至るまでに一定の相互作用が必要になるよう設計されており，そうした相互作用がログファイルに記録された場合にのみ正答として得点が与えられた（OECD, 2014）。

206

ログファイルデータを用いて，何が PISA 調査の成績を左右するのかを理解する（事例研究）　第 7 章

注記

1. 「スラン」の課題における得点の合計と潜在的な成績指標（PV1CREA）との相関は 0.68 である。

2. ここで「活動」とは（リンクやタブ上，解答の選択肢上，又はページのどこかで）マウスをクリックすることのみを指す。マウスのスクロールやキーボードを打つことは，この分析に用いられるデータでは記録されない。

3. ここで示す生徒の割合は調査参加国の生徒から確保された標本数に基づく。

4. 言語や正書法に関して比較可能な読みの速さ・正確さを測る課題が実施された研究は極めて少ない。こうした研究の大部分は代表サンプルに基づいておらず，若い生徒に焦点を合わせ，ヨーロッパの言語に限定されている（例えば，Frith, Wimmer and Landerl, 1998; Mann and Wimmer, 2002; Seymour *et al.*, 2003）。その結果が母集団レベルまで，また読解力の習熟度の向上における後の段階までどの程度一般化できるのか，そしてどのように他の言語が比較となるのかは不明である（Abadzi, 2011 も参照）。

5. 2012 年における PISA 調査のコンピュータ使用型調査は，時間が設定された調査であった。生徒は解答形式にあるすべての問題を終えるのに 40 分の時間を与えられた。問題は予備調査で使用されてきたものであり，調査形式の長さは，予備調査の後に（各国の）生徒全員の約 80% が制限時間前に調査を終えられるように設定された。

6. 二つの理由から，ここでは完全正答のみを検討した。第一に，部分正答を得た生徒がほとんどいなかったためである。第二に，少なくとも理論上では，「スラン」のウェブサイトをまったく検索しなくても生徒は部分正答を得た可能性がある。この問いは読解力の枠組みの「複雑な課題」として出題されているが，完全正答を得た生徒のみが，「複雑な課題」に相当する技能を示しているためである。

7. 各国間の相違は，調査半ばに差し掛かるときに生徒がこの課題を目にするのか，又は最後に見るのかによって大きくは変化しない。完全な結果については表 7.3 を参照されたい。

オンラインデータ

第 7 章の表はインターネット上 http://dx.doi.org/10.1787/edu-data-en で入手できる。

表 7.1　Initial reaction time on Task 2 in the unit SERAING

表 7.2　Time on tasks in the unit SERAING

表 7.3　Time spent on Task 3 in the unit SERAING

表 7.4　Patterns of navigation in Task 2 in the unit SERAING

表 7.5　Students' navigation behaviour in Task 2 in the unit SERAING, by performance on the task

表 7.6　Performance in the unit SERAING

参考文献・資料

Abadzi, H. (2011), "Reading fluency measurements in EFA FTI partner countries: Outcomes and improvement prospects", *Partnership for Education（GPE）Working Paper Series on Learning*, No. 1, World Bank, http://documents.worldbank.org/curated/en/2011/09/18042914/reading-fluency-measurements-efa-fti-partnercountries-outcomes-improvement-prospects.

Australian Council for Educational Research (2015), "PISA examples of computer-based items: Digital Reading 2012: *SERAING*", http://cbasq.acer.edu.au/index.php?cmd=toEra2012 (accessed 30 April 2015).

Bunderson, C.V., D.K. Inouye and J.B. Olsen (1988), "The four generations of computerized educational measurement", *ETS Research Report Series*, Vol. 1988/1, pp. i-148.

Catts, H.W., M. Gillispie, L.B. Leonard, R.V. Kail and C.A. Miller (2002), "The role of speed of processing, rapid naming, and phonological awareness in reading achievement", *Journal of Learning Disabilities*, Vol. 35/6, pp. 510-525.

Csapó, B., J. Ainley, R.E. Bennett, T. Latour and N. Law (2012), "Technological issues for computer-based assessment", in P. Griffin, B. McGaw and E. Care (eds.), *Assessment and Teaching of 21st Century Skills*, Springer Netherlands, pp. 143-230.

DEPP (2007), "Resultats des francais par champs mathematiques (Chapter 5)", in *L'evaluation internationale PISA 2003 : Competences des eleves francais en mathematiques, comprehension de l'ecrit et sciences*, Les Dossiers, No. 180, Direction de l'evaluation, de la prospective et de la performance (DEPP), Ministere de l'education nationale, de l'enseignement superieur et de la recherche, http://media.education.gouv.fr/file/83/1/4831.pdf.

Frith, U., H. Wimmer and K. Landerl (1998), "Differences in phonological recoding in German- and Englishspeaking children", *Scientific Studies of Reading,* Vol. 2/1, pp. 31-54.

Goldhammer, F., J. Naumann, A. Stelter, K. Toth, H. Rolke and E. Klieme (2014), "The time on task effect in reading and problem solving is moderated by task difficulty and skill: Insights from a computer-based large-scale assessment", *Journal of Educational Psychology*, Vol. 106/3, pp. 608-626.

Mann, V. and H. Wimmer (2002), "Phoneme awareness and pathways into literacy: A comparison of German and American children", *Reading and Writing*, Vol. 15/7-8, pp. 653-682.

Mohageg, M.F. (1992), "The influence of hypertext linking structures on the efficiency of information retrieval", *Human Factors*, Vol. 34/3, pp. 351-367.

OECD (2014), *PISA 2012 Results: Creative Problem Solving (Volume V): Students' Skills in Tackling Real-Life Problems*, PISA, OECD Publishing, Paris, http://dx.doi.org/10.1787/9789264208070-en.

OECD (2013a), *PISA 2012 Assessment and Analytical Framework: Mathematics, Reading, Science, Problem Solving and Financial Literacy*, PISA, OECD Publishing, Paris, http://dx.doi.org/10.1787/9789264190511-en. (『PISA2012年調査 評価の枠組み：OECD生徒の学習到達度調査』経済協力開発機構 (OECD)編著，国立教育政策研究所監訳，明石書店，2016年)

OECD (2013b), "Strengths and Weaknesses of American Students in Mathematics", in OECD, *Lessons from PISA 2012 for the United States*, OECD Publishing, Paris, http://dx.doi.org/10.1787/9789264207585-5-en.

OECD (2011), *PISA 2009 Results: Students On Line: Digital Technologies and Performance (Volume VI)*, PISA, OECD Publishing, Paris, http://dx.doi.org/10.1787/9789264112995-en.

OECD (2005), *Formative Assessment: Improving Learning in Secondary Classrooms*, OECD Publishing, Paris, http://dx.doi.org/10.1787/9789264007413-en. (『形成的アセスメントと学力：人格形成のための対話型学習をめざして』OECD教育研究革新センター編著，有本昌弘監訳，小田勝己・小田玲子・多々納誠子訳，明石書店，2008年)

Seymour, P.H.K., M. Aro and J. Erskine and collaboration with COST Action A8 network (2003), "Foundation literacy acquisition in European orthographies", *British Journal of Psychology*, Vol. 94, pp. 143-174.

Wiliam, D. (2010), "The role of formative assessment in effective learning environments", in *The Nature of Learning: Using Research to Inspire Practice*, OECD Publishing, Paris, http://dx.doi.org/10.1787/9789264086487-8-en. (ディラン・ウィリアム著，有本昌弘訳「形成的アセスメント：効果的な学習環境における役割」『学習の本質：研究の活用から実践へ』OECD教育研究革新センター編著，立田慶裕・平沢安政監訳，佐藤智子ほか訳，明石書店，2013年)

■ 第8章 ■

教育政策と実践に対して
デジタルテクノロジーが意味するもの

第8章

　今までになかったことだが，今日の保護者と教師には，子供が成人期に毎日使うことになるツールの経験が，あったとしてもほとんどない。本章では，過度に結び付きの強い，デジタル化された社会に本格的に参加するのに要する基本的な技能を生徒に身に付けさせる必要性が教育政策に対して持つ意味について考察する。

第8章 教育政策と実践に対してデジタルテクノロジーが意味するもの

はじめに

　複雑なツールを使って日常の問題を解決することは，我々人類の決定的な特徴である。代々，親は慣れ親しんだツールを使って子供を育てた。その後，より器用な子孫の一部は，祖先のツールに少し手を入れたり，新しいツールを発明したりした。しかし，電子コンピュータとごく最近におけるインターネットを使ったサービスが出現する前には，これほど短い間に人類の大部分が日常の習慣やツールを変えたことは一度もなかった。20〜30年のうちに，大半の取引において，通信，情報収集，過去の記録の保持，将来計画の立案といった基本的な行為で用いられてきたツールは，デジタルツールに取って代わられた。今までになかったことだが，今日の保護者と教師には，子供が成人期に毎日使うことになるツールの経験が，あったとしてもほとんどないのである。

　過去数世代の間に起こった変化に圧倒されることは容易である。そうした深甚で急速な進化は，我々の日常生活だけでなく，教育のプロセスや内容にも影響を及ぼすに違いない。テクノロジーが我々の生活に与える影響に対する，根拠のない恐れや熱意があふれていることで，誰もがそう信じるようになっているようである。しかし，それを裏付ける証拠はあるのだろうか。本書の目的は，OECD生徒の学習到達度調査（PISA）のデータを用いて，デジタルテクノロジーが台頭した後に教育と若年者の生活で生じた，あるいは生じなかった変化を立証することにある。

　過去25年間に，世界中の学校と家庭は，コンピュータ，インターネット接続，教育利用向けソフトウェアに相当な金額を費やした（第1章と第2章）。2012年までに，大部分のOECD加盟国では15歳の生徒の2%未満がコンピュータのない世帯で生活していた（図1.1）。OECD加盟34か国の半数においては，15歳の生徒はインターネットに接続された，1台当たり3人の生徒が利用できるコンピュータのある学校に通っていた。教育テクノロジー向けの投資を早くから先導したオーストラリア（OECD, 1999）では，そうしたコンピュータが生徒1人につき1台あった（表2.11）。

　今日のデジタルな公共空間に若年者が十分に関与できるようにすること，テクノロジーがあふれる世界の規範とツールを彼らに身に付けさせること，オンラインの学習資源を活用するよう彼らに働きかけること——これらすべては，生徒の評価（第7章）や学校運営といった既存の教育プロセスを強化するためにデジタルテクノロジーの活用を探るものであるが——は，コンピュータテクノロジーを教室へ導入することを正当化する目標である。

第1節 多くの場合，デジタルツールは基本的な技能にも高度な技能にも補完的である

　社会におけるテクノロジーの変化は，教育と学校の役割について根本的な問題を提起する。どのようなことを生徒は知り，できるようになる必要があるのか。学校でこれまで習得されてきた知識の価値とは何か，インターネット上で非常に多くの情報が入手できるのはいつか。

　学校と教師の大部分は，コンピュータが教育現場に導入されたペースに直接は影響を与えなかっ

た。膝を交えて話し合うことや電話を使うことよりも，インターネットを通じた方が個人的なコミュニケーションが生まれるだろうとも考えなかった。しかし，学校で通常学ぶ能力は，生徒がデジタル技能を身に付け，そこから便益を得るかどうかを決める上で重要な役割を担う。

今日，簡単なやり取りや取引においてさえ，話すことや聞くことよりも，書くことや読むことの方が必要となる場合が多い。例えば，ヘルプデスクから情報を求めること，仕事でアポイントメントを取ること，チームメンバーと情報を共有することが挙げられる。その結果，十分な読み書きの能力を欠いたまま学校を卒業する生徒は，以前よりもさらに経済的生活，社会的生活，市民生活に十分参加することができなくなる恐れがある。

日常生活における読み書きの重要性が高まっている理由の一つは，デジタルテクノロジーによる便益が技能の高い個人と技能の低い個人の間で均等に共有されていないことである。さらに，コンピュータとデジタルで改良された機械，つまりロボットの方が人間の労働者よりも低コストで数多くの作業をこなせるという事実は，新しいテクノロジーを補完する技能の需要が高まっていることを意味する。最大の便益は，デジタル技術を用いた解決策を考え出す能力を持ち，ニーズを満たす機械アルゴリズムを適合させたり生み出したりする者によってもたらされる。こうした能力は，高度な推論と問題解決能力を基礎として，記号的表現と形式的表現に十分熟達していることを必要とする。それは数学の課程で習得される関連技能に基づく場合が多い。

第2節 ┃ デジタル環境で必要とされる基礎技能の指導

コミュニケーションの主な手段としてデジタルテクノロジーを急速に取り入れている世界では，生徒はオンラインの情報を収集して活用できるようになる必要がある（第3章）。ウェブをしっかりと上手にページをたどれるようになるために，生徒はインターネット上のデジタルテキストの形式をよく知っておかなければならない。実際のところ，典型的なデジタルテキストでは，これまでの印刷テキストにおいてよりも，情報源の信用性の評価，多数のテキストに基づく推測，ページ内やページ間のナビゲーションといった一定の読解プロセスが必要となる。こうしたプロセスのすべては，学校という環境で習得，練習される場合がある（第4章）。

デジタルメディアでの読解はデジタルではない環境で習得される読解力を基礎として，優れたナビゲーション技能にも依存している。さらに，ナビゲーションではメタ認知的調整，複雑なハイパーテキスト構造を首尾一貫して心に思い描く能力，ページの関連性を評価する経験，オンラインでの読解に向けた有効かつ様々な戦略が必要となる。これらがないと，生徒はデジタルの世界で取り残されていると気付くことになる。

PISA調査のデジタル読解力で最も成果を上げた国は，今日の生徒に資するデジタル技能の重要性に関して同じような展望を持っている。しかし，そうした国は学校における情報通信技術（ICT）の利用レベルで異なる部分がある。

デジタル読解力で最も成績が高い2か国であり（第3章），生徒によるウェブナビゲーション行動の質が最も高い国に入る（第4章）シンガポールと韓国は，優れたブロードバンドインフラを有し（ITU, 2014），15歳の生徒におけるコンピュータへの馴染みの度合いも高い（第1章）。しか

し，OECD 加盟国の平均的な生徒に比べ，両国の生徒は学校でインターネットに触れる機会は多くはない。それにもかかわらず，生徒の大半は，PISA 調査のすべての分野で優れた成績を収めていることに加えて，オンラインナビゲーションに役立つ方略にも相当熟達している。これは，生徒が他の領域において高次の思考と推論のプロセスを既に習熟している場合には，多くの評価やナビゲーション技能は容易に学び取られる可能性があるという点を示唆している。

　生徒がウェブブラウジングで高い能力を示す，もう一つの国であるオーストラリアでは，2012年調査の国際オプションである ICT 質問紙に参加したどの国よりも，インターネットが授業中に利用されている（第2章）。オーストラリアのカリキュラムでは，ICT は二つの方法で示されている。それは，「テクノロジー学習領域カリキュラム」と「ICT 汎用的能力」を通じてであり，後者はカリキュラムのすべての学習領域に組み込まれている。ICT 汎用的能力向けの連続した学習では，学校教育の特定の段階で生徒が高めることが合理的に期待されている知識，技能，行動，姿勢が説明される[1]。この枠組みは，電子的な情報源の活用における習熟度を高める教育資源を生み出す上で教師や産業界の指針となっており，検索の計画，ウェブサイト上の情報の発見，情報の有用性の見極め，情報源の信頼性の評価といった，インターネット上で過ごすときに有益な技能を生徒が伸ばす上で役に立つ。

　学校でオンライン資源を学ぶことは，デジタル読解力の向上に役立つだけではなく，授業で用いられる話題，分野，情報源の多様性を広げることができる。読み物の多様性が広がると，次いでそれは読みの楽しみを広げることができる。2009 年調査のデータによれば，楽しみで本を読むことがない生徒の割合は 2000 年から高まった（OECD, 2010a）。しかし，楽しみで本を読むことは，読まないよりも生徒の成績にとって良いという点については，疑いの余地はない。楽しみで読む生徒の間で人気のある読み物を学習資源の中に含めることによって，教師は最多数の生徒に読書習慣を身に付けさせることができる（OECD, 2015a）。

第3節 ┃ デジタル世界での機会均等を促進するための技能への投資

　異なる社会経済的背景の生徒間のデジタル資源へのアクセスの差は，近年大幅に縮小しており，データの得られる OECD 加盟国のうち 5 か国を除くすべての国において，社会経済的に恵まれない生徒は恵まれた生徒と少なくとも同程度の長さの時間をインターネットに費やすまでになっている（表5.12）[2]。しかし，機会が均等になったとしても，利用できる資源から便益を得られるようになる知識や技能を，すべての生徒が持っているわけではない。

　従来，教育に関連するものも含め，財・サービスをオンラインプラットフォームに集めることは，オフラインの財・サービスへのアクセスにおける不均衡を是正する絶好の機会として説明される場合があった（オンライン百科事典や大規模オンライン講義を想起していただきたい）。確かに，手頃で広く普及している ICT 機器，特に携帯電話は，教育，医療，金融のサービスを貧しいか又は置き去りにされた人々に届ける機会を数多く生み出してきた（OECD, 2015b）。しかし，新しいテクノロジーから便益を得る能力は，個人と社会の技能レベルとともに向上するようである。

そのため，オンラインサービスへの移行は純粋に経済的な不利益を軽減するかもしれないが，初等教育年齢段階における質の高い教育へのアクセスの欠如から生じる不利益をさらに増幅する恐れがある。

第5章で示された結果は，先進国ではインターネット資源への馴染みと利用における差異は，そうした資源への不均等なアクセスよりも，技能の不均衡な分布に関連していることを示唆している。ますますデジタル化が進む我々の世界においては，既存の深刻な社会的，文化的な格差は，市民のオンラインフォーラムへの参画やオンライン学習への参加を妨げ，より良い仕事をインターネットで探す能力を減退させる（例えば，Van Deursen and Van Dijk, 2014）。

すべての生徒がデジタルツールを最大限活用できるよう支援するために，学校は何ができるのだろうか。調査結果によれば，現在の読み書きや数学の技能における格差が縮小しない場合，たとえインターネットサービスがすべて無料で利用できたとしても，デジタル技能の不平等は根強く残ることになる。社会的，経済的，文化的格差の解消に関して言えば，インターネットサービスのコストは重要性において二次的なものに過ぎない場合が多い。

これは，デジタルツールから便益を得る能力における不平等を是正するために，各国はまず教育における平等を高める必要があることを意味している。すべての子供が読解と数学における基本レベルの習熟度に到達するようにすることは，ハイテク機器やサービスへのアクセスの拡大したり支援することによって達成され得るものよりも，デジタル世界における機会均等により資することになる。

第4節 インターネットの利用により起こり得る有害な側面に対する意識の向上

すべての子供がインターネットを利用するとき，子供の学習を促進するために保護者と教師はインターネットで利用できる教育資源を使う場合がある。しかし，インターネットへの無制限なアクセスは子供の発育にマイナスの結果をもたらす恐れもある。今日の「結び付いた」学習者の教育に携わる者は，「情報過多」から盗用，オンライン上のリスク（詐欺，プライバシーの侵害，ネットいじめ）から子供を守ることをはじめ，十分かつ適切なメディアダイエットの設定に至るまで，数多くの新しい（又は新たに関連が生じた）問題に直面している（OECD, 2012a; OECD, 2014）。

先行研究では，長時間にわたって画面を見ることが若年者の睡眠（Cain and Gradisar, 2010; Hysing *et al.*, 2015），運動（Melkevik *et al.*, 2010），学校への適応度（Richards *et al.*, 2010）に悪影響を及ぼしていることが分かった。得られた研究の証拠に基づいて，いくつかの国の公衆衛生当局は，画面を見る時間の増加で考えられる悪影響を警告し（例えば，House of Commons Health Committee, 2014, p.85），子供が遊びで画面を見る時間を一般的には1日当たり2時間以内までに制限するよう奨励する指針をまとめている（例えば，Council on Communications and Media, 2013; Population Health Division, 2015）。

こうした知見をPISA調査のデータは裏付け，広めている（第1章）。PISA調査のデータからは，特にインターネットに毎日6時間以上費やす15歳の生徒には，精神的安定の低下に悩まさ

れ，学校への遅刻や学校を無断欠席するといった問題行動を学校で取る危険があることが分かる。こうした結果は因果関係の方向を示すことはできないが，学校での健全性は学校以外の場所での電子メディアダイエットと深く関連していることを示唆している。保護者，学校，医療専門家が協力すれば，子供による新しいメディアの利用を監視，工夫することができる。

　学校は生徒をインターネットサービスと電子メディアの重要な消費者として教育し，生徒が十分な情報に基づいた選択を行い，有害な行動を避けることができるよう支援すべきである。また，学校はオンライン上で生徒が直面するリスクやそれを避ける方法について，家庭での意識を高めることもできる（OECD, 2012b）。保護者はオンライン上の脅威から子供を守ることに加えて，子供がICTを余暇で利用することと，スポーツといった画面を用いない他の娯楽活動の時間や，それと同じく重要である睡眠時間とのバランスを取ることを支援しなければならない。

第5節 | 教師の研修など，教室でのICT利用に資する一貫した計画の立案

　教育におけるテクノロジーの計画は，教育プロセスの能率性を向上させ，より良い結果を低コストでもたらすように見込まれることもあった（OECD, 1999; OECD, 2010b）。しかし，より多くのテクノロジーからより良い結果への関連は決して直接的なものではなく，必要な変化を生じさせる上で数多くのアクターが関係している。費用は購入する必要のある機器に限定されず，教員研修，資源の開発，建物の改良のほか，当該資金の代替使用の放棄便益（機会費用）も費用に含まれる。

　PISA調査から得られる証拠からは，国民所得の差異と，生徒や学校の社会経済的背景での差異の影響を取り除いた後ですら，教育におけるICT利用と数学や読解力の得点との間には弱いか，時には負の関連性しかないことが分かる（第6章）。例えば，大部分の国では，特にオンラインテキストの理解とナビゲーションに関して言えば，学校でインターネットをある程度利用する生徒は，学校の勉強のために学校でインターネットを見ることがまったくか，ほとんどない生徒よりも，読解がより得意な傾向がある。しかし，外国語や数学などのドリルや勉強をすることなど，他の活動は得点との間に負の関連を明確に示している。さらに，学校で毎日インターネットを頻繁に見ることも一般的には低い成績と関連がある（オーストラリアはこのパターンの稀な例外である）。

　最も厳格な影響調査も，生徒の非デジタルの成績に対してコンピュータへの投資が与える影響はないと示している。この問題に関する確かな証拠はあまりに少ないが，正の結果は特定の文脈と特定のICT利用に限られている。特定のICT利用に含まれるのは，コンピュータのソフトウェア利用とインターネットへの接続が学習時間と練習量を増加させるのに役立つときや，それによって教師が最適な学習機会を生徒に提供できるときであり，その場合，生徒は自分自身の学習をコントロールし，共同で学習するようになるだろう（全体の考察と参考文献については第6章を参照）。

　浮かび上がってくる結論は，平均すると学校と教育制度（国）はいまだテクノロジーが持つ可能性を活用する用意ができていないというものである。教師と生徒のデジタル技能の格差，大量の質の低い資源の中から質の高いデジタル学習資源を見つけ出すことの難しさ，学習目標における明確さの欠如，そしてテクノロジーを意味ある形で授業とカリキュラムに組み込む教育上の準備不足

が，期待と現実が分裂する原因を作り出している。こうした課題が学校と教育省によるテクノロジー計画の一部として対処されなければ，テクノロジーは，深い概念的な理解と高次の思考を支える教師−生徒間の相互作用に対して有害無益となる。

第6節 ┃ テクノロジーに対する今後の投資の有効性を高めるために過去の経験から学ぶ

　テクノロジーに対する投資の決定に関して言えば，「そのときその場で」と「今この場で」との間にある多くの違いを指摘することで，過去の経験から得られた証拠を捨て去るのは容易である。装置自体は形状（デスクトップ・コンピュータよりむしろノートパソコン，対話型ホワイトボードよりむしろタブレット型コンピュータ）ではないにせよ，少なくとも機能においては異なっている可能性がある。しかし，教育におけるテクノロジーに対して過去に失望した原因がハードウェアの限界にあると納得できる場合（それはめったにあり得ない）を除き，装置を変えることは，これまでの大規模な教育テクノロジー計画で遭遇した落とし穴を避けるのには役立たない。テクノロジーは優れた教育を拡充することはできるが，優れたテクノロジーが粗末な教育に置き換わることはできない。学校でも他の組織でも，テクノロジーが既に能率的なプロセスの能率性を高めることは多いが，能率的ではないプロセスをさらに非能率にしてしまう恐れもある[3]。

　確かに，現在と過去のICT構想が意図した目標には測定することが難しいものもある。例えば，デジタルテクノロジーは，21世紀に不可欠な好奇心，独創性，協調などの「ソフト技能」を高めることに役立つ「より柔軟で学習者本位の教育概念」を支えるものとして，捉えられるべきであると主張される場合がある（Livingstone, 2011）。

　他に考えられる多くの便益は，15歳の生徒の成績を通じてPISA調査が測定できる範囲を超えている。本書がそうした便益を取り上げていないという事実は，それが存在しないということを示唆するものではない。例えば，教師間の協力に対して，また一連の職能開発に教師が参加することに対して，テクノロジーは優れたプラットフォームを提供し，それによって，教師に知識の熟練者であり変革のリーダーとしての力を与えることができる。

　それでもなお，教育制度（国）は，徐々にだが受け入れ，かつ懐疑的になることによって，ICTに対する投資の有効性を高めるためにさらに多くのことができる。教育制度（国）は，テクノロジーを教育に導入することで達成したいと考える目標を明確に定め，こうした目標への進展を評価するよう努め，代替的な選択肢を試みることもできる。こうした明確な計画を立案することによって，当該教育制度（国）と，他の国と教育制度は過去の経験から学ぶことが可能となり，従来繰り返してきたことを徐々に改善し，学校でのICTを最大限に活用するための条件を生み出すことができると考えられる。

　テクノロジーを指導と学習に組み入れることには多くの課題を伴うにもかかわらず，デジタルツールは教育に対して絶好の機会を提供する。実際に，世界中の多くの教室では，共同のワークスペースや遠隔仮想研究室を通じて，又は本物の現実的な問題に学習を結び付けるのに役立つ多くのICTツールを通じて，テクノロジーは質の高い指導と生徒の取組を支援するために用いられてい

る。探求に基づく，プロジェクト型で，問題基盤型の，あるいは協調的な指導法を用いる教師は，新しいテクノロジーの中に貴重なパートナーを見出すことが多い。産業界では，迅速な形成的評価を支援するためにコンピュータが提供する迅速なフィードバックループの利用が期待できるいくつかのテクノロジー（例えば，学習分析やシリアスゲーム）が開発されており，これはより個人に合わせた学習に役立つものである（Johnson *et al.*, 2014）。

　このことが示しているのは，テクノロジーを教育に上手く組み込むということは，適切な装置，装置に費やす適切な時間，最適なソフトウェア，適切なデジタル教科書を選ぶといった問題ではないということである。成功するための主な要素は，生徒，コンピュータ，学習の間を結び付ける構想と能力を持つ教師や学校の指導者や政策決定者である。

教育政策と実践に対してデジタルテクノロジーが意味するもの　第8章

注記

1. ICT 汎用的能力は，オーストラリアでの学校教科のすべてにわたる教授学習を特徴付ける七つの「汎用的能力」の一つである。ICT 汎用的能力のための連続した学習は五つの側面から構成される。具体的には，「ICT 利用時における社会的，倫理的なしきたりと慣習の採用」「ICT を用いた調査」「ICT を用いた創造」「ICT を用いたコミュニケーション」「ICT の管理と操作」である。ICT 汎用的能力のカリキュラム文書では，基礎教育から 10 年生にわたって学習目標がさらに明確にまとめられており，事例は教科領域に関連している。これは，生徒は ICT を利用する中でその能力を高めるほか，それを別の状況に移して適用する能力も伸ばすことを認めている。さらに，オーストラリアの全国評価プログラム（NAP）には，制度レベルと全国レベルにおける生徒の ICT リテラシーを測定するための，3 年ごとのサンプル集団の評価が含まれている（Australian Curriculum, Assessment and Reporting Authority, 2015; Santiago *et al.*, 2011）。
2. OECD 加盟国における例外は，チリ，メキシコ，ポーランド，ポルトガル，スロバキア，スロベニアである。カナダ，フランス，ルクセンブルク，イギリス，アメリカのデータは入手できない。
3. マイクロソフトの創業者であるビル・ゲイツはこの点を次のように表現した。「ビジネスで用いられるすべてのテクノロジーに当てはまる第一の法則は，効率的な業務に適用される自動化は能率性を高めるというものである。第二の法則は，効率の悪い業務に適用される自動化は能率がさらに悪くなるというものである」（Gates, Myhrvold, and Rinearson, 1995, p.136）。

第8章

参考文献・資料

Australian Curriculum, Assessment and Reporting Authority (2015), "F-10 Curriculum: General Capabilities: Information and Communication Technology (ICT) Capability", *Australian Curriculum Website* www.australiancurriculum.edu.au (accessed 1 June 2015).

Cain, N. and M. Gradisar (2010), "Electronic media use and sleep in school-aged children and adolescents: A review", *Sleep Medicine*, Vol. 11/8, 735-742.

Council on Communications and Media (2013), "Children, adolescents, and the media", *Pediatrics*, Vol. 132, pp. 958-961.

Gates, B., N. Myhrvold and P. Rinearson (1995), *The Road Ahead*, Viking, New York.

House of Commons Health Committee (2014), *HC 342 - Children's And Adolescents' Mental Health and CAMHS*, The Stationery Office.

Hysing, M., S. Pallesen, K.M. Stormark, R. Jakobsen, A.J. Lundervold and B. Sivertsen (2015), "Sleep and use of electronic devices in adolescence: results from a large population-based study", *BMJ Open*, Vol. 5/1.

Johnson, L., S. Adams Becker, V. Estrada and A. Freeman (2014), *NMC Horizon Report: 2014 K-12 Edition*, The New Media Consortium, Austin Texas.

ITU (2014), *Measuring the Information Society Report*, International Telecommunication Union, Geneva.

Livingstone, S. (2011), "Critical reflections on the benefits of ICT in education", *Oxford Review of Education*, Vol. 38/1, pp. 9-24.

Melkevik, O., T. Torsheim, R.J. Iannotti and B. Wold (2010), "Is spending time in screen-based sedentary behaviors associated with less physical activity: A cross national investigation", *International Journal of Behavioral Nutrition and Physical Activity*, Vol. 7/46.

OECD (2015a), *The ABC of Gender Equality in Education: Aptitude, Behaviour, Confidence*, PISA, OECD Publishing, Paris, http://dx.doi.org/10.1787/9789264229945-en.

OECD（2015b）, *Innovation Policies for Inclusive Development*, OECD Publishing, Paris, http://dx.doi. org/10.1787/9789264229488-en.

OECD（2014）, "Trends Shaping Education 2014 Spotlight 5: Infinite Connections", www.oecd.org/edu/ ceri/Spotlight%205-%20Infinite%20Connections.pdf.

OECD（2012a）, "Emerging issues for education", in OECD, *Connected Minds: Technology and Today's Learners*, OECD Publishing, Paris, http://dx.doi.org/10.1787/9789264111011-9-en.

OECD（2012b）, *The Protection of Children Online, Recommendation of the OECD Council*, OECD Publishing, Paris, www.oecd.org/sti/ieconomy/childrenonline_with_cover.pdf.（『サイバーリスクから子どもを守る：エビデンスに基づく青少年保護政策』経済協力開発機構（OECD）編著，齋藤長行著訳，新垣円訳，明石書店，2016 年）

OECD（2010a）, "Trends in attitudes and student-school relations", in OECD, *PISA 2009 Results: Learning Trends: Changes in Student Performance Since 2000（Volume V）*, OECD Publishing, Paris, http://dx.doi.org/10.1787/9789264091580-9-en.

OECD（2010b）, "The policy debate about technology in education", in OECD, *Are the New Millennium Learners Making the Grade?: Technology Use and Educational Performance in PISA 2006*, OECD Publishing, Paris, http://dx.doi.org/10.1787/9789264076044-4-en.

OECD（1999）, "Indicator E6: Computers in schools and their use", in *Education at a Glance 1998: OECD Indicators*, OECD Publishing, Paris, http://dx.doi.org/10.1787/eag-1998-en.

Population Health Division（2015）, "Australia's Physical Activity and Sedentary Behaviour Guidelines", *Australian Government Department of Health*, www.health.gov.au/internet/main/publishing.nsf/ content/health-pubhlth-strateg-phys-act-guidelines#apa1317（accessed 31 March 2015）.

Richards, R., R. McGee, S.M. Williams, D. Welch and R.J. Hancox（2010）, "Adolescent screen time and attachment to parents and peers", *Archives of Pediatrics & Adolescent Medicine, Vol.* 164/3, 258-262.

Santiago, P., G. Donaldson, J. Herman and C. Shewbridge（2011）, *OECD Reviews of Evaluation and Assessment in Education: Australia 2011*, OECD Reviews of Evaluation and Assessment in Education, OECD Publishing, Paris, http://dx.doi.org/10.1787/9789264116672-en.

Van Deursen, A.J.A.M. and J.A.G.M. Van Dijk（2014）, "The digital divide shifts to differences in usage", *New Media & Society*, Vol. 16/3, pp. 507-526.

21 世紀の ICT 学習環境
生徒・コンピュータ・学習を結び付ける
OECD 生徒の学習到達度調査（PISA）

2016 年 8 月 2 日　初版第 1 刷発行	編著者：経済協力開発機構（OECD）
	監訳者：国立教育政策研究所
	発行者：石井昭男
	発行所：株式会社 明石書店
	〒 101-0021
	東京都千代田区外神田 6-9-5
	TEL　03-5818-1171
	FAX　03-5818-1174
	http://www.akashi.co.jp
	振替　00100-7-24505

組版：朝日メディアインターナショナル株式会社
印刷・製本：モリモト印刷株式会社

（定価はカバーに表示してあります）　　　　　　　　　　　　ISBN978-4-7503-4380-8

PISAの問題できるかな？
OECD生徒の学習到達度調査

経済協力開発機構（OECD）編著
国立教育政策研究所監訳

A4判／並製／360頁
◎3600円

生きるための知識と技能を評価する101問

PISA調査はどのような問題を使用して何を評価しているのか？　本書は、PISA2000年、2003年、2006年調査および予備調査で実際に出題された公開可能なすべての問題を、読解力、数学的リテラシー、科学的リテラシーの各分野ごとに、採点基準と解答例とともに紹介する。

〈内容構成〉
第1章　OECD生徒の学習到達度調査（PISA）へのいざない
第2章　読解力の問題例
第3章　数学的リテラシーの問題例
第4章　科学的リテラシーの問題例

成人スキルの国際比較　OECD国際成人力調査（PIAAC）報告書
国立教育政策研究所編
◎3800円

教員環境の国際比較　OECD国際教員指導環境調査（TALIS）2013年調査結果報告書
国立教育政策研究所編
◎3500円

TIMSS2011　算数・数学教育の国際比較　国際数学・理科教育動向調査の2011年調査報告書
国立教育政策研究所編
◎3800円

TIMSS2011　理科教育の国際比較　国際数学・理科教育動向調査の2011年調査報告書
国立教育政策研究所編
◎3800円

PISAから見る、できる国・頑張る国　トップを目指す教育
経済協力開発機構（OECD）編著　渡辺 良監訳
◎4600円

PISAから見る、できる国・頑張る国2　未来志向の教育を目指す：日本
経済協力開発機構（OECD）編著　渡辺 良監訳
◎3600円

PISA2009年調査　評価の枠組み
経済協力開発機構（OECD）編著　国立教育政策研究所監訳
◎3800円

PISA2012年調査　評価の枠組み　OECD生徒の学習到達度調査
経済協力開発機構（OECD）編　国立教育政策研究所監訳
◎4600円

〈価格は本体価格です〉

生きるための知識と技能 5

OECD生徒の学習到達度調査(PISA)
2012年調査国際結果報告書

国立教育政策研究所 編

A4判／並製／400頁
◎4600円

世界65か国・地域の15歳児の学習到達度について、読解力、数学的リテラシー、科学的リテラシーの3つの分野から評価したPISA2012年調査結果をもとに、日本にとって特に示唆のあるデータを中心に整理・分析する。調査結果の経年変化や学習背景との相関についても紹介。

内容構成
第1章　PISA調査の概要
第2章　数学的リテラシー
第3章　読解力
第4章　科学的リテラシー
第5章　コンピュータ使用型調査
第6章　学習の背景

生きるための知識と技能4
OECD生徒の学習到達度調査(PISA)2009年調査国際結果報告書
国立教育政策研究所編
●3800円

多様性を拓く教師教育　多文化時代の各国の取り組み
OECD教育研究革新センター編著　斎藤里美監訳
●4500円

学習の本質　研究の活用から実践へ
OECD教育研究革新センター編著
立田慶裕・平沢安政監訳　佐藤智子ほか訳
●4600円

知識の創造・普及・活用　学習社会のナレッジ・マネジメント
OECD教育研究革新センター編著　立田慶裕監訳
●5600円

脳からみた学習　新しい学習科学の誕生
OECD教育研究革新センター編著
小泉英明監修　小山麻紀、徳永優子訳
●4800円

形成的アセスメントと学力　人格形成のための対話型学習をめざして
OECD教育研究革新センター編著
有本昌弘監訳　小田勝己、小田玲子、多々納誠子訳
●3800円

グローバル化と言語能力　自己と他者、そして世界をどうみるか
OECD教育研究革新センター編著　本名信行監訳
徳永優子、稲田智子、来田誠一郎、定延由紀、西村美由起、矢倉美登里訳
●6800円

メタ認知の教育学　生きる力を育む創造的数学力
OECD教育研究革新センター編著
篠原真子、篠原康正、袰岩晶訳
●3600円

〈価格は本体価格です〉

教育研究とエビデンス

国際的動向と日本の現状と課題

国立教育政策研究所 編

大槻達也、惣脇宏、豊浩子、トム・シュラー、籾井圭子、津谷喜一郎、秋山薊二、岩崎久美子 著

◎3800円
A5判／376頁

学力の評価や教育政策の判断の際に活用されるエビデンスとはどのようなものか？本書は、エビデンスの産出・活用について、その国際的動向や、医学などの先行分野における取り組みを概観するとともに、日本の教育分野における将来性や課題を明らかにする。

● 内容構成 ●

第Ⅰ部 英国と米国におけるエビデンス活用の系譜
第1章 英国におけるエビデンスに基づく教育政策の展開
第2章 ランダム化比較試験とメタアナリシスの発展
第3章 米国のエビデンス仲介機関の機能と課題
第Ⅱ部 OECDと欧州の取り組み
第4章 OECDプロジェクトに見るエビデンスと教育的成果
第5章 エビデンス活用の推進に向けた欧州の取り組み
第Ⅲ部 我が国の動き
第6章 日本のエビデンスに基づく医療（EBM）の動きからのレッスン
第7章 エビデンス情報に基づくソーシャルワークの実践に向けて
第8章 知識社会における教育研究エビデンスの課題
第9章 エビデンスを活用した教育研究エビデンス政策形成

キー・コンピテンシー
国際標準の学力をめざして
ドミニク・S・ライチェン/ローラ・H・サルガニク編著 立田慶裕監訳
◎3800円

幸福の世界経済史
1820年以降、私たちの暮らしと社会はどのような進歩を遂げてきたのか
OECD開発センター編著 徳永優子訳
◎6800円

主観的幸福を測る OECDガイドライン
経済協力開発機構（OECD）編著 桑原進監訳 高橋しのぶ訳
◎5400円

格差拡大の真実 二極化の要因を解き明かす
経済協力開発機構（OECD）編著 小島克久、金子能宏訳
◎7200円

教育と健康・社会的関与 学習の社会的成果を検証する
OECD教育研究革新センター編著 矢野裕俊監訳
山形伸二、佐藤智子、荻野亮吾、立田慶裕、籾井圭子訳
◎3800円

学習の社会的成果 健康、市民、社会的関与と社会関係資本
OECD教育研究革新センター編著 坂巻弘之ほか訳
NPO法人教育テスト研究センター（CRET）監訳
◎3600円

創造的地域づくりと文化 経済成長と社会的結束のための文化活動
経済協力開発機構（OECD）編著 寺尾仁訳
◎4500円

インターネット経済 デジタル経済分野の公共政策《OECDソウル宣言進捗レビュー》
経済協力開発機構（OECD）編著 入江晃史訳
◎4500円

〈価格は本体価格です〉

―文部科学省 教育調査第150集―

諸外国の初等中等教育

文部科学省 編著

A4判／並製／360頁 ◎3600円

アメリカ合衆国、イギリス、フランス、ドイツ、フィンランド、中国、韓国及び日本における初等中等教育制度の現状をまとめた基礎資料。制度の概要、教育内容・方法、進級・進学制度、教育条件、学校選択・連携について各国別に記述し、比較可能な総括表や資料を付す。

●内容構成●

■調査対象国
アメリカ合衆国
イギリス
フランス
ドイツ
フィンランド
中国
韓国
日本

■調査内容
学校系統図
学校統計
初等中等教育制度の概要
教育内容方法
進級進学制度
教育条件
学校選択連携

■資料
授業日数・休業日数
徳育
外国語教育
教科書制度
学校における国旗・国歌の取扱い
個の成長・能力に応じた教育
公立高校(後期中等教育)授業料の徴収状況
幼児教育無償化の状況

諸外国の教育動向 2015年度版

文部科学省編著

●3600円

世界の教育改革4 OECD教育政策分析

「非大学型」高等教育、教育とICT、学校教育と生涯学習、租税政策と生涯学習
稲川英嗣、御園生純監訳
●3800円

地図でみる世界の地域格差(2013年版)オールカラー版

OECD地域指標 都市集中と地域発展の国際比較
OECD編著 中澤高志、神谷浩夫監訳
●5500円

図表でみる世界の保健医療 オールカラー版

OECDインディケータ(2013年版)
OECD編著 鐘ヶ江葉子訳
●5500円

図表でみる世界の年金 OECDインディケータ(2013年版)

OECD編 岡部史哉訳
●7200円

図表でみる世界の主要統計 経済、環境、社会に関する統計資料

OECDファクトブック(2014年版)
経済協力開発機構(OECD)編著 平井文三訳
●8200円

図表でみる世界の行政改革 オールカラー版

OECDインディケータ(2015年版)
トリフォリオ訳
●6800円

図表でみる教育 OECDインディケータ(2015年版)

OECD編著
経済協力開発機構(OECD)編著
徳永優子、稲田智子、西村美由起、矢倉美登里訳
●8600円

〈価格は本体価格です〉

サイバーリスクから子どもを守る

エビデンスに基づく青少年保護政策

経済協力開発機構（OECD）編著
齋藤長行 著訳　新垣円 訳

A5判／上製　280頁
◎3600円

インターネット上のリスクにさらされている青少年を保護するにはどうすればよいか。本書は、OECDによる調査研究の成果と保護政策促進に向けた勧告、そして日本におけるインターネット・リテラシー指標（ILAS）の調査結果を収録している。

● 内容構成 ●

勧告　OECDインターネット上の青少年の保護に関する理事会勧告
第Ⅰ部　インターネットのリスクにさらされている子どもたちを守るための青少年保護政策報告書
　序章　インターネット上の子どもたちのリスク
　第1章　インターネットを利用する子どもたちのリスク
　第2章　政策上の主要な知見
　第3章　インターネットを利用する子どもたちの保護政策
　付録1　インターネットを利用する子どもたちの保護政策の記述的概要
　付録2　表と図
第Ⅱ部　日本のインターネット・リテラシー指標開発プロジェクト
　第1章　政策立案のためのインターネット・リテラシー指標システムの開発
　第2章　日本のインターネット・リテラシー指標の効果の検証
　第3章　青少年のインターネットの安全利用の分析と評価
　第4章　主要な知見と政策提言

OECDジェンダー白書
OECD編著　濱田久美子訳
今こそ男女格差解消に向けた取り組みを！
◎7200円

OECD医療政策白書
《第2回OECD保健大臣会合背景文書》
OECD編著　小林大高、坂巻弘之訳
費用対効果を考慮した質の高い医療をめざして
◎3800円

OECD世界開発白書2
OECD開発センター編著　門田清訳
富のシフト世界と社会的結束
◎6600円

OECD幸福度白書
OECD編著　徳永優子、来田誠一郎ほか訳
より良い暮らし指標：生活向上と社会進歩の国際比較
◎6600円

OECD幸福度白書2
OECD編著　徳永優子、来田誠一郎ほか訳
より良い暮らし指標：生活向上と社会進歩の国際比較
◎5600円

OECD保育白書
OECD編著　西村美由起訳
人生の始まりこそ力強く：乳幼児期の教育とケア（ECEC）の国際比較
◎7600円

OECD教員白書
《第1回OECD国際教育指導環境調査（TALIS）報告書》
OECD編著　斎藤里美監訳
効果的な教育実践と学習環境をつくる
◎7400円

OECD成人スキル白書
《OECDスキル・アウトルック2013年版》
第1回国際成人力調査（PIAAC）報告書
経済協力開発機構（OECD）編著　矢倉美登里ほか訳
◎8600円

〈価格は本体価格です〉